A FILOSOFIA DE
MICHEL FOUCAULT

FUNDAÇÃO EDITORA DA UNESP

Presidente do Conselho Curador
Mário Sérgio Vasconcelos

Diretor-Presidente
José Castilho Marques Neto

Editor-Executivo
Jézio Hernani Bomfim Gutierre

Assessor Editorial
João Luís Ceccantini

Conselho Editorial Acadêmico
Alberto Tsuyoshi Ikeda
Áureo Busetto
Célia Aparecida Ferreira Tolentino
Eda Maria Góes
Elisabete Maniglia
Elisabeth Criscuolo Urbinati
Ildeberto Muniz de Almeida
Maria de Lourdes Ortiz Gandini Baldan
Nilson Ghirardello
Vicente Pleitez

Editores-Assistentes
Anderson Nobara
Fabiana Mioto
Jorge Pereira Filho

ESTHER DÍAZ

A FILOSOFIA DE MICHEL FOUCAULT

Tradução
Cesar Candiotto

editora
unesp

© 1995 Editorial Biblios, Buenos Aires
© 2012 da tradução brasileira
Título original: *La filosofía de Michel Foucault*
Tradução publicada com autorização de
Editorial Biblios, que reserva todos os direitos.

Direitos de publicação reservados à:
Fundação Editora da Unesp (FEU)
Praça da Sé, 108
01001-900 – São Paulo – SP
Tel.: (0xx11) 3242-7171
Fax: (0xx11) 3242-7172
www.editoraunesp.com.br
www.livrariaunesp.com.br
feu@editora.unesp.br

CIP – Brasil. Catalogação na fonte
Sindicato Nacional dos Editores de Livros, RJ

D538f

Díaz, Esther

A filosofia de Michel Foucault / Esther Díaz; tradução de Cesar Candiotto. – 1.ed. – São Paulo: Editora Unesp, 2012.

Tradução de: *La filosofía de Michel Foucault*
ISBN 978-85-393-0355-7

1. Foucault, Michel, 1926-1984 – Crítica e interpretação. 2. Filosofia francesa – Séc. XX. I. Título.

12-6222.
CDD: 194
CDU: 1(44)

Editora afiliada:

Sumário

Prefácio à edição brasileira   VII

I   Vida e obra   1

II   O saber   5
A desordem e a diferença   7
A produção de enunciados e de objetos   16
A morte   23
A pobreza e a loucura   41
A produção da razão moderna   48
As ciências sociais   75

III   O poder   85
O discurso do poder   86
Pensar a partir de Nietzsche   95
Os dispositivos de poder   120
O poder e o prazer   133
Borges e a sexualidade   135
O indivíduo domesticado   139
Habermas e Foucault   144

IV O sexo e a ética   149
    A perspectiva ética   150
    A relação consigo mesmo   156
    O domínio de si   160
    Uma das condições de possibilidade da psicanálise:
    o cristianismo   175
    As subjetividades éticas contemporâneas   191

V   Kafka e Deleuze   201

VI A vida assumida como obra de arte   209

Epílogo   219

Referências bibliográficas   221
    Bibliografia de Michel Foucault   221
    Referências bibliográficas sobre Michel Foucault   223

Prefácio à edição brasileira

Esther Díaz, em *A filosofia de Michel Foucault*, retrata com maestria e clareza a trajetória da investigação de Foucault e sua interlocução com reflexões de outros autores, como Borges, Nietzsche, Deleuze e Guattari.

A autora analisa criticamente o percurso dos principais livros do pensador francês, orientada por uma maneira singular de entender sua filosofia, no sentido de uma *ontologia histórica*. "Ontologia, porque se ocupa dos entes, da realidade, do que ocorre. Histórica, porque pensa a partir dos acontecimentos, de dados empíricos, de documentos."[1]

Não obstante, esta ontologia histórica seria incompreensível sem sua referência aos processos de constituição do sujeito nas diferentes etapas ou momentos da escritura foucaultiana:

> Em sua primeira etapa, a arqueológica, Foucault procura fazer uma ontologia histórica de nós mesmos em relação à *verdade* mediante a qual nos constituímos em sujeitos de conhecimento. Em um segundo momento, o genealógico, tenta produzir uma ontologia histórica de nossos modos de sujeição em relação ao

---

1 Ver p.1.

campo do poder por meio do qual nos constituímos em sujeitos que agem sobre os demais. Na terceira etapa, a ética, pretende elaborar uma ontologia histórica de nossas subjetividades em relação com os questionamentos pelos quais nos convertemos em agentes morais. Nas três etapas, Foucault se ocupa das formas de subjetivação como produções históricas.[2]

Esther Díaz opta por assumir o olhar retrospectivo de Foucault sobre seu trabalho ao final de sua vida. Muito embora pudéssemos fazer advertências a esse olhar e a essa escolha, em contrapartida, ambos possibilitam uma ampla percepção dos grandes domínios problematizados durante quase trinta anos de pesquisa: a loucura, a doença, a vida, o trabalho e a linguagem; o aprisionamento, a anormalidade e a confissão; a sexualidade e as técnicas de si.

Outra escolha da autora é pensar a filosofia de Michel Foucault a partir de Nietzsche. Isso é facilmente identificável no uso quase excessivo de epígrafes do autor alemão ao longo do livro, como também na análise dos principais conceitos de *Vigiar e punir* a partir do estudo de *Genealogia da moral*, no capítulo III. A esse respeito, escreve a autora: "Foucault não somente organiza sua genealogia levando em conta as críticas de Nietzsche à História tradicional, mas também aborda problemáticas trabalhadas especificamente por Nietzsche: a culpa, o castigo, a crueldade, a falta, a lei, a pena, a justiça".[3] A despeito disso, Esther Díaz sugere que se Foucault faz filosofia a partir de Nietzsche, também pensa *para além* dele e problematiza novos discursos e práticas para diagnosticar esta época, que é a nossa.

Além de Nietzsche, o livro é vivamente perpassado pela leitura de Deleuze a respeito de Foucault em seu escrito homônimo e, em alguns momentos, pelos cruzamentos com *O anti-Édipo*, publicado em coautoria com Guattari. No capítulo V, a autora não titubeia ao afirmar que

---

2   Ver p.2.
3   Ver p.2.

O *anti-Édipo* é tributário de um lado de certos estudos foucaultianos e, por sua vez, *Vigiar e punir* leva a marca de O *anti-Édipo*. Nessa obra, Deleuze e Guattari enquadram-se em um esquema teórico similar ao dos estudos que interessavam Foucault. Esses autores, além disso, estão influenciados – no que diz respeito à análise do infinitesimal – pelos estudos micropsíquicos de Freud e pelas investigações da mecânica quântica. A partir dos estudos de Deleuze e Guattari, Foucault iniciará sua própria microfísica.[4]

Ainda que afirmações como esta última exijam uma análise acurada, importa antes a tentativa exitosa de ensejar frutíferas conversações entre esses notáveis pensadores.

Convém lembrar que o livro data da primeira metade dos anos 1990. Sua análise foca as grandes obras e alguns textos menores traduzidos para vários idiomas e esparsamente conhecidos naquela época. Embora na bibliografia os quatro volumes dos *Dits et écrits* (publicados em 1994) e os cursos no *Collège de France* (editados desde 1997) estejam incorporados, eles não são materiais privilegiados no desenvolvimento da argumentação.

Essa advertência poderia ser julgada como a detecção de uma suposta lacuna teórica. Não obstante, torno explícita essa escolha e os condicionamentos epocais da escritura do livro para evitar tal tipo de juízo apressado, bem como para apontar outra tendência, esta sim, temerária, da recepção crítica atual. Ela poderia ser caracterizada como um inflacionismo em torno dos cursos e dos escritos menores, em prejuízo das minuciosas pesquisas de arquivo publicadas em vida e que projetaram Foucault como um dos grandes pensadores da época contemporânea. Por certo, essa tendência convém ser balizada em razão da ampliação de domínios explorados, do detalhamento e aprofundamento das estratégias metodológicas adotadas, e, principalmente, do entusiasmo que essas edições recentes despertam no estudioso de Foucault.

---

4 Ver p.202-3.

Por isso mesmo, o livro em muito contribui para entender a formação dos conceitos, as opções teóricas e a preocupação com o presente, observáveis também no estudo das práticas sociais, políticas e ascéticas dos cursos ainda em vias de publicação.

A esse respeito, uma observação da autora pode ser singularmente atribuída tanto aos livros quanto aos cursos e demais escritos de Foucault, quando afirma que ele trabalhou em terrenos já lavrados, mas "delimitando novos territórios". Alguns desses territórios podem ser:

> as *dobras do pensamento da modernidade, a inflação do sexo em nossas sociedades, a implicância do fora na constituição das subjetividades, a rejeição de uma objetividade científica que se nega a explicitar e objetivar seus pontos de partida, a produção de individualidades e de massificações, a concepção das práticas – chamadas por ele "técnicas de si" – como constituintes do sujeito moral.*[5]

A especificidade da filosofia de Foucault não se define pela investigação de novos territórios, mas pela "maneira" como ele os percorre e os torna problemáticos e, portanto, objetos para o pensamento. Por tal razão considero sua ontologia histórica, enfatizada por Esther Díaz, inseparável de uma história crítica do pensamento.

Em uma passagem escrita nos últimos meses de sua existência, Foucault reafirma que seus livros jamais foram resultados de um trabalho de historiador, mas, antes, tentativas de um "exercício filosófico". E detalha: "sua articulação foi a de saber em que medida o trabalho de pensar sua própria história pode liberar o pensamento daquilo que ele pensa silenciosamente, e permitir-lhe pensar diferentemente".[6]

Se o exercício filosófico exige submergir na história para que o pensamento se desgarre de si mesmo e para que o conhecimento provoque o descaminho daquele que conhece, então "a vida assumida

---

5 Ver p.219-20.
6 Foucault, *História da sexualidade, 2: O uso dos prazeres*, p.14.

como obra de arte" (título do capítulo VI) é sua interpelação prática mais desafiadora.

Dentre as diversas possibilidades de delimitar a *filosofia* de Michel Foucault, essa maneira de articular pensamento e vida provavelmente seja *uma* das mais pertinentes à nossa época.

Cesar Candiotto
PUCPR/CNPq

I
VIDA E OBRA

> *Cada um de meus livros pode ser lido como um fragmento de autobiografia.*
>
> Michel Foucault

No oitavo livro da *Odisseia*, pode-se ler que os deuses tecem infortúnios para que não falte algo que cantar às futuras gerações. No percurso pelo devir histórico se advertem desencontros para que não falte algo que pensar aos filósofos. Os "infortúnios" que possibilitam a filosofia são os desencontros entre a teoria e a prática, entre o que se diz e o que se faz, entre o que se projeta e o que se alcança. Nesta cisão entre as palavras e as coisas, instauram-se as problematizações. Elas são uma das condições de possibilidade da filosofia.

A filosofia de Foucault é uma ontologia histórica. Ontologia, porque se ocupa dos entes, da realidade, do que ocorre. Histórica, porque pensa a partir dos acontecimentos, de dados empíricos, de documentos. Uma ontologia histórica é uma aproximação teórica a certas problematizações de época.

A obra de Foucault pode ser dividida em três etapas: a *arqueologia*, a *genealogia* e a *ética*. Aqui são analisados somente os textos fundamentais dessas etapas. Os demais discursos de Foucault, mencionados ou não durante o desenvolvimento do texto, são citados ao final do livro.

Em sua primeira etapa, a arqueológica, Foucault procura fazer uma ontologia histórica de nós mesmos em relação à *verdade* mediante a qual nos constituímos em sujeitos de conhecimento. Em um segundo momento, o genealógico, tenta produzir uma ontologia histórica de nossos modos de sujeição em relação ao campo do *poder* por meio do qual nos constituímos em sujeitos que agem sobre os demais. Na terceira etapa, a ética, pretende elaborar uma ontologia histórica de nossas subjetividades em relação aos questionamentos pelos quais nos convertemos em *agentes morais*. Nas três etapas Foucault se ocupa das formas de subjetivação como produções históricas.

Adesões e rejeições à parte, o pensamento de Foucault foi incorporado à temática filosófica contemporânea. Como toda concepção filosófica, constitui um espaço aberto para o exercício sagital da crítica e do reconhecimento. Esta é a atividade teórica a que me proponho. Meu discurso tenta somar-se ao de todos aqueles que, ao exercer uma função contradogmática, escolhem a busca dos prazeres do pensamento racional. Inclusive quando nesta escolha prefere-se refletir sobre as secretas aventuras da desordem e das diferenças.

Foucault nasceu em 1926, no dia 15 de outubro. A data parece uma premonição; se Nietzsche estivesse vivo, naquele mesmo dia haveria completado exatamente 82 anos. Mas Nietzsche viveu 56 anos; Foucault, 58. Morreu no dia 25 de junho de 1984, no hospital Salpêtrière, uma das instituições de confinamento mais analisadas por ele, em sua juventude.

Foucault era provinciano. Nasceu em Poitiers. Ali realizou seus primeiros estudos. Época de bonança. Mais tarde começaram os inconvenientes. Em um ambiente de incerteza e guerra, conheceu os fracassos estudantis. Primeiro no quarto ano do ensino médio; em seguida, na tentativa inicial de acesso ao ensino superior. E, finalmente, para obter a licenciatura. A elaboração dessas duras experiências de vida pode ter dado, talvez, a temática da primeira parte da obra de Foucault: sua preocupação pelo saber, pela verdade, pela *episteme*. A arqueologia.

Os acontecimentos de Maio de 1968 abrirão outra etapa na vida de Foucault e, ao mesmo tempo, outra etapa em sua obra. Começa a genealogia. A problemática do poder, a partir do ponto de vista teórico, inscreve-se limpidamente em uma busca vital de militância ativa. Foucault precisa de uma teoria que dê conta das práticas sociais nas quais ela subsiste. Canaliza esse anseio ao analisar as exclusões do discurso e a origem da prisão. Surge sua teoria do poder mediante uma busca à qual dedicou doze anos de sua vida.

No início da década de 1980, a reflexão sobre o poder dá lugar à reflexão ética. Há uma dobradiça que as articula: o sexo. Foucault, ferido de morte, pensa sistematicamente sobre o amor, o desejo e o cuidado de si. Assume, assim, a mais clássica de suas interrogações filosóficas, posto que, ao rastrear as relações éticas entre liberdade e verdade, se pergunta como fazer da própria vida uma obra de arte.

Onde termina a vida? Onde começa a obra? Vãs perguntas de agrimensores intelectuais. Os acontecimentos vitais não representam o crepúsculo no qual se afunda a obra, mas o espaço em que ela se realiza. O discurso medeia a realidade de quem o enuncia. Na obra está a vida, na vida está a obra.

Os testemunhos da primeira juventude de Foucault recordam sua rejeição pelo nome do pai. Seu nome de cartório é Paul. Assim se chama seu pai. Foucault sempre quis ser chamado de Michel, o segundo nome escolhido pela sua mãe. Seu pai queria que fosse médico, tal como ele mesmo era. Foucault não foi médico. Em contrapartida, denunciou os mecanismos coercitivos da prática médica. O dispositivo paterno havia proposto um objetivo estratégico: que Paul fosse médico. Mas a "astúcia do dispositivo" produziu um *plus* não desejado nem esperado: um Paul que foi Michel, e um predestinado à medicina que se dedicou à filosofia.

Foucault sofreu as restrições características da ordem escolar católica, as mesquinharias próprias e alheias da vida comunitária estudantil, a marginalização de sua opção sexual; sofreu também algumas intervenções médico-psicológicas por causa de tentativas juvenis de suicídio. Mais tarde, a partir de sua teoria, descreverá as condições que tornam possíveis as práticas sociais que coagem os sujeitos, através das quais chegamos a ser o que somos. Essas práticas que nos sujeitam, mas que não nos determinam. Antes nos dirigem sustentando o advento da individualidade.

II
O SABER

> *"Conhece-te a ti mesmo" é toda a ciência. — Apenas no final do conhecimento de todas as coisas o homem terá conhecimento de si mesmo. Pois as coisas são apenas as fronteiras do homem.*
>
> Nietzsche, *Aurora*, 48.

A vida é uma contínua resistência ao vazio da morte. Viver é resistir. Se o outro da vida é a morte, cada fragmento da vida é uma pequena batalha vencida em relação à morte. Nossa singularidade surge da multiplicidade de nossas mortes. Vencemos a morte da criança que fomos, das relações que já não são, do vigor, da beleza, da plenitude. O negativo de minha vida são todas as minhas mortes.

Existem diferentes maneiras de resistir. Foucault resistiu pensando. A partir de uma educação rica, coercitiva e conflitiva, pensou o saber. A partir de uma sociedade atormentada por reações contraditórias, pensou o poder. Finalmente, a partir de sua própria problemática sexual, pensou o desejo. E, por último, ao enfrentar a iminência da morte, pensou a ética.

Analisarei agora a primeira etapa da obra de Foucault, a arqueologia. Nela são percorridos diferentes estratos de saber correspondentes aos discursos que uma etapa histórica considera verdadeiros. Trata-se de elaborar uma História dos *a priori* que são estabelecidos em uma época determinada. Para realizar essa História, Foucault parte da noção de "problematização". Isto é, a partir do objeto de estudo escolhido, pergunta-se como e por que, em um momento dado, esses objetos têm sido problematizados através de uma determinada prática institucional e mediante quais aparelhos conceituais.

A História da verdade é a História dessas práticas, do processo que seguem e do método com o qual operam. Há problematizações quando não existe correspondência entre o que se diz e o que se faz. Há fragmentos da realidade que são oferecidos com clareza ao olhar e são difíceis de serem enunciados, assim como há coisas que são ditas e é trabalhoso vê-las. Há, portanto, uma disjunção entre o visível e o enunciável. São descobertos os enunciados e as visibilidades no ponto em que eles alcançam seus próprios limites. Nesse jogo de aberturas entre o enunciável e o visível, abre-se a textura do ser, manifesta-se o suceder do verdadeiro, melhor dito, daquilo que uma época determinada considera verdadeiro. A solução de uma problemática não se transmite de uma época a outra, mas um problema novo pode reativar os dados de uma velha problemática. Cada formação histórica propõe seus próprios questionamentos: o que posso saber, o que posso ver e enunciar em tais condições de luz e de linguagem? O que posso fazer, o que se pode reivindicar e quais resistências opor? O que posso ser, de que dobras rodear-me e como me produzir como sujeito? Sob estas três perguntas, o eu não designa um universal, mas um conjunto de posições singulares adotadas em um *se* fala, *se* vê, *se* enfrenta, quer dizer, *se* vive.

O projeto que dirige os trabalhos filosóficos de Foucault, no período que se estende de 1961 a 1969, parte do pensamento do presente para dirigir-se ao passado. Pergunta-se, então, o que é o saber?

Sua investigação arqueológica está orientada para a análise de certos aspectos culturais do período histórico compreendido desde o Renascimento até o século XIX. Há também "referências" a épocas anteriores. Nelas serão encontradas as condições de possibilidade da *episteme* atual.

Nessa etapa arqueológica são privilegiadas as temáticas da loucura, da doença e do surgimento das ciências sociais; há também uma reflexão sobre o método de trabalho. Foucault considera que a História não reflete um processo da razão. A partir da arqueologia, descobre diferentes formações históricas. Nelas podem surgir elementos de camadas anteriores dispostas de outra maneira, integrando uma nova composição. Há formações sucessivas que têm sua gênese. Mas não existe substancialidade, como o sexo ou a loucura. Cada mudança de época é como um movimento caleidoscópico. Seus elementos podem ser os mesmos. Porém, ao ritmo dos avatares históricos, reacomodam-se de maneira diferente. Também podem ser encontradas conexões entre uma e outra época. Não obstante, nada autoriza supor que as camadas de uma época sejam "progresso" ou "aperfeiçoamento" das anteriores. A partir de elementos reais, de práticas discursivas e não discursivas, são compostas figuras ou estratos que a arqueologia pode chegar a objetivar em sua pluralidade multifacetada.

A desordem e a diferença

A arqueologia descreve os discursos como práticas específicas no elemento do arquivo. Este está composto por sistemas de enunciados dos quais surgem os acontecimentos e as coisas. Foucault rastreia enunciados históricos, científicos, administrativos, jornalísticos, filosóficos, jurídicos e artísticos. Enfrenta-se com as coisas e com os acontecimentos através dos enunciados que foram instaurando--os. A espessura das práticas discursivas permite descobrir sistemas estabelecidos pelos enunciados. Os acontecimentos e os objetos são "moldados" por aqueles enunciados.

Foucault não está interessado pela soma de todos os textos do passado, nem pelas instituições em si mesmas, mas somente como produtoras de discursos considerados verdadeiros. Pergunta-se por que tantas coisas, repetidas há milênios, não surgiram simplesmente das leis do pensamento a partir de uma circunstância determinada, mas da obediência a um jogo mais complexo de relações. Os discursos não são figuras que se encaixam aleatoriamente sobre processos mudos. Surgem seguindo regularidades. Estas estabelecem o que cada época histórica considera verdadeiro e formam parte do arquivo estudado pela arqueologia filosófica. O confronto de *A arqueologia do saber* com os outros textos arqueológicos (*História da loucura*, *O nascimento da clínica* e *As palavras e as coisas*) permitirá vislumbrar o que é a arqueologia, como "arquivo audiovisual".

O arquivo define o *sistema de sua enunciabilidade* e o *sistema de funcionamento* dos diferentes discursos. Define o nível da *prática* que possibilita surgir os enunciados como acontecimentos. Enquanto a *língua* delimita o sistema de construção de frases e o *corpus* compõe-se (passivamente) com as palavras pronunciadas, o *arquivo* constitui o sistema geral da formação e da transformação dos enunciados. Dito de outro modo, a língua organiza o sistema de comunicação, o *corpus* contém todas as palavras que compõem os discursos e o arquivo estrutura dinamicamente a relação entre as palavras e as coisas gerando regras de formação e de transformação de enunciados verdadeiros. Mais adiante, é analisada a categoria de "enunciado" que, em Foucault, requer não somente componentes discursivos, mas também não discursivos. Em *As palavras e as coisas*, são percorridos enunciados que correspondem a um mesmo arquivo, mediante diferentes disciplinas (análise das riquezas, história natural e análise da língua).[1]

O arquivo está situado na delimitação dos discursos, na margem da prática discursiva. Daí a dificuldade para descrever o arquivo a partir do qual o investigador fala. O arquivo começa no exterior da linguagem, quer dizer, nas práticas sociais. Assinala rupturas e diferenças, não continuidades e identidades. A partir de fora delimita um momento histórico. Forma o horizonte geral ao qual pertencem

---

1 Gramática geral. (N. T.)

a descrição das formações discursivas, a análise das possibilidades e a fixação do campo enunciativo.

Em *História da loucura*, ainda que a literatura médica seja abundantemente utilizada, não é desenvolvida uma História da verdade científica, mas uma História do silenciamento em relação à loucura, do que *não* se dizia sobre ela, mas se fazia com ela; daquilo que se dizia e se fazia em um plano diferente do discurso médico – ou seja, em registros burocráticos de hospitais, prescrições de estabelecimentos de reclusão, disposições governamentais ou policiais – e também daquilo que se dizia que se fazia, mas que, na verdade, não era realizado. *História da loucura* é uma História do diferente. O louco é o outro em relação aos demais: o outro – no sentido da exceção – entre os outros. Entre o louco e o sujeito que pronuncia "aquele é louco" abriu-se uma distância. O louco representa o diferente. É o que escapa à regra. A exceção é, na época em que Foucault denomina como "A grande internação", aquilo que deve ser excluído, emparedado, separado da sociedade.

O primeiro livro arqueológico, *História da loucura*, ocupa-se especificamente do outro.[2] O outro é também assunto do segundo livro desse período, *O nascimento da clínica*. Entre ambos, Foucault publicou *Raymond Roussel*, cuja temática não tratarei nesta oportunidade. Em *O nascimento da clínica*, ele se detém na doença não enquanto esta pertence à ordem, mas à desordem das coisas. O enfermo é a alteridade em relação ao homem saudável. Não obstante, a doença apresenta regularidades e semelhanças que a tornam mensurável. Pode-se encontrar e instaurar nela uma ordem. O texto se estende da experiência limite do outro às formas constitutivas do

---

2 O primeiro livro publicado por Foucault é *Maladie mentale et personalité* [Doença mental e personalidade]. A primeira versão castelhana foi editada em Buenos Aires (*Enfermedad mental y personalidad*). Neste texto, Foucault equipara a alienação psicológica à alienação histórica. Depois de 1966, ele proibiu sua reedição. Aqui este texto não é analisado porque não corresponde à temática que nos ocupa (arqueologia, genealogia e ética). Quando se solicitava a Foucault a relação de suas obras, ele não mencionava este livro. [Não há edição brasileira desta obra. – N. T.]

saber médico. De maneira semelhante, em *História da loucura*, passa-se da experiência limite da loucura às formas constitutivas do saber psiquiátrico. Em *As palavras e as coisas*, em contrapartida, Foucault abandona (momentaneamente) o tema do outro para ocupar-se exclusivamente do mesmo, da ordem das coisas e do pensamento do mesmo, entendido como o território daquilo que a modernidade considerou racional. É o que ingressa na ordem do estabelecido, o que não admite contradições. No sentido contrário, em relação à loucura e à doença, Foucault não se pergunta diretamente pela ordem – quer dizer, pelos discursos internos da ciência –, mas pela maneira pela qual uma cultura estabelece os limites entre o normal e o anormal.

Foucault, quando se ocupa do mesmo, persegue a disposição das coisas tratando de descobrir segundo que parâmetro, a partir de que ponto de vista – afinal, mediante que "grade" – se olha, em uma época determinada, para que sejam encontradas semelhanças ou afinidades entre certas coisas. Em *As palavras e as coisas*, preocupa-se em esclarecer o *a priori* histórico que se constituiu, no pensamento neoclássico, para que o quadro das semelhanças pudesse ser composto. No quadro, as identidades, retiradas do caos das diferenças, foram claramente dispostas. Essa clareza não se havia manifestado anteriormente e, em muitos casos, não voltou a se manifestar depois. Desse modo, em *As palavras e as coisas*, Foucault trabalha as fraturas de determinados discursos, no âmbito de uma mesma disciplina, através de diferentes épocas. Interessa-se também pela homologação dos discursos de diversas disciplinas em uma mesma época. As épocas estudadas são: primeiro o Renascimento, em seguida a época que Foucault chama Idade Clássica (séculos XVII e XVIII) e, finalmente, a que chama modernidade (século XIX até nossa época).[3] As disciplinas consideradas são as que se ocupam do

---

3 Nem sempre levarei em conta a periodização de Foucault a respeito da "modernidade"; antes, utilizarei no sentido que a mesma é oferecida em nosso meio, isto é, referindo-me à corrente histórico-cultural que começa aproximadamente no final do século XVI e que se estende até meados do século XX. Seguindo o mesmo critério, direi "Idade Neoclássica" ou "neoclassicismo" ao que Foucault chama "Idade Clássica", e "positivismo" ao que Foucault

homem, na condição de ser vivo que trabalha e fala. *As palavras e as coisas* – provavelmente a obra foucaultiana de maior elaboração filosófica, no sentido clássico de filosofia – descreve o que, para seu autor, são as *condições de possibilidade das ciências do homem*. Em *História da loucura* também se analisa o surgimento das ciências sociais, mas não pelo ponto de vista do discurso científico, e sim a partir de algumas das práticas que tornaram factível tal discurso.

Nesse texto as descrições e as análises das exclusões se sucedem. Estas permitirão que uma época (a neoclássica) possa salvar as identidades, confundidas na desordem do diferente. É a História do outro – do que, para uma cultura, é ao mesmo tempo interior e estranho e deve, por isso, ser excluído para conjurar um perigo interior, porém aprisionando-o para reduzir sua alteridade.

Em *O nascimento da clínica*, assiste-se a outra História da alteridade. O doente é somente um texto a ler, o objeto transitório do qual a doença se apropriou. O médico da Idade Clássica (para nós, neoclássica) vê nos doentes indivíduos que lhe parecem indiferentes como seres humanos. Em troca, interessam-no como portadores de uma ou outra doença. O indivíduo está *sujeito* a uma doença, é um caso clínico, é um exemplar ou exemplo de outra realidade, ou daquilo "que é real": a doença. O indivíduo é o lugar no qual a doença alojou-se acidentalmente. A doença pode ser registrada e se somará assim às categorias do mesmo. O doente, como pessoa, deve ser excluído e incorporado no indeterminado do outro.

As culturas chegam à determinação do mesmo mediante várias exclusões. Entre razão e desrazão, esta última é excluída. Entre doença e saúde, a primeira é relegada. Entre quem cumpre a lei e quem a infringe, o infrator é expulso. Os discursos que se instauram sobre estas temáticas são estabelecidos *a partir* da razão, *a partir* da saúde, *a partir* da lei. Ainda que se trate de âmbitos diferentes em uma mesma época, podem ser encontrados modelos teóricos

---

chama "modernidade". Isso porque, para nós, "Idade Clássica" remete à Antiguidade e não aos séculos XVII e XVIII. E para nós, ainda, o século XIX é uma época predominantemente positivista (sobretudo depois do primeiro terço do século).

similares para espaços epistemológicos diferentes. Esse isomorfismo de discursos compõe o estudo do mesmo. Em contrapartida, o outro é captado no que é rejeitado como diferente, desordenado, caótico. O outro é o impensado da cultura.[4]

Nas "histórias" de Foucault não se assiste ao desenvolvimento de uma razão progressiva, mas à constituição de materialidades, discursos e relações de força que se interagem. Não existe uma razão histórica caminhando rumo à sua própria perfeição. Trata-se de uma filosofia não dialética. Uma filosofia de tensões. Uma concepção da História que exige um novo exame das diferenças mais fundamentais do pensamento: o ser e o não ser, o mesmo e o outro, o finito e o infinito. A arqueologia não mostra processos dialéticos, assinala violências entre o discursivo e o não discursivo. Nessa defasagem entre ambos os âmbitos se produzem problematizações, das quais surgirão os efeitos de verdade. Os textos psiquiátricos, clínicos, jurídicos (ou de qualquer disciplina), em todo o caso, podem mostrar somente uma parte, um elemento. A cada texto lhe faltam seus complementos: os outros fragmentos do complicado caleidoscópio do qual surgem os discursos verdadeiros. A História das problematizações é a História da produção da verdade e não coincide exatamente com a História da ciência. A História da ciência figura antes como um efeito de superfície. Isso não quer dizer que ela pode ser deixada de lado, mas sim que uma reflexão sobre o histórico de um saber não pode se contentar em seguir o fio condutor dos conhecimentos através da sucessão do tempo; com efeito, estes não são fenômenos de herança e de tradição, e não se diz o que os tornou possíveis ao enunciar o que já se conhecia antes deles e o que eles, conforme se diz, "trouxeram de novo". A História do saber somente pode ser feita a partir do que foi contemporâneo e, certamente, não em termos de influências recíprocas, mas em termos de condições comuns de possibilidade.

A produção da verdade é descoberta nas práticas. Os objetos são produtos das práticas. Portanto, não há coisas, não há objetos;

---

4 Uma cultura está contida em sua *episteme*, partilha das mesmas condições de possibilidade do que é considerado verdadeiro.

melhor dito, existem as coisas ou os objetos que as práticas produzem. Não porque, ao modo de um idealismo extremo, se acreditasse que o pensamento ou a percepção constroem a realidade, mas porque o dado (seja lá o que for) é dito, é visto e, em certa medida, é produzido através das práticas. Estas, além disso, transformam e instauram a realidade. Não existiam bruxas – ou, pelo menos, não massivamente – antes que se começasse a reunir práticas discursivas e não discursivas sobre a bruxaria.

Não existem objetos naturais. Existem substratos naturais que as práticas sociais convertem em objetos. As práticas produzem objetividades do mesmo modo que a pereira produz peras. Não há peras sem pereiras, não há coisas (como sinônimos de objetos) sem práticas (discursivas e não discursivas) que as produzam. Estudar somente as coisas, sem levar em consideração as práticas que as produzem, seria estudar apenas o que emerge do *iceberg*, como se o emergente fosse algo isolado da volumosa massa total. Fazer arqueologia é tentar descobrir sob as águas as práticas que sustentam o objetivado. Por exemplo, a loucura somente existe como objeto *em* e *por* uma prática. Por sua vez, existem moléculas nervosas dispostas de determinada maneira, ou condutas que diferem da conduta da maioria das pessoas. Essas moléculas ou essas condutas são *matéria* para algo que os discursos e as práticas podem moldar como "loucura".

A loucura, que nós consideramos uma doença mental, foi objetivada de maneiras diferentes durante os 25 séculos da História ocidental. Afirmar isso não significa asseverar que as práticas sociais geraram algo que não existia nas células ou nas condutas – ou em ambas, ainda que as condutas também variem. Há um substrato distintivo em relação ao que nós, a partir do século XIX, consideramos doença mental. Em diversas épocas foi assim considerado. Porém, durante o neoclassicismo, ainda que existissem âmbitos nos quais a loucura era considerada uma doença, a prática jurídica e a sensibilidade geral a incluíam na desrazão.[5]

---

5 Na época neoclássica, a desrazão compreendia tudo aquilo que se opunha à "boa ordem burguesa".

O que hoje denominados "loucura" surgiu – e desapareceu – em diferentes épocas ou setores, como inspiração divina, doença, desrazão, castigo celestial ou outras formas. Nunca deixou de existir como algo que cada época objetivou de determinada maneira. Diz Foucault:

> Pessoalmente, nunca escrevi que *a loucura não existe*, mas isso pode ser escrito, pois, para a fenomenologia, a loucura existe, mas não é uma coisa; no sentido contrário, é preciso dizer que (para mim) a loucura não existe, mas não por isso ela deixa de ser algo.[6]

Depois de ter publicado *As palavras e as coisas*, Foucault sentiu a necessidade de escrever um livro para explicar seu método. Surgiu assim *A arqueologia do saber*. Ali ele tenta esclarecer como trabalhou e como seguirá trabalhando. Não representa um catálogo metodológico para ser seguido, ou que Foucault tenha seguido pontualmente. Pode-se dizer que, antes, analisa alguns de seus pressupostos. Desenvolve certos pontos chaves da arqueologia: enunciados, formações discursivas, regras de transformação, acontecimentos, monumentos, formação de objetos, conceitos, estratégias, raridade, arquivo, História do pensamento. Após dez anos consagrados a um trabalho de erudição que o permitiu considerar a loucura, a medicina e a fundação das ciências humanas, Foucault reserva-se um tempo para refletir sobre a eficácia das novas técnicas de análise que desenvolveu; percebe que descobriu no caminho um grande campo inexplorado. Esse domínio é inacessível tanto para aqueles que valorizam a noção de sentido, em sua filiação às ciências do homem – a tradição hermenêutica –, como

---

6 Apud Veyne, *Foucault revoluciona la historia*, p.225. [Na edição brasileira correspondente, cf. p.171. Foucault faz essa afirmação em uma de suas leituras no Collège de France: "Provavelmente, podemos dizer que a loucura 'não existe', mas isso não quer dizer que ela seja nada. Tratava-se, em suma, de fazer o inverso daquilo que a fenomenologia havia nos ensinado a dizer e a pensar; a fenomenologia que, grosso modo, dizia: a loucura existe, o que não significa que seja algo". Cf. Foucault, *Sécurité, territoire, population*, p.122. – N. T.]

para aqueles que renunciaram totalmente ao sentido – as pesquisas estruturalistas –, em relação às mesmas ciências. No tratado de metodologia que constitui A *arqueologia do saber*, Foucault toma posição por esse novo domínio e desdobra todo o arsenal necessário à sua exploração.

O núcleo teórico desse texto poderia ser assim esquematizado: são rejeitadas as *unidades discursivas* tradicionais (autor, livro, obra). São consideradas as *formações discursivas* (tradicionalmente chamadas ciências, ideologias, teorias). Os elementos dessas formações respondem a *regras de formação*, as quais constituem *sistemas de formação* (segundo como se "formem", os discursos são legítimos ou não em uma época determinada). Os componentes do discurso analisados arqueologicamente são: 1) *objetos*; 2) *modalidades de enunciados* (o sujeito da enunciação não é um indivíduo, mas uma função); 3) *conceitos*; e 4) *estratégias* (escolhas temáticas). Entre esses quatro elementos há um sistema de dependência que interage sobre as formas de coexistência dos *enunciados*. Estes, por sua vez, são funções que se exercem entre os diversos elementos que compõem o *discurso*. Os discursos são compostos por um conjunto de enunciados que dependem de um mesmo sistema de formação (discurso clínico, econômico etc.). A aplicação dessas categorias permite descrever "objetivamente", sem qualquer tipo de interpretação. Esse último ponto é o mais frágil em A *arqueologia do saber*. Envolve uma notável contradição: já que Foucault considera que é impossível conhecer os pressupostos discursivos da época em que subsistimos, é óbvio então que não podemos nos abster destes pressupostos; e, se pudéssemos, nossos discursos não seriam críveis porque não responderiam à vontade de verdade de nossa época. Portanto, se o discurso "objetivo" não existe, já que não podemos distinguir seus pressupostos, o arqueólogo não pode pretender que seu discurso se enuncie objetivamente.[7]

---

7 Ocupo-me especialmente dessa contradição em *Michel Foucault: los modos de subjetivación*.

Alguns dos conceitos desenvolvidos em *A arqueologia do saber* surgiram *a posteriori* das demais obras arqueológicas, ainda que tenham atuado nestas sem proposta prévia. Trata-se de um livro detalhista e exaustivo, com voo literário – em alguns momentos, quase poético. Mas também se trata de um livro de difícil leitura. É notável que o "atípico" se produz nos textos com os quais Foucault, de algum modo, "fecha" uma etapa de sua obra. Algo parecido ocorre com *A vontade de saber* e a finalização da segunda etapa, a genealógica.

Esses dois livros-dobradiças parecem transmitir algo forçado, talvez por uma espécie de vontade de teorizar. No resto de sua obra, Foucault categoriza apoiando-se em desenvolvimentos históricos e análise de práticas concretas. Em contraposição, nesses dois livros os esquemas teóricos aparecem mais desencarnados ou especulativos (Foucault não aceitaria esta última categorização). Parecem tratar-se de livros de despedida de períodos nos quais o entusiasmo pela tarefa empreendida o fazia ater-se especialmente ao objeto estudado e não ao método. Pelo contrário, nesses textos tenta esclarecer ou deslindar o marco de referência teórico, como uma maneira de reconsiderar o trajeto percorrido. Resumindo: *História da loucura* e *O nascimento da clínica* tratam do outro; *As palavras e as coisas*, do mesmo, e *A arqueologia do saber*, do método arqueológico.

Para Foucault, as teorias são como "caixas de ferramentas", úteis para a compreensão lógica das relações de saber-poder, a partir das reflexões necessariamente históricas, sobre situações determinadas. Na sequência, utilizarei justamente *A arqueologia do saber* como uma caixa de ferramentas para esclarecer ou determinar categorias foucaultianas e, com isso, elucidar o resto de seus textos.

A produção de enunciados e de objetos

Em *História da loucura* há referências a "bestiários morais". Isto é, descrições de animais reais ou imaginários, através dos quais se representavam simbolicamente os valores da humanidade. Um desses animais fantásticos foi o *Gutenmech*, uma ave que se encontra em gravuras medievais. Sua principal característica é um longuíssimo pescoço: com ele pretendia-se representar a elaboração do pensamento. Este tem sua origem no coração e deve percorrer um longo trajeto até chegar à cabeça. Quanto mais longo é o caminho, mais espirituais são os pensamentos; quanto mais lentamente sobem do coração à cabeça, mais tempo têm de ser equilibrados. A ave de pescoço muito longo simboliza um pensamento sutil e refinado. A sabedoria é representada com um pescoço em forma de alambique que indica uma reflexão elaborada, fina, paciente. Se o pensamento demora em ir do coração à cabeça, destila melhor suas impurezas.

A evolução que sofreu a imagem do *Gutenmech* foi tornando-a cada vez mais sofisticada. Alguns pescoços se enroscavam várias vezes sobre si mesmos. Chegou-se, inclusive, ao que seria a quintessência da representação de um pensamento sutil: desapareceu o corpo, ou seja, o coração; somente persistiu a representação de um rosto enigmático. Ao mesmo tempo que se transformava a representação da ave, transformava-se também seu simbolismo: se no princípio da representação simbolizava o pensamento sutil, no auge de seu desenvolvimento designará a fascinação, o desejo, a misteriosa atração pelo desconhecido. É o caso da cabeça com pernas que aparece na "Tentação" de Lisboa, pintada por Bosch. Ali estão Santo Antônio e esse rosto sem corpo olhando-se com mútuo encantamento. Foucault considera que esse rosto enigmático representa o desejo. Viver para satisfazer os desejos era considerado loucura; na imagem de Bosch a loucura foi convertida em tentação. O homem se sente fascinado por ela.

Ao final da Idade Média, a loucura parece produzir mais atração que rejeição, pelo menos nas manifestações pictóricas e literárias. Trata-se da atração por aquilo que vai contra a natureza. É como a atração pelo fantasmagórico: subjuga mais que as realidades. No Renascimento, há um deslocamento da loucura como satisfação dos desejos à loucura como revelação do saber. Há algo de loucura em querer saber tudo. O louco é dono de certo saber. Mas a loucura já não fascina, ainda que continue atraindo. O saber atrai, apesar de ser vão e desordenado. Erasmo, em sua ronda de loucos, faz desfilar gramáticos, teólogos e filósofos. O excesso de ciência é presunção ignorante, é loucura. Não obstante, desse saber tolo pode ser extraído um verdadeiro saber. O saber dos loucos está predizendo o reino de Satã e o fim do mundo. A imagem e o discurso da loucura por alguns momentos se haviam sobrepostos, até o ponto que alguns comentadores posteriores acreditam que os quadros que tematizam a loucura são, na verdade, ilustrações dos livros que dela se ocupam. Contudo, a imagem e o discurso se distanciam, representando duas formas diferentes de experiência em relação à loucura. Estas são analisadas por Foucault, em *História da loucura*, como "visão cósmica (ou trágica)" e "visão crítica" do delírio. A visão cósmica hospeda o elemento *trágico*, e a reflexão moral contém o elemento *crítico*. Na representação dos autores plásticos se concebia a loucura como proveniente do cosmo. Na que nos presenteiam os literatos, a loucura se aloja no coração do homem.

Em que se baseia Foucault para afirmar que a loucura das artes plásticas é cósmica? Não poderiam estar corretos aqueles que interpretam que figuras como as de Bosch ou Brueghel estão representando no exterior do humano o que o homem aloja em sua interioridade? Foucault baseia-se, justamente, no que vê (o manifestado no *visível*). Os silêncios das imagens parecem apelar às surdas ameaças da bestialidade, na qual a loucura está associada ao fim dos tempos. Baseia-se também no que se diz (no *dizível*). O discurso da tradição humanística está atravessado por uma crítica moral dos defeitos provenientes da loucura humana. É a partir da análise em relação à loucura no Renascimento que Foucault utiliza, pela primeira vez, as categorias, caras à sua arqueologia, do *visível* e do *dizível*.

O arqueólogo vê a loucura nas manifestações pictóricas (por exemplo, em Bosch) e a lê nos textos (Erasmo, Brant). Essas visibilidades e esses discursos são camadas sedimentadas que constituem positividades a serem desenterradas. Uma época não preexiste aos enunciados que a expressam, nem às visibilidades que a ocupam. Cada formação histórica implica uma distribuição do visível e do enunciável que nela se produz. Além disso, de um estrato a outro existe variação da distribuição, posto que a visibilidade muda de modo e os enunciados mudam de regime.

No neoclassicismo, ao modo como é analisado em *História da loucura*, o visível da loucura está na reclusão, com sua forte carga de empiria. E, de outro lado, está o enunciável em um discurso médico que discorre mediante uma teoria "recém" contaminada pela experiência. Nesse divórcio entre a experiência concreta da loucura e o discurso que se referia a ela se abre a brecha que converte a loucura em algo "problematizável". Essa fissura, aparentemente, fecha-se no século XIX, quando entre ruídos de correntes rompidas se encontra o empírico da loucura com o discurso médico sobre ela. O *visível* será o louco como substância oferecida à medicina positiva, a qual é organizada segundo o discurso "objetivo". O encontro não necessário implica coincidência. Novas defasagens entre o discurso e o visível possibilitarão que, também no século XIX, a loucura constitua uma problematização.

O visível e o enunciável reaparecem analisados em *O nascimento da clínica*, cujo subtítulo na primeira edição francesa (logo retirado por Foucault) foi *uma arqueologia do olhar médico*.[8] A partir desse subtítulo se poderia pensar que o texto concede primazia ao visível sobre o enunciável. Mas não é assim. Foucault se autocriticou, *a posteriori*, por ter colocado esse título. Considera que em suas primeiras obras não enfatizou suficientemente a prioridade do enunciado sobre as visibilidades, mesmo quando ele procede de seus conteúdos. O visível será determinado pelos enunciados, mas irredutível a eles. Deleuze sustenta que "Foucault deixava-se fascinar tanto pelo que via como pelo que ouvia ou lia, e a arqueologia concebida por ele é um *arquivo audiovisual*".[9]

Os primeiros clínicos estavam admirados diante da riqueza do que observavam. Logo ocorrerá o mesmo com o que toquem e com

---

8   Em castelhano, continuou-se a publicar com esse subtítulo. [Nas edições brasileiras, o subtítulo foi retirado – N. T.].
9   Deleuze, *Foucault*, p.78. [Na edição brasileira, p.60. – N. T.]

tudo aquilo factível de ser mensurado, como a febre ou o pulso. Tudo isso, para Foucault, ingressa no terreno do visível. A experiência clínica representa um momento de equilíbrio entre a palavra e o observável. Mas esse equilíbrio é frágil: tenta sustentar-se no postulado de que todo o *visível* é enunciável e de que é *integramente* visível porque é integramente *enunciável*. Um postulado de semelhante alcance não poderia permitir uma ciência coerente se não fosse desenvolvido em uma lógica que fosse sua consequência rigorosa. Pois bem, o esquema lógico do pensamento clínico não é totalmente coerente com este postulado: a reversibilidade sem resíduo do visível no enunciável permanece na clínica como uma exigência e como um limite, mais do que como um princípio originário. É necessário "supor" muito para poder ver algo. Tudo o que vemos está "filtrado" pela teoria. Esta se forma com as categorias de nossa época, não com uma objetividade atemporal. Não existe correspondência entre os enunciados e as positividades.

A visibilidade total será o sonho dos primeiros mestres da clínica, que prescreviam a seus alunos que anotassem todas e cada uma das manifestações emitidas pelo corpo doente. E não somente se deveria prestar atenção nas manifestações do corpo, mas também no clima, nas comidas, nas condições de vida, enfim, em *tudo* o que fosse possível registrar em relação direta ou indireta com a doença. Nesse fugaz momento da clínica, tudo o que é percebido é enunciado. Provavelmente, em menos tempo que a reposição de uma geração de profissionais, a modalidade novamente mudou. Entre os enunciados médicos e aquilo em relação ao qual buscavam referir-se, produziu-se uma fratura de problematização. A partir das elaborações teóricas de Condillac, Cabanis e Brulley, a teoria – assentada, agora, em especulações probabilísticas – novamente toma distância da prática empírica. Esse é o interstício para o qual penetra o interesse filosófico de Foucault: *a análise daquilo que uma época considera verdadeiro, apesar de ou em meio a desencontros entre o visível e o enunciável.*

Esse desencontro parece marcar, em si mesmo, o texto de As *palavras e as coisas.* Sua temática faz referência a modelos teóricos. Versa, portanto, sobre as palavras. Então, onde estão as coisas?

Paradoxalmente, o título que Foucault havia escolhido para esse livro era *A ordem das coisas*.[10] Novamente, o visível teria aparecido destacado. De qualquer forma, nesse livro as "coisas" aparecem ao lado das "palavras". Posteriormente, Foucault dirá que o título dado a *As palavras e as coisas* deveria ser entendido em sentido irônico. Na verdade, a tarefa da arqueologia consiste em descobrir uma forma de expressão que não se identifique com "significante", nem "palavra", nem "frase", nem sequer com "enunciado", no sentido que comumente têm esses termos. "Enunciado", em Foucault, faz referência a algo totalmente diferente daquilo que, em geral, é entendido por enunciado. Trata-se de uma função que atravessa um domínio de possibilidades estruturadas e singulares. Esse domínio faz surgir conteúdos concretos em um tempo e espaço determinados. Mas o próprio enunciado não é uma estrutura. Conforme delimitado por Foucault,

> é uma função de existência que pertence exclusivamente aos signos, e a partir da qual se pode decidir, em seguida, pela análise e pela intuição, se eles "fazem sentido" ou não, segundo que regra sucedem-se ou se justapõem, de que são signos, e que espécie de ato encontra-se realizado por sua formulação (oral ou escrita).[11]

Trata-se de buscar as palavras (frases ou proposições) para encontrar os enunciados. Assim como se trata de procurar as coisas para encontrar a forma do conteúdo. O enunciado não é um significante, as coisas não são referentes. Deve-se procurar nelas as visibilidades. Estas não são objetos, no sentido que comumente entendemos por "objeto", mas formas de luminosidade criadas pela própria luz e que somente deixam subsistir as coisas ou os objetos como resplendores, reflexos, centelhas. Para a formação dos objetos arqueológicos, foi necessário que atuasse um conjunto

---

10 A tradução norte-americana do livro manteve esse primeiro título: *The Order of Things*. (N. T.)
11 Foucault, *La arqueología del saber*, p.145. [Na edição brasileira, p.98. – N. T.]

de relações determinadas. As práticas subsistem aos objetos; e estes, por sua vez, são determinados pelos enunciados, ainda que irredutíveis a eles. As "coisas" somente são desenhadas no discurso. Os objetos ou as coisas somente existem nas condições positivas de um completo feixe de relações. Essas relações encontram-se esparsas entre as instituições, processos econômicos e sociais, formas de comportamento, sistema de normas, técnicas, tipo de classificação, modos de caracterização.

Foucault afirma que as letras tal como estão dispostas em uma máquina de escrever não são um enunciado, mas se aquela disposição aparece em um manual que indica como lidar com esta máquina, então se trata de um enunciado (no sentido arqueológico). Proponho outro exemplo. Dois homens estão pescando em um lago e comentam que a cor da água mudou nos últimos anos. Um deles, depois de pensar sobre o assunto, diz: "a água do lago está contaminada"; essa proposição não é um enunciado no sentido arqueológico. Suponhamos agora que os vizinhos do lugar comecem a queixar-se da cor suspeita da água do lago. Os meios de comunicação ecoam o problema. Finalmente, as autoridades políticas decidem solicitar às autoridades sanitárias que sejam tomadas providências a respeito. Então, são disponibilizados especialistas e tecnologias a serviço de uma investigação; como resultado dela, o diretor da operação conclui que "a água do lago está contaminada". Essa proposição é um enunciado arqueológico. Na primeira expressão tratava-se de um ato de discurso da vida cotidiana com significação, mas sem o respaldo ou a reunião dos processos que, em nossa época, legitimariam-no como um discurso sério. Na segunda expressão, trata-se de um ato de discurso técnico que surge de regras estabelecidas conforme um jogo de verdade, ou seja, de um campo enunciativo (nesse caso, tecnocientífico e institucional). Além disso, faz parte de um conjunto de atos de discursos considerados sólidos, isto é, de formações discursivas que respondem a uma vontade de verdade. Esses discursos entrelaçam-se e surgem de um feixe de relações que autenticam valor de verdade. Poderia se dizer que a "água contaminada", isolada de todas essas relações, não é um objeto arqueológico. Não obstante, em relação às instituições, processos, práticas, conceitos, estratégias e sujeito da enunciação, ela emerge como objeto da arqueologia, no suporte material do que comumente entendemos por "água contaminada". Em uma cultura na qual não existisse a ideia de "contaminação" não saberíamos qual significação poderia ser dada à contemplação da água que vai se turvando com o decorrer do tempo.

As coisas não se delimitam por si mesmas, nem mostram, em si, sua constituição interna ou a trama de sua racionalidade imanente. O arqueólogo busca aquilo que lhes permitiu emergir, como se relacionaram com outras coisas e objetos, como se justapuseram entre elas, como conseguiram imprimir sua diferença a partir de um espaço de exterioridade. Surge, deste modo, o invisível do *iceberg*. *A análise arqueológica faz surgir as condições de possibilidade das coisas.*

A morte

A *História da loucura* começa com um cenário vazio: os lugares de exclusão na Europa no início do século XVIII. Ao final da Idade Média desapareceu a lepra, provavelmente em razão da forte segregação à qual os leprosos haviam sido condenados. Convém acrescentar a isso o fato de que, com o fim das Cruzadas, enfraqueceu-se o contato com o Oriente, provável fonte de infecção. O cenário abandonado pelos leprosos podia ter sido ocupado pelas vítimas de outro flagelo europeu: a sífilis. Contudo, isso não aconteceu. As instalações dos ex-leprosários não foram utilizadas para os portadores da sífilis. Talvez porque ambas as doenças receberam estatutos diferentes. Na condição de doenças infecciosas, para nós, podem parecer similares. Mas naquela época não eram percebidas assim. Enquanto o sifilítico era considerado potencialmente curável e, portanto, assimilado socialmente, o leproso era tido por incurável e, por conseguinte, excluído. Não obstante, houve outros motivos.

A verdade da lepra era a manifestação de Deus na Terra. Era uma amostra da cólera e da bondade divinas. Deus castiga os pecados dos homens com a lepra. Mas é tão misericordioso que não os priva de sua graça. O leproso é separado da Igreja. No entanto, pode conseguir sua salvação na exclusão, e graças a ela.

Em torno do fim do século XIV, quando começam a aparecer os sifilíticos, até os leprosos sentem medo deles. A despeito do temor que produzem, os sifilíticos são internados ao lado de outros tipos de doentes – coisa que não acontecia com os leprosos. Esse deve ter sido um dos motivos pelos quais a sífilis não chegou a ocupar o lugar que a lepra havia deixado vazio. Foucault sustenta que a lepra foi uma doença moral. As chagas no corpo do leproso eram a evidência explícita de seus pecados. A sífilis podia ter coberto os requisitos indispensáveis para ser considerada uma doença moral. Porém o fato de que o sifilítico era medicado parece ter favorecido sua camuflagem entre outros tipos de doentes, de modo que não chegou a ser objeto de exclusão. Em contrapartida, no final do Renascimento, o lugar deixado vazio pelos leprosos foi ocupado por aquela massa, um tanto indiferenciada, de indivíduos que compuseram o que Foucault chama a *desrazão*: vagabundos, pobres, loucos, jovens corruptos, libertinos, homossexuais, feiticeiros e prostitutas. Eles habitaram o espaço da exclusão social. Supunha-se que eles eram beneficiados com uma possível reintegração espiritual.

A exclusão não é uma invenção moderna. Se Foucault insiste tanto nos dispositivos de exclusão que alcançaram seu ápice nos séculos XVII e XVIII, é porque considera que nesses séculos adquiriram características especiais. Na Idade Média, uma das formas de excluir os loucos era embarcá-los em certos navios. A "nau dos loucos" é tematizada por pintores e escritores. Não foi somente um espaço de exclusão imaginário, mas existiu realmente. Contudo, esse tipo de supressão ou era mais virtual que real ou se produzia esporadicamente. De qualquer forma, não ocorreu como fenômeno social generalizado.

Ao final da Idade Média e começo do Renascimento, loucura e verdade relacionavam-se. A loucura arrasta os homens a uma cegueira que os perde. Mas o louco lembra a cada ser humano sua verdade. Incita a refletir sobre os nefastos caminhos que pode chegar a tomar aquele que se deixa conduzir pela cegueira do espírito. Isso se manifesta no teatro. À luz da comédia, o personagem do louco assume a parte crítica e moral. Ele também pode ser encontrado em outras obras da literatura, nas quais a loucura emite discursos mais próximos da razão do que a própria razão. Essa eclosão da temática da loucura é produzida mais pela revalorização de formas discursivas já existentes do que pela irrupção de temas originais. Os relatos sobre os loucos – como ocorria no passado – satirizam os vícios e defeitos, mas já não é tão acentuado o esquecimento das virtudes cristãs, como carência de razão. Os homens entregam-se à falta de razão com uma espécie de complacência secreta. Nas *soties* (farsas satíricas muito em voga no século XVI), o personagem do louco adquire enorme preponderância. Trata-se de um papel inverso e complementar em relação ao que era representado nos contos e outros tipos de dramatizações: o louco é o possuidor da verdade. Inclusive as festas dos loucos – originárias dos Flandres – são representadas na comédia. A loucura é utilizada para exercer uma crítica social e moral. A literatura culta também trata do assunto ao perseguir a mesma finalidade, mesmo que com maior sutileza. Os lugares que as foices, os esqueletos e a putrefação das danças medievais da morte deixaram vazios serão ocupados pelas diferentes profissões, paixões e vaidades, próprias das rodadas demenciais. Enquanto a pintura mostra uma consciência trágica da loucura, a literatura a abordará a partir de uma consciência crítica. As imagens, de um lado, e os discursos, de outro, se separam no artístico e no social. A perda da palavra do louco e sua permanência como pura imagem impõem-se. O louco, despojado de seu discurso, permanece como espetáculo. Até o Renascimento, o louco, a partir de sua loucura, podia dizer a verdade. Na Idade Neoclássica, e até o fim do século XIX, o discurso do louco deixará de ser escutado. Sua palavra será silenciada. Se alguma verdade ainda resta em sua figura, será uma verdade negativa, uma manifestação do não ser.

Na passagem da Idade Média para o Renascimento, a problemática da loucura substitui o tema da morte nas manifestações culturais, mas não se trata de uma substituição absoluta, e sim de um lembrete. Trata-se de lembrar a necessidade implícita que habita em cada esquecimento: *o nada da existência*. Antes, a imagem da morte mantinha presente para o homem o nada do seu fim. Agora, a imagem da loucura lhe mantém presente sua constante insignificância. A substituição da temática da morte pela da loucura não assinala uma ruptura, mas, antes, uma torção no interior de uma mesma inquietação. A partir de um discurso sobre a loucura que, no fundo, é um discurso sobre a morte, esta última começa a ser abordada com ironia. Enquanto o fim da Idade Média falava diretamente da morte, o Renascimento fala da morte na densidade do discurso sobre a loucura. A Idade Média discorria ingenuamente sobre a morte, no sentido de que se referia diretamente a ela. O discurso do Renascimento a trata com duplicidades. Simula que se dirige à loucura e, na verdade, está se referindo à morte. Esta se torna visível ao intermediar seu horror, ao mesmo tempo que é reforçada a manifestação da loucura.

Na opinião de Foucault, a morte também havia sido intermediada por meio da lepra. A exclusão do leproso era uma manifestação de que há seres vivos cuja presença aterrorizante antecipa os espantos da morte. Mas a loucura presta-se melhor ao jogo. A lepra altera o corpo, a loucura transtorna o espírito. Agora, a articulação é dupla. No seu pano de fundo, o discurso sobre a loucura é discurso sobre a morte. Mas o louco, em última instância, ri da morte. Os gritos dos loucos são mais fortes que os cantos triunfais da morte. Eis aqui a apoteose da loucura.

A mudança da temática da morte para a da loucura é a descoberta de que a negação da vida não está somente no seu final, ou seja, na morte biológica. Manifesta-se, até mesmo, no macabro da loucura, como antes se manifestou no fato aterrorizante da lepra. A Idade Média considerou prudente alertar o homem sobre a imanência da morte. Sua presença espreitava cada ato vital. A morte está sempre disposta a ganhar o jogo. O Renascimento descobriu que existe uma presença da morte, que se mostra nos olhos fixos, na carne fria e nos músculos rijos do defunto. Mas há outra, mais próxima, que está presente nos olhos vidrados, nas bocas repletas de baba e nas palavras delirantes dos insensatos.

Um novo apocalipse paira sobre a Europa. A ascensão da loucura está preanunciando o fim dos tempos. A baixa Idade Média proclamava que o homem era louco por não ter consciência plena da morte. O Renascimento descobre, na própria loucura, a imanência do fim. A loucura é o preâmbulo do nada da existência. Não pela obviedade de que depois da loucura sucederá a morte, mas porque a morte está na própria loucura.

Os bailes e os triunfos da morte, dançados e cantados na Idade Média, as cenas macabras dos murais, gravuras e textos piedosos, ainda que não desapareçam totalmente, recuam em benefício das dramatizações, dos ensaios e dos discursos moralizantes sobre a loucura. Há uma sucessão de datas que fala por si mesma: a dança macabra do Cemitério dos Inocentes remonta os primeiros anos do século XVI; a dança da *Caise-Dieu* foi composta por volta de 1460, e em 1485 Guyot Marchart publicou sua *Dance Macabre*. Esses anos viram o triunfo desse imaginário zombador concernente à morte. Em 1492, Brant escreve o *Narrenschiff* ("Nau dos loucos"); *O elogio da loucura*, de Erasmo, é de 1509. Até a segunda metade do século XV reina somente a temática da morte. O fim dos tempos aparece sob os traços da peste e das guerras. A presença que ameaça a partir do próprio interior do mundo é uma presença inquietante. Mas, nos últimos anos, esse grande temor gira sobre si mesmo; zombar da loucura, em vez de ocupar-se da morte. A morte já se encontra na loucura.

As viagens às quais os loucos estavam submetidos, seja como exclusão real, seja como expulsão ritual – no imaginário das naus dos loucos –, tinham um sentido de viagem ao além, de onde não se volta. Havia uma forte relação entre loucura e morte. Outro indício de que a loucura era percebida como fim, como término de algo, como limite, é que em alguns lugares da Europa, nas portas das cidades, existiam casas de prisão para loucos. O louco é alojado nos limites. Está no limite entre a cidade e o inabitado, entre a terra e a água, entre a evidência da verdade e a nulidade do não ser.

Se forem levados em consideração os perigos que naquela época estavam à espreita fora da cidade, não é difícil desentranhar um simbolismo possível: a loucura se debatia entre a vida e o nada, entre o existir e a falta de existência. Quando, a partir do século XVIII, a loucura passa a fazer parte da desrazão, sua explícita relação com a morte será silenciada. Não, porém, sua correspondência implícita. O vínculo entre a loucura e o nada está assentado tão enfaticamente no século XV que não será mais encontrado na experiência clássica da loucura. Foucault considera que a internação é a prática que melhor se ajusta à correspondência com a desrazão, ou seja, como negatividade vazia de razão; ali a loucura se reconhece como *nada* e é tacitamente relacionada à morte.

Diferentemente, a relação entre a clínica e a morte é nítida e explícita. Em *O nascimento da clínica*, afirma-se que no começo da medicina positiva a palavra do doente é escutada, ainda que essa palavra não alcance um *status* diferente dos demais signos emitidos por um corpo doente. É, simplesmente, uma primeira aproximação a este texto que deve ser lido: o corpo. O médico começava fazendo uma espécie de formulário de questões gerais em relação ao doente (nacionalidade, profissão). Depois se interessava por antecedentes concernentes à sua saúde (doenças anteriores, tratamento). Na sequência, investigava as funções vitais (respiração, pulso, temperatura), naturais (sede, apetite, secreções) e animais (sentidos, faculdades, sono, dor). Finalmente, o "apalpava". Nesse processo há um estágio no qual o doente é escutado. Mas sua palavra é da ordem do visível, posto que o médico a "vê" ao lado dos demais sinais emitidos pela doença (sintomas, signos). As palavras somente são registradas à medida que interessem como sintoma. Em pouco tempo se tornará clara a insignificante importância da fala do paciente. Muito mais revelador será o silêncio. Mas também aqui, como com a loucura, estabelece-se uma relação com a finitude. O silêncio revelador é o da morte. Não era o louco que falava com propriedade, mas, antes, a loucura que permitia descobrir uma verdade profunda. Não é a boca do doente a que indicará a rota a seguir; quando cala para sempre, desde o mutismo, manifestará segredos. A clínica médica, antes de apaixonar-se pela morte, "vê" através das palavras do doente assim como "vê" através das manifestações de seu corpo. O estetoscópio (invenção moderna) é a mediação instrumental pela qual se capta algo que falará melhor do que as palavras. Mas a clínica, finalmente, privilegiará a vista em detrimento do ouvido. Vai se encaminhar em direção ao domínio do olhar. Não mais através das palavras, dos ruídos ou dos demais signos – sempre confusos – da vida, senão pela fixação gélida da morte.

"Abram alguns cadáveres" é a ordem que anuncia uma prática que produzirá a reacomodação dos estratos sobre os quais é inaugurada a medicina anatomopatológica. Seu discurso está orientado a exaltar os benefícios dos cadáveres, sempre que são comparados aos seres vivos. Por mais detalhadas e abundantes que sejam as anotações diárias e prolongadas que são feitas sobre os doentes de diferentes enfermidades, não serão obtidos mais que dados confusos, sintomas controversos que não apresentam relação com nada coerente. Uma verdadeira orgia de detalhes desconexos. Em contrapartida, se ao invés de percorrer salas e salas nas quais o barulho dos sintomas vivos é desconcertante o médico se deslocar para silêncio da sala de dissecação, eis que haverá a luz. A "branca claridade da morte" dissipará as trevas e permitirá que surja a verdade da doença. A morte permite analisar os órgãos e sua patologia. As metáforas utilizadas no discurso da origem da anatomopatologia a respeito da vantagem de estudar no cadáver são: "luminosidade", "claridade", "brancura". A vida obscurecia e confundia os sintomas que levam, em si, à morte. A morte os clarifica e faz resplandecer a especificidade do vivo. Assim como antes, por meio da loucura, fazia-se patente a presença da morte, agora, na morte (no cadáver) encontra-se um texto sobre o qual a vida pode ser lida. Eis aqui uma das condições históricas de possibilidade do começo da medicina positiva: uma estrutura na qual o espaço, a linguagem e a morte são articulados.

Em tempos remotos a doença havia se relacionado com uma "metafísica do mal". Confrontada com a natureza, a doença mostrava seu viés negativo. Tratava-se da própria negação da natureza. Na modernidade, conectada com a morte, a doença abre-se para ser lida. Torna-se visível e enunciável. Portanto, passa a ser positiva, em todos os sentidos da palavra. Positiva porque é empírica e, portanto, pode se ver. Positiva porque pode se enunciar; por conseguinte, constitui-se em discurso científico. E, finalmente, positiva, porque permite ter acesso à verdade (a da medicina moderna). O homem está disposto no domínio desse saber positivo sobre o terreno daquilo que o constitui como homem: sua própria morte.

Estreia-se, assim, um novo uso da linguagem científica. Não somente deve-se dizer o que se vê, mas também atribuir realidade ao que é visto mediante a linguagem objetiva. É-se fiel à experiência e, ao mesmo tempo, ela se constitui. Ao mesmo tempo que se descreve, descobre-se. O interior é revelado no espaço discursivo do cadáver. No mesmo terreno a verdade tem origem e manifesta-se. Foucault acredita que será, sem dúvida, decisivo para nossa cultura que o discurso científico, sustentado por ela sobre o indivíduo, tenha de ter passado por esse momento da morte. O homem ocidental só pôde constituir-se aos seus próprios olhos como objeto de ciência, somente se tomou no interior de sua linguagem e deu-se nela e por ela uma experiência discursiva, a partir da abertura de sua própria supressão. A partir da experiência da desrazão, nasceram todas as psicologias e a própria possibilidade da psicologia. A partir da integração da morte ao pensamento médico nasceu uma medicina que se oferece como ciência do indivíduo. A experiência da *individualidade* em geral está vinculada à morte.

Não somente a morte é elemento de individualização, mas também a doença marca o limitado do homem diante da riqueza inesgotável da natureza. A medicina moderna, à semelhança das ciências humanas recentes, encontra uma condição de possibilidade na finitude humana. No século XIX, o homem desenvolve domínios de saber sedimentados nos próprios limites humanos. A imagem do anatomopatologista, conhecendo graças ao que lhe é revelado pela morte, é paradigmática.

A doença passa a ser positiva para a ciência, mas continua sendo negativa com respeito à natureza. A loucura – que está estreando seu acontecimento como doença – é também a natureza perdida, o errante do desejo, a aberração do sensível. Pelo contrário, a natureza é a saúde plena, a loucura enclausurada, o tempo harmônico, o acontecimento da existência em sua verdade mais próxima. Uma boa relação com a natureza afasta a loucura e posterga o momento da morte.

O homem experimenta-se como indivíduo a partir do visível e do enunciável da morte. A possibilidade da morte é o limite que percorre o campo do saber em forma de discurso científico. Essa possibilidade é evidenciada na naturalidade perdida do louco e na fria textualidade do cadáver. O sensível, que até agora não havia podido ser demarcado por descrição alguma na condição de inesgotável, é circunscrito pela vista e pela linguagem. O saber positivo constitui o saber da *finitude*. A partir disso pode-se compreender a importância da medicina na constituição das ciências do homem: importância que não somente é metodológica, mas *ontológica*, na medida em que toca o ser do homem como objeto do saber positivo.

Segundo Foucault, a única possibilidade da finitude para o pensamento, que ele chama de "clássico", era a negação do infinito. Em contrapartida, a partir do final do século XVIII, o finito é afirmado. Com o estabelecimento da clínica moderna e o surgimento das ciências humanas se esboça o limite e se funda a origem. Na clínica, a morte é ao mesmo tempo reafirmada e conjurada. Nos prolegômenos das ciências humanas se delimita quem é o homem. A estrutura antropológica compõe a estrutura da finitude. A partir desse limite constitui-se o homem moderno, não como ser empírico, obviamente, mas como figura epistêmica. O homem é a composição epistêmica específica da finitude. Mudará a configuração da criatura humana. Não será já "o ser racional", mas o "ser vivo que trabalha e fala".

Em *História da loucura*, a morte está implícita no louco; a loucura é a manifestação do não ser do homem. Em *O nascimento da clínica*, a morte é um texto a ser lido; o cadáver revela a verdade da vida. Em *As palavras e as coisas*, a morte repousa na teoria. A análise da finitude explica como o ser do homem está determinado por positividades que lhe são exteriores. Pela análise do discurso de três disciplinas, que se ocupam da vida, do trabalho e da linguagem, Foucault analisa a condição de possibilidade de três modalidades científicas: a filologia, a biologia e a economia política. Entre a *episteme* do século XVI e a dos séculos seguintes produziu-se uma fratura. Foucault considera que *Dom Quixote* é o símbolo que as articula. Entre essa última época e o século seguinte houve um novo corte epistêmico, representado simbolicamente por *Justine e Juliette*. Tanto aquele quanto estas são figuras "dobradiças" entre as épocas. Cervantes descreve a *loucura* e Sade, a *desrazão*. Esquematicamente seria assim:

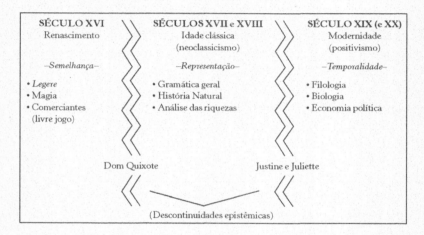

Na baixa Idade Média e sobretudo no Renascimento, o saber desenvolvia-se sob a forma da semelhança. Descobrir semelhanças entre as coisas, ou entre as coisas e as palavras, ou entre entes concretos e categorias abstratas, era ingressar no caminho do conhecimento. Como as cadeias das similitudes eram infinitas, eram estabelecidas diferentes figuras para catalogá-las. Um modo de semelhança era a *conveniência*. Há conveniência entre as coisas que se unem, que se tocam, que se encadeiam entre si. No que concerne ao ser vivo, a planta con-vém com o animal; e este, por sua vez, por ter sensibilidade, con-vém com o homem, o qual tem uma relação de conveniência (ajuste ou concordância) com os astros, os quais eram considerados inteligentes. Outra forma de assemelhar-se era pela *emulação*, imitação ou superação de ações alheias. Essa semelhança não é estabelecida, como a anterior, pela vizinhança entre as coisas, mas por reflexo, ao modo de um espelho: as estrelas e as ervas do céu se olham mutuamente porque as estrelas procriaram a vegetação. Havia também similitude por *analogia*: atribuição de uma mesma característica a vários sujeitos. O que se emula é análogo e, por sua vez, é conveniente. Por exemplo, o vegetal "convém" com o animal e, além disso, o emula; portanto, é análogo a ele; uma árvore é um animal de boca para baixo, cujas raízes se afundam na terra para receber alimento. A *simpatia* era outro modo de semelhança. Ela suscita o movimento e provoca as aproximações mais distantes. É por simpatia com o solo que o pesado cai, e por simpatia com o éter que o leviano sobe. A flor do girassol segue o curso do astro luminoso por simpatia com ele.

Pois bem, tanto no céu como na terra, ou tanto nas palavras como nos entes, inclusive nas virtudes e nos sentimentos, há uma multidão de elementos que poderiam ser tomados como semelhantes. Como se estabelece então a similitude? A partir de que parâmetro? Para guiar essa análise havia a *signatura*. A signatura é a marca visível que corresponde às analogias invisíveis. Permite interpretar os rastros para que as analogias saiam à luz. O mundo é um grande texto. É necessário saber ler os signos que o povoam. Se é sabido que o acônito faz bem para a vista é porque seus grãos são pequenos glóbulos escuros encadeados em uma película branca que parecem olhos. Esse signo permite decifrar o poder curativo da planta em relação à vista.

O conhecimento por analogia apresentava duas maneiras de conhecer diferentes porém complementares: a *adivinhação* e a *erudição*. A erudição consiste em extrair a sabedoria contida nas escrituras dos antigos, e a adivinhação, que de certo modo era da ordem da magia, não somente decifra as marcas da natureza como também seus mais recônditos segredos. Diz Paracelso que as serpentes quando escutam as palavras gregas *osy, osya, osy* ficam paralisadas e não envenenam ninguém. Acrescenta que não é pela influência que estes sons produzem no réptil, mas pelo poder mesmo dessas palavras, já que, se forem escritas diante de uma serpente, produzem o mesmo efeito imobilizador. A magia natural e a interpretação dos livros antigos constituíam o meio de acesso ao conhecimento através da interpretação. Considerava-se que o texto da natureza era tão decifrável quanto os textos escritos.

A arte de ler se denominava *legere*; seu âmbito se reconstituirá mais tarde na gramática geral. O campo deixado livre pela magia será ocupado pela História natural, e o que compunha o "livre jogo dos comerciantes" será convertido no domínio da análise das riquezas.

Na reestruturação que se produz entre o período neoclássico e o positivista, as práticas e os discursos que se inter-relacionavam com o objeto natural "vida" deixaram de pertencer à "História Natural" para constituir a "biologia". O âmbito estudado pela análise das riquezas será abordado agora pela economia. A reflexão sobre a linguagem será assumida pela filologia. Desaparece o discurso neoclássico, no qual a *representação* encontrava seu lugar comum. Nesse lugar, que agora será o da temporalidade, aparece o homem como figura epistêmica.

A modalidade que adota a reestruturação da *episteme*, segundo a análise de *As palavras e as coisas*, dá lugar a (e provém de) uma nova relação entre os discursos, as práticas e suas ordenações. Possibilita a emergência do homem. No início do século XIX, Cuvier e seus contemporâneos solicitam à vida que se designe a si própria e defina as condições de possibilidade do vivente. O mesmo ocorre com Ricardo, ao exigir que do trabalho surjam as condições de possibilidade da troca, dos lucros e da produção. Por sua vez, os primeiros filólogos buscam na profundidade histórica as condições do *discurso* e a *gramática*. Essas exigências provocarão o desaparecimento do modo de conhecer que caracterizou a época neoclássica e significam o final da *representação*. Já não se solicita que se "represente" o quadro taxonômico dos seres vivos, ou que se estude a moeda como representação da riqueza, ou que se considere a palavra como representação da realidade. Agora, buscam-se as próprias coisas: seres vivos que trabalham e falam. Vida, trabalho, linguagem. A representação desaparece dos conteúdos empíricos, mas ressurgirá – como veremos mais adiante – no pensamento da modernidade.

No caso dos seres vivos, o neoclassicismo fundava a análise na remissão a *qualidades visíveis*. Estes elementos representativos permitirão sua disposição taxonômica em um quadro. A representação diretriz era o *caráter* dos seres vivos (por exemplo, caracterizar uma planta segundo a flor e o fruto). Pois bem, ao exigir que a vida se defina por si mesma, se chegará a uma organização diferente: o órgão será definido por sua função, e a função será determinada pelos efeitos (por exemplo, as brânquias são na água o que os pulmões são no ar). Constitui-se, assim, um espaço duplo: por um lado, no interior, entre as coerências anatômicas e as compatibilidades fisiológicas; e, por outro, no exterior dos elementos, nos quais reside a vida que, por sua vez, faz deles sua sede. A vida é exterior a cada ser vivo. Contudo, manifesta-se nele, que é um ser finito, *temporal*.

Na análise das riquezas, a composição do quadro representativo era pensada a partir do fundamento de que toda riqueza é conversível em moeda, desde que entre em circulação e troca. Assim, a *moeda* era representação diretriz. A partir dela pode-se organizar a possibilidade de ordenar a riqueza. Mas no século XIX a análise das riquezas é redefinida como economia política. O trabalho será a fonte de todo valor. A teoria da produção deve preceder qualquer análise de circulação ou troca. É reformulado o princípio da escassez. O *homo economicus* existe na medida em que transcorre, utiliza e perde sua vida ao tratar de escapar à morte satisfazendo suas necessidades. O processo econômico origina-se na iminência da morte do homem, portanto, em sua finitude. O saber positivo surge da *temporalidade*.

Além disso, com a nova distribuição epistêmica, a linguagem deixará de ser somente representação. Agora também será finalidade. Converte-se, ela própria, em objeto de conhecimento. As palavras já não se entrecruzam com outras representações formando um quadro, para poder conhecer espontaneamente as coisas. A linguagem deixa de ser o ponto evidente entre natureza e natureza humana para conhecer o mundo através de sua representação em palavras. Nela se descobre uma *evolução*. A linguagem também entra na temporalidade. O *nome* deixa de ser uma mera representação de signos que representam as coisas intemporalmente.

O *nome*, o *caráter* e a *moeda* (o nomeável, o caracterizável e o monetizável) foram, portanto, as representações diretrizes a partir das quais havia se organizado a possibilidade de ordenar signos, seres e riquezas. Quando a vida, o trabalho e a linguagem deixam de ser representados conforme quadros taxonômicos e se retraem em suas próprias leis, é produzido um vazio no campo do saber que demanda ser preenchido. Esse vazio será ocupado pelo ser que vive, trabalha e fala, por este ser ambíguo que é determinado a partir de sua vida, de sua produção e de sua palavra. Mas que, por sua vez, por ser pensante, descobre-se como alguém que é em sua finitude. Essa descoberta ocorre, segundo Foucault, na espessura subjacente de uma anterioridade. O homem surge para uma vida que lhe é dada, é instrumento de uma produção que o antecede, é um veículo para palavras que preexistem. A finitude do homem é anunciada na positividade do saber. Sabe-se que o homem é finito, do mesmo modo que é conhecida a anatomia do cérebro, o mecanismo dos custos de produção ou o sistema de conjugação indoeuropeu. Melhor dito, na filigrana de todas estas figuras sólidas, positivas e plenas, percebe-se a finitude e os limites que lhe são impostos. O homem somente é possível nas margens de uma vida que o transcende, de uma economia que lhe escapa e de uma linguagem que ele não gerou e que persistirá depois de sua morte.

O modo de ser da vida se dá em *meu* corpo. O modo de ser da produção se manifesta a partir de *meu* desejo (tenho de trabalhar para satisfazê-lo). O modo de ser da linguagem se oferece através de *meu* pensamento, na condição de ser falante. Corpo, desejo e linguagem são positividades empíricas que me descobrem limitado sobre o fundo de minha própria finitude *interior*. Essa é a finitude fundamental. Mas também a partir do *exterior* a finitude é apontada: a morte que desintegra constantemente toda *vida*, a constante reiteração do desejo que introduz o processo econômico entre os homens e a relatividade temporal que sustenta as *linguagens* respondem, a partir de fora, a todas as formas de minha impossibilidade de infinito; quer dizer, eles dão conta da finitude na qual me constituo e sou. Foucault considera que o pensamento da finitude que a crítica kantiana prescrevera como tarefa filosófica forma ainda o espaço imediato de nossa reflexão. Pensamos nesse lugar. O saber do homem é finito porque o homem é um prisioneiro dos limites positivos da vida, da linguagem e do trabalho. Quando esses conteúdos estavam presos no espaço da representação, foi possível uma metafísica do infinito. Mas quando, no século XIX, as representações são liberadas e são constituídos os limites da existência, a metafísica do infinito se tornará inútil. A positividade dos conteúdos corresponde-se com a limitação do conhecimento.

A vida, o trabalho e a linguagem, como são analisados em *As palavras e as coisas*, são forças *exteriores* ao homem. A História imprime essas forças nele, que chega a uma vida que já está dada, inscreve-se em um sistema de produção vigente, tem acesso a uma linguagem preexistente. Essa História não lhe pertence, mas ele ingressa nela. Em seguida, se *apropria* dessa História e converte sua finitude (a do homem) em seu fundamento.

Dom Quixote é o representante literário de uma mudança de época. Aparece como o limiar entre o Renascimento e o neoclassicismo. Dom Quixote é o herói do mesmo. O cavaleiro, como homem do século XVI, é enquadrado nas categorias da *semelhança*. A partir dessa perspectiva, a realidade é captada no Renascimento. Contudo, a busca de semelhanças terminará, irremediavelmente, no fracasso e na gozação. Revelar-se-á como mera ilusão. Ali começou o específico da incipiente Idade Clássica (neoclassicismo): a *representação*. As semelhanças haviam assinalado a errante viagem do fidalgo. Os moinhos assemelhavam-se a gigantes; as pousadas, a castelos; as serventes, a castelhanas. O homem, desde a Idade Média, buscava similitudes que respondessem, termo a termo, com a relação imaginada. A semelhança constituía o saber. Dom Quixote, como renascentista, detém-se em todas as marcas da similitude. Nunca ultrapassa as fronteiras de La Mancha. Percorre indefinidamente os limites do mesmo, não tem acesso à diferença. Seu itinerário, de algum modo, é "similar" ao do saber do século XVI, o qual foi condenado a conhecer sempre a mesma coisa e a conhecê-la somente ao final de um percurso indefinido, jamais alcançado. Nesse grande texto que era a realidade (a das coisas e a das palavras), o saber ziguezagueava indefinidamente entre as semelhanças. Itinerário similar seguia Dom Quixote.

Entretanto, Dom Quixote não encontra uma similitude totalmente coincidente. Os sábios da época que estava desaparecendo haviam alcançado encontrar esse tipo de conexões (por exemplo, o microcosmo é um reflexo, termo a termo, do macrocosmo). Em troca, o fidalgo empobrecido não o alcança. Ele quer demonstrar que é semelhante em tudo aos cavaleiros dos textos dos quais surgiu. Quer provar que esses textos pertencem à linguagem do mundo. Para isso, as coisas e ele mesmo teriam de ser equivalentes às descrições dos livros de cavalaria. Nesses livros estão os signos que permanecerão vazios se ele não demonstrar que as coisas são como estes textos são assinalados. Quando não lhe resta outro remédio senão reconhecer a não similitude ("Senhor, viu que são moinhos?"), então recorre servilmente a outra analogia. Há magos similares aos das novelas, capazes de fazer que uma coisa se assemelhe "falsamente" a outra. Para Foucault, Dom Quixote esboça o negativo do mundo renascentista, a escritura deixou de ser a prosa do mundo; as semelhanças e os signos romperam seu velho compromisso, as similitudes enganam, conduzem à ilusão e ao delírio. A escritura e as coisas já não se assemelham. Entre elas, Dom Quixote perambula na aventura.

A primeira parte de *Dom Quixote* é a metáfora do fim do estatuto da linguagem como escritura material das coisas. *Perde-se o vivo da linguagem*. A partir de agora, a linguagem adquirirá outro estatuto. Será um regime material dos signos representados. A primeira parte do livro de Cervantes é, para a segunda, o que as novelas de cavalaria foram para a primeira: uma duplicação. O fidalgo tem acesso a uma realidade que é tributária da escritura. Dom Quixote, que não conseguiu confirmar as analogias entre os livros de cavalarias e as coisas, consegue *representar*, na segunda parte, o personagem da primeira. Esta foi publicada e ele "sabe", ainda que não a tenha lido, o que deve fazer para representá-lo.

As palavras e as coisas se separaram. As palavras se encerram em sua natureza de signos. A linguagem já não alcança as coisas, sua função é *representar* a *representação* das coisas. A representação, como figura predominante do neoclassicismo, não é somente uma imagem intelectual de um objeto (isso já era assim na Idade Média). É uma duplicação dessa imagem, ou seja, a imagem representada e a consciência de seu caráter representativo. Foucault estima que essa concepção está refletida nitidamente na gramática de Port Royal, cujo primeiro exemplo de signo é o desenho (quadro).

Nesse jogo de desdobramentos revela-se um mundo no qual *a linguagem já não remete às coisas, mas a suas representações*. O personagem de Cervantes experimenta em si mesmo o que significa ser louco, no sentido renascentista; em seguida, ingressa no terreno da desrazão tal como a entendeu o neoclassicismo. No primeiro sentido, é prisioneiro das semelhanças, toma umas coisas por outras, desconhece o conhecido e conhece o não conhecido. No segundo sentido, desobedece as regras estabelecidas pela ordem racional.

No nível epistemológico, a passagem da época neoclássica para o positivismo está marcada pelo desaparecimento da representação e o surgimento da finitude, ou seja, da temporalidade. No nível metafórico, essa passagem está simbolizada, em *As palavras e as coisas*, por dois personagens literários: Justine e Juliette. Sade encontra-se no limite entre as duas figuras epistêmicas. Melhor dito, está em ambas as margens. A escrita de Sade é uma longa sucessão de "cenas". Elas são formadas e desfeitas. Sade deu forma à libertinagem oitocentista; representou-a e a esgotou. Em seguida, surge a sexualidade. Juliette é a ponte entre essas duas configurações. Justine permaneceu na representação. Juliette se junta à finitude. Justine é a representação do desejo. Aqueles que a veem nela representam o desejo. Este, pelo contrário, nunca é sentido nem assumido por ela. Ela não é o desejo; é, para os demais, a representação dele. Seu corpo é o quadro no qual está contida a representação do desejo. Através dela o desejo é conhecido, como eram conhecidas outras facetas da realidade mediante as demais representações. O libertino representa o desejo colocando-o em prática. Justine é utilizada como eram utilizados os elementos do quadro. Cada cena é a ordem dentro da desordem das paixões. Justine é objeto de desejo. É sua objetivação.

Em troca, Juliette é sujeito de desejo. Todos os desejos convergem nela. Exteriormente, continua sendo clássica: o desejo é representado em forma de cena. Interiormente, já é moderna: é sujeito de desejo nunca satisfeito, é sexualidade. Esse desejo lhe é preexistente e ultrapassa-lhe. Nesse mar infinito de desejo, são assinalados os limites da *finitude* do sujeito desejante.

A partir dessa elaboração de Foucault, pode ser acrescentado que, em Justine, é o outro aquele que permite o discurso e que representa o desejo. Ela mesma não o conhece. Assim como, em *As palavras e as coisas*, ao analisar o quadro de Velázquez, considera-se que os reis não estão em primeiro plano no quadro porque, justamente, o quadro é a representação deles; o desejo não se daria em Justine porque ela é a representação do desejo. Em contraposição, na temporalidade (século XIX), o sujeito está delimitado pelos objetos. As positividades assinalam a finitude do sujeito. A temporalidade recorda-lhe o devir. Esse é o destino de Juliette: emissão do discurso do desejo. Ambas as irmãs formam a dobra entre duas *epistemes*; elas são a articulação, duas peças cravadas uma na outra e reunidas por um eixo comum no qual estão unidas. Uma delas gira sobre o eixo, ligada à representação, fiel a duzentos anos de "mapas" da realidade. A outra se lança rumo aos objetos para descobrir sua finitude. O ilimitado do desejo marca os limites do sujeito de desejo. Com Justine, termina o neoclassicismo; com Juliette, começa o positivismo.

Foucault, como um novo Velázquez, figurou o quadro da finitude. Mas, à medida que o filósofo atravessa os limites do pensamento neoclássico, pode colocar em seu quadro o objeto e o sujeito da morte. E, como pertencente à *episteme* da modernidade, pode sair do quadro para seguir conhecendo arquivos anteriores. O objeto é a própria morte (a morte simbólica, manifesta na lepra e na loucura; a morte biológica, na doença). O sujeito é o próprio homem descobrindo seus limites. Não como sujeito *da* morte, mas sujeito *à* morte. A morte, objeto infinito, clarifica a finitude dos sujeitos, dos homens, do *homem*: esse ser que vive, trabalha e fala.

A pobreza e a loucura

A História excede em enigmas. Nenhum deles inquietou tanto os homens (pelo menos, aos homens do Iluminismo) como aqueles que rompem as continuidades. Uma tentativa de salvar diferenças foi instaurar teleologias ou sentidos ocultos que resgatem, para a intelecção, um progresso ininterrupto da razão. Foucault, em vez de perseguir sentidos ocultos, prefere "descrever" as condições que possibilitaram determinados acontecimentos históricos em si mesmos, sem lhes inventar uma continuidade que, no geral, é mais desejada pelo estudioso do que confirmada pelos fatos.

Analisarei a demarcação realizada por Foucault em seu momento arqueológico a respeito de uma mudança na maneira de avaliar o trabalho. Essa problemática aqui interessa porque:

- serve como modelo para entender uma mudança histórica de sensibilidade;
- adianta uma temática que Foucault trabalhará na genealogia: a *estatização* de determinadas práticas;
- ajuda a compreender melhor a separação razão-desrazão.

Uma caridade laicizada e a condenação dos "maus costumes" dos miseráveis foram criando justificativas morais para a reclusão. Havia também outras considerações sociais, posto que a circulação ou a presença dos pobres nas ruas era sinônima de atentado contra a ordem. Acrescentava-se uma determinada valorização do trabalho e da economia. Em relação a isso, em *História da loucura*, é estudado o neoclassicismo, para o qual a reclusão dos pobres tem como função:

- reabsorver o desemprego;
- controlar os custos das mercadorias.

Na verdade, essas duas funções não foram bem-sucedidas. No que concerne à reabsorção do desemprego, foi somente fictícia. Absorvia os desempregados; com isso, dissimulava-se a miséria. Mas assim que as oficinas obrigatórias começaram a funcionar, produzia-se desemprego nas regiões vizinhas. A fixação dos preços era artificial, já que, para estipulá-la, não eram levados em conta os gastos que o confinamento produzia. A isso acrescentava-se que, justamente, esses preços baixos – surgidos do âmbito oficial – provocavam recessão no mercado. A consequência era o agravamento do desemprego.

A partir desse ponto de vista econômico e social, os estabelecimentos de reclusão para pobres, na Europa, durante os séculos XVII e XVIII, foram um fracasso. Isso é verdade se for considerado que o número de pobres não diminuiu e a economia não melhorou em razão do confinamento, quer dizer, isso se for levada em conta sua eficácia social. Mas se for avaliado pela consciência que se tinha a respeito do trabalho, então adquire significação. Para essa consciência ética não eram tão importantes os resultados concretos (exemplo disso foi a construção de um poço, sabidamente inútil, com o objetivo de manter os pobres ocupados), mas a afirmação do *valor trabalho*.

Nessa primeira época do mundo industrial percebe-se, segundo Foucault, o trabalho como um remédio infalível contra a miséria. O poder do trabalho como panaceia não provém de sua força produtiva, mas de uma espécie de "encantamento moral". A origem mítica desse sentimento teria de ser buscada na "queda". O trabalho-castigo tem valor de penitência e redenção. Mas a Idade Neoclássica desenterra outro valor bíblico do trabalho: o trabalho como maldição. Não é porque trabalha que o homem colherá frutos, mas em razão da bênção de Deus. De qualquer forma, é necessário trabalhar por imperativo moral, mesmo que houvesse de ser cuidadoso nas interpretações dos textos sagrados: um pobre que não quisesse trabalhar, ao justificar que as aves do céu e os lírios dos campos não trabalham e, entretanto, Deus os alimenta e os veste, seria culpado de provocar Deus. Ou seja, seria culpado de desafiá-lo, sem levar em conta que, na verdade, Deus continuamente lhe concede a fazer milagres dádivas, como permitir-lhe que coma como fruto de seu trabalho. Não trabalhar é duplamente culposo. De um lado, é tentar Deus; e, de outro, é desobedecê-lo, porque Deus castigou os seres humanos, condenando-os a trabalhar. O grande pecado no neoclassicismo era a *preguiça*. Portanto, mesmo que fosse por nada, trabalhar era acomodar-se à ordem. Tinha um significado ético.

O projeto para que o internamento dos pobres fosse laborioso fracassou rotundamente. A reclusão acabou sendo somente confinamento. Aquilo que foi pretendido como um lugar de trabalho culminou em um lugar de ociosidade. Na transição entre o internamento para trabalhar à reclusão ociosa produziu-se uma "mistura" entre pobres e loucos. Quando as forças em jogo se reestruturam, esfuma-se a imagem do pobre e adquire força a do louco. Este será, dentro de alguns anos, o habitante por excelência dos estabelecimentos de reclusão. A respeito dessa temática, em *História da loucura*, seguem-se os parâmetros de mudança de sensibilidade em direção da loucura:

- Os loucos – assim como seus companheiros de reclusão – estavam submetidos a trabalhos obrigatórios.
- Nas oficinas, os loucos se distinguiam por sua incapacidade em seguir o ritmo dos demais internos.
- No século XVIII, descobre-se que deve ser dado aos loucos um regime especial.
- Até o Renascimento a loucura estava vinculada à presença de transcendências imaginárias. No neoclassicismo, percebe-se a loucura mediante a condenação da ociosidade e ela é aprisionada. Não foi preciso chegar ao século XVII para "aprisionar" os loucos, mas é precisamente nessa época que eles começam a ser "internados", ao misturá-los com uma população com a qual se reconhecia que eles possuíam certa afinidade. Aqui Foucault diferencia entre "aprisionamento" e "internamento", ao considerar o acontecimento a partir do ponto de vista da percepção que o possibilita. Enquanto no Renascimento tinha-se de aprisionar os loucos fundamentalmente porque deliravam, no neoclassicismo não era necessário isolá-los porque deliravam, mas porque

não trabalhavam. Para justificar o internamento, eles eram incluídos na classe dos ociosos.

– O internamento é intensificado mais por exigências morais do que por imperativos econômicos. Não porque estes últimos não tivessem sido justificados – de fato existiam graves problemas econômicos –, mas porque pesava mais a pressão moral do que a efetividade na solução dos problemas dos marginalizados. Mas não era tampouco simples assim, já que essa disposição ao trabalho compulsivo estava a serviço de uma ordem na qual o moral estava estreitamente relacionado ao econômico. Devem ser internados para que trabalhem aqueles que se permitiram ultrapassar as fronteiras da ordem burguesa e se alienaram, colocando-se para além da moral aceita. Esta se encontra inscrita em um registro no qual o trabalho é predominante. As instituições de reclusão têm, portanto, um estatuto ético. Seus diretores estão investidos de um encargo moral. Foi-lhes confiado um aparelho jurídico e material de repressão que será utilizado para aplicar o castigo corretivo correspondente. Os dóceis trabalharão. Os rebeldes serão torturados.

No fundo, é nesse contexto que a obrigação do trabalho adquire sentido: é ao mesmo tempo *exercício ético e garantia moral*. Valerá como *ascese, castigo* e signo de certa *atitude do coração*. O prisioneiro que pode e quer trabalhar será liberado, não tanto porque seja novamente útil para a sociedade, mas porque aquiesceu com o grande *pacto ético da existência humana*.

Nesses estabelecimentos, tratava-se de criar *ilhas de moralidade*. O Estado não tolerava a desordem dos corações. Portanto, aquele que não aceitava a ordem moral era aprisionado para que o fizesse. Se, mesmo assim, resistia, era constrangido não somente espiritual, mas também materialmente. Consolidava-se a ideia burguesa (e em seguida, republicana) de que a virtude é um assunto do Estado. Nessa cidade moral reina a ameaça do castigo, e o prêmio à virtude é escapar do castigo.

São Vicente de Paulo comparava os vigias do internamento aos anjos da guarda materializados. O lema de uma dessas casas de reclusão era: "Se foi possível submeter ao jugo animais ferozes, não devemos nos desesperar ao corrigir o homem que se extraviou". Tanto no espírito da Reforma quanto no católico, a religião adquiria um aspecto policialesco. O modelo ideal eram as casas de confinamento. Sua estrutura autoritária estava edificada no mito da felicidade social. Como contrapartida, a polícia via a si própria como equivalente civil da religião. Nesse sentido, o "aprisionamento" esconde, ao mesmo tempo, uma metafísica da cidade e uma política da religião.

Com o confinamento, a loucura começa a ser um problema integrado à cidade. Até o Renascimento, o louco estava, em certo aspecto, "além" da cotidianidade, "em seu canto". No século XVII, ao ser preso com os demais miseráveis, mostra-se sua mácula maior: não pode trabalhar, não advém à ordem, não aceita os valores éticos. O louco passará a ser "página em branco" da cidade. Nele a vida suspende-se na mais abjeta ociosidade. A loucura passa a ser a prisioneira da razão e, em consequência, constituir o território da desrazão. A loucura perde a liberdade imaginária que tinha no Renascimento.

Na análise que Foucault faz da avaliação do trabalho no neoclassicismo está implícita a tese de Max Weber, desenvolvida em *A ética protestante e o espírito do capitalismo*, segundo a qual a ideia de predestinação tornava desnecessárias as obras em busca da salvação, tão cara aos católicos. Deus, sem motivo algum, escolhe os que serão salvos. E, ainda que seja verdade que ninguém sabe absolutamente se foi eleito ou não, também é verdade que há símbolos, provas, marcas do desígnio divino. A prosperidade econômica é um desses sinais. Desse modo, a pobreza não somente é considerada como produto da negligência, mas também como estigma do desagrado divino. Nesse sistema de valores que tem início com a Reforma, a esmola deixa de ter sentido. Ela não contribui em nada à caridade (já que as obras não salvam) e por meio dela ajuda-se alguém que parece não merecer a estima da Providência. Weber assinala que a ética medieval não somente havia tolerado a mendicância como também havia chegado a glorificá-la nas ordens mendicantes e nos mendigos seculares, que chegaram a constituir uma "classe" e a ser avaliados nessa condição, enquanto ofereciam ao rico a oportunidade de realizar boas obras dando esmolas. Em troca, as seitas protestantes e as comunidades estritamente puritanas não admitiam em seu seio a mendicância. A prosperidade, como sinal da graça divina, levava consigo a exaltação do trabalho. O capitalismo precisava de pessoas antes prósperas que caridosas, razão pela qual a esmola deixou de ser meritória. A partir das análises de Weber e Foucault sobre o valor do trabalho na sociedade burguesa, outras perspectivas também poderiam ser pensadas para avaliar a pobreza através da História. No Império Romano tardio, os pobres eram requisitados pelos senhores abastados e pelos bispos cristãos. Convinha a um senhor ter clientela de pobres. Estes, a cada dia, vinham cumprimentá-lo e receber sua porção de alimentos. Ao mesmo tempo, prometiam--lhe fidelidade e, quando a ocasião requeria, apoiavam as ambições políticas de seu benfeitor. Um senhor com vários clientes desfrutava de reconhecimento social.

Os bispos cristãos, por sua vez, também se interessavam pelos pobres, mas por outros motivos. Os pobres permitiam-lhes exercer a caridade, virtude altamente valorizada entre os primeiros cristãos. Além disso, os pobres eram prestigiosos porque tinham garantido o reino dos céus. Em contrapartida, "era mais fácil um camelo atravessar o orifício de uma agulha do que um rico entrar no reino dos céus". Assim, os pobres eram bem-aventurados por serem os futuros possuidores desse reino.

A partir da visão cristã posterior, a pobreza foi objeto de uma apreciação similar até o final da Idade Média. No Renascimento – incluída a Reforma –, a avaliação mudou. No pensamento de Lutero e, sobretudo, no de Calvino, Deus não sente desprezo pelos ricos, nem especial predileção pelos pobres. Antes, ambos são colocados em pé de igualdade. A providência está presente do mesmo modo na abundância e na miséria. Mas no espírito da Reforma, quando a palavra de Deus é dirigida ao pobre, não se fala de glória prometida, mas de predestinação. Não se deve esperar nenhum prêmio posterior pelo único fato de padecer a pobreza. A glória não é um prêmio, é um desígnio. Não somente se considera que Deus não exalta especificamente o pobre, mas que, antes, o humilha voluntariamente. Para Calvino, a pobreza é o sinal de um castigo. Essa desvalorização da pobreza acarreta uma desvalorização da caridade. É bem conhecida a rejeição das boas obras por parte de Lutero. Deus não precisa delas, que podem valer somente como testemunho de fé. Mas não se deve acreditar que com a caridade estou fazendo uma economia com prazo certo para a posterior salvação da minha alma. A fé pode ser manifesta em obras, mas não se deve esperar recompensa por isso. A ética protestante chegou a considerar que a propriedade econômica era sinal de beneplácito divino. Por conseguinte, ainda que Deus manifeste-se no rico e no pobre, não dá sinais de estar mais satisfeito com o segundo.

Durante o século XVIII, na Europa, a temática da pobreza começou a ser cada vez menos um problema religioso e, cada vez mais, um problema estatal. O espírito da Reforma teve muito a ver com isso. Por outros caminhos, e sem chegar a extremos tão drásticos como os protestantes, os católicos também foram mudando sua atitude a respeito dos pobres. O humanista católico Juan Vives dirá que convém aos civis ocuparem-se da pobreza. São Vicente de Paulo, ainda protegendo os pobres, considera conveniente que sejam mantidos confinados. Em geral, na modernidade, Deus não se oculta sob os farrapos da pobreza. Esta perdeu seu sentido místico. Desse modo, extraviou-se o véu de santidade que cobria sua tragédia.

A pobreza e a loucura, ambas dessacralizadas, ainda que por diferentes motivos, encontram-se no internamento. A exclusão da pobreza foi precedida por uma sensibilidade especial. O mesmo ocorreu com a loucura. Por volta do final do século XVIII, a loucura terá acesso a uma nova experiência: a médica. Mas antes de chegar a ela, conviveu com outras formas de desrazão, além da pobreza.

A produção da razão moderna

As pessoas sentem repugnância ao ver um idoso, um doente, um morto, um mendigo, um louco babando e, contudo, estão sujeitas à velhice, à doença, à morte, e não estão livres nem da pobreza e nem da loucura. Porém, enquanto não ocorrem, pertencem ao outro, ao que eu não sou. Assim como a loucura pode residir na razão e a morte na saúde, nossa subjetividade pode não ser um interior inviolável, mas um desdobramento do exterior. Qual é, na verdade, o limite entre a subjetividade e o outro (pessoas, coisas, palavras, mundo)? Esse limite existe *per se* ou é instaurado pelas práticas? Para responder estas interrogações é mister compreender o significado de "desrazão".

Foucault, em *História da loucura*, considera que no Renascimento sucederam-se (também coincidiram) duas formas ou modos de sensibilidade a respeito da loucura: de um lado, a loucura como recíproca da razão; de outro, a loucura como integrante da razão (constituindo suas formas secretas).

A primeira forma responde à convicção de que "o mundo é loucura diante dos olhos de Deus". Para Calvino, a loucura é a dimensão própria do homem, comparada à razão onipotente de Deus. Nem sequer uma verdade parcial é revelada ao homem. O homem é tão louco que não pode ter acesso nem conhecer a aparência das coisas, a partir da qual captaria, pelo menos em parte, uma verdade parcial e transitória. Sua loucura somente descobre o anverso das coisas, seu lado noturno, a contradição imediata de sua verdade. Mas para o homem não há saída, porque se quisesse dirigir-se somente a Deus, dando as costas para o sensível, também incorreria na loucura. A loucura do homem é ausência de ser. Se Deus é o ser e tem a verdade, o homem, que vive submerso na loucura, não tem ser; é nada diante da verdade suprema. Na relação entre a razão divina criadora e a loucura da criatura humana, razão e loucura complementam-se e contrapõem-se.

A segunda forma surge de uma nova torção histórica, na qual a loucura integra a razão. Não já como contrapropostas, como anverso ou reverso, mas como coincidentes. Aceita-se a duplicidade razão-loucura. A loucura é integrada à razão, podendo ser uma de suas manifestações. Uma figura ilustrativa dessa concepção é a reflexão de Montaigne diante da loucura do poeta Tasso. Montaigne preocupa-se ao ver que uma mente tão lúcida é prisioneira da loucura. Não obstante, esforça-se ao ler a sabedoria que se esconde no espetáculo oferecido por esse louco sublime. O fato de que um sábio como Tasso possa tornar-se louco não está assinalando uma inesgotável vizinhança entre razão e loucura? Se a loucura vem ratificar o esforço da razão é porque já formava parte desse esforço. A loucura, então, é somente uma faceta da razão.

A despeito da circularidade que implica essa maneira de conceber razão e loucura, há uma diferenciação digna de ser destacada: tudo é loucura, mas existe uma loucura louca (ou néscia) e uma loucura sábia. A loucura néscia rejeita a loucura da razão. A loucura sábia trata de ter acesso à loucura da razão. Detrás de tudo isso, há uma verdade. A verdade da loucura é a vitória da razão e interior a esta. A loucura é uma figura momentânea da razão, um lampejo emitido pela razão para melhor afirmar-se em si mesma.

A mudança do modo de conceber a loucura não recai tanto no louco concreto, mas, antes, no louco simbólico. Cervantes cria o perfil do homem que se torna louco por causa da ficção. É estabelecida, assim, uma nova figura: a loucura da imaginação, a complacência nociva no imaginário. O que era fantasia em um texto converte-se em imagem do real. Para quem lê o texto, é estabelecido um jogo de remissões entre ficção e realidade, que coloca em dúvida a realidade. Mediante a análise da loucura ocorre um jogo de emergências e desaparecimentos de figuras, assim como ressurgimentos ou coexistências. A loucura literária do final do século XVI, ainda que seja contemporânea da consciência crítica, revela também uma sensibilidade trágica. Não obstante, vence a crítica. A moral se impõe.

O mundo será cindido entre o que pertence e o que não pertence à razão. O mundo será organizado segundo uma razão que é sensatez. Tudo o que não coincidir com ela será *desrazão*. Nesse território, a loucura perderá seus contornos renascentistas. Agora, a loucura será desrazão diante dos olhos dos homens. É excluído o indesejável, isto é, a desrazão; é preservado o desejável, ou seja, a razão.

Se imaginarmos a figura da loucura em um cenário, seria possível dizer que (no período estudado) a cena foi ocupada, alternadamente, por loucos concretos ou imaginários (uma coisa ou a outra, e também ambas). Esquematicamente, seria assim:

	LOUCURA	
	LOUCO REAL	LOUCO IMAGINÁRIO
Século XV	*Desfigurado*, confundido com o imaginário: naus, portos, margens da cidade.	*Acrescentado* em festas populares, metáforas morais e valorizações religiosas.
Século XVI	*Continua* a figura anterior	A figura anterior é *fortalecida* no discurso culto, no teatro e na novela (loucura néscia e loucura sábia).
Surge a experiência clássica. Séculos XVII e XVIII	*Delimitado*: aprisionamento	Vai *desaparecendo*, junto com a visão trágica.

O diferente é o que está "do outro lado", para além do limite do razoável. O limite físico estava dado pelos muros do confinamento. Mas este estava sedimentado em categorias culturais que estabeleciam ou fundamentavam o confinamento. Dentro da desrazão eram apagadas as diferenças do confinamento. Para aquele que estava do lado da razão, o aprisionado (ou o digno de ser aprisionado) flutuava à deriva em um indiferenciado mar turbulento. De qualquer forma, o confinamento justificava-se a partir de diferentes discursos contra homossexuais, bruxos, pobres, loucos ou demais marginalizados, mesmo que esses discursos fossem homologados em um discurso único e censurador. Dentro, somos todos iguais.

Referindo-se ao discorrer culto sobre a loucura, Foucault assinala que, para Descartes, há uma diferença profunda entre a loucura e aquilo que é da ordem do sonho e do erro. O motivo é que, na estrutura da verdade, os sonhos e as ilusões são – ou podem ser – superados. Mas a loucura permanece excluída como possibilidade do sujeito pensante, ou enquanto a pensa. Se eu penso e penso na possibilidade de que poderia estar louco, então quer dizer que não estou. Pois bem, é inegável que Foucault faz Descartes dizer muito mais do que ele realmente diz. Na primeira meditação metafísica, Descartes declara que seria "extravagante" se pensasse que está louco. Mas não fundamenta nem desenvolve a ideia. Se alguém lesse Foucault sem ter lido *Meditações metafísicas* poderia acreditar que, nelas, Descartes atribui importância especial à temática da loucura. É verdade que Descartes apresenta a loucura como "a condição de *impossibilidade* do pensamento", como assinala Foucault. Mas também é verdade que Descartes nem sequer considera necessário dedicar-lhe uma análise pormenorizada. Desqualifica a temática com um golpe de pluma.

Entre a reflexão de Montaigne e a de Descartes sobre a loucura, produziu-se uma mudança notória. Para Montaigne existia a dúvida de que todo pensamento pudesse estar rodeado pela (ou envolvido na) loucura. Para Descartes, não há dúvida de que, posto que ele pensa, não está louco. A loucura não pode tocá-lo. Seria uma extravagância supor que se é extravagante. Como experiência de pensamento, a loucura não se implica a si mesma e, portanto, é excluída do projeto cartesiano. Assim, o próprio perigo da loucura desapareceu do exercício mesmo da razão. Descartes nega à loucura o benefício da dúvida.

A loucura fica excluída do sujeito que duvida, quer dizer, do sujeito que pensa. Como uma mente analítica como a de Descartes desentende-se com tanta leviandade da temática da loucura? O cortante e sucinto "seria tão extravagante como eles, se pensasse que estou louco" é pouco convincente. Por que Descartes estava tão convicto de não ser extravagante? O filósofo que não estava certo de nada estava convicto de algo: ele não está louco. Essa posição fala por si mesma. O gesto de Descartes pode ser tomado como símbolo da clareza, no pensamento neoclássico, do limite entre loucura e desrazão.

Para sua delimitação e fortaleza, o racionalismo moderno precisou excluir aquilo que considerava desrazão. Esta, impulsionada e aprisionada, foi um dos extratos basilares da *ratio* moderna. O internamento dos loucos é a estrutura mais visível da experiência clássica da loucura. Ainda que em geral Foucault tome exemplos da Europa Central, sua análise é estruturada, fundamentalmente, a partir da experiência francesa. Considera que 1656 é uma data chave para o estudo da reclusão que coincide com a experiência singular que o neoclassicismo teve do que Foucault chama de desrazão. Nessa data foi decretada a fundação do Hospital Geral, o qual integraria, sob sua administração, vários estabelecimentos: Salpêtrière, Bicêtre, La Pietè, Le Refuge, Scipion, La Savonnerie. O Hospital Geral estava dedicado ao serviço dos pobres de Paris. O louco era somente um dos possíveis internos. Ali eram alojados, sobretudo, os pobres e, dentro dessa categoria, eram incluídos os "válidos, inválidos, doentes e convalescentes, curáveis e incuráveis". Ou seja, o estabelecimento tinha a obrigação, o mandato, de prender os pobres. Mas, como nem todos os pobres eram razoáveis ou saudáveis, então também deveriam ser presos os loucos e os doentes (pobres). Em consequência, por extensão, são merecedores da prisão o doente e o louco, mesmo quando não fossem pobres. Uma prova de que não somente os pobres eram presos é que nos estabelecimentos de reclusão havia lugares especialmente destinados a pensionistas arrendados por sua família ou pelo rei. Logo, são também incorporadas outras "anormalidades" assimiladas à desrazão. Esquematicamente, seria assim:

	RECLUSÃO DE:			
	POBRES		NÃO POBRES	
Território da desrazão	• Saudáveis • Doentes:	– curáveis – incuráveis	• Doentes: • Loucos	– curáveis – incuráveis
	• Lúcidos • Loucos			
	Extensivo a: homossexuais, ímpios, sacrílegos, blasfemos, bruxas, alquimistas, hereges, iluminados, doentes venéreos, degenerados, dissipadores, prostitutas, suicidas e libertinos.			

O Hospital Geral era um estabelecimento em cuja estrutura o jurídico prevalecia sobre o médico. Seu diretor tinha poder absoluto sobre os pobres de Paris. Estava respaldado por ordens estritas sobre a prisão dos pobres. Dentro do estabelecimento existiam instrumentos de tortura. Enquanto o diretor possuía um poder intermediário entre a justiça e a política, a ordem médica quase não existia. Os regulamentos haviam previsto que somente um médico devia residir em *La Pietè* (uma das casas do Hospital Geral), com a obrigação de visitar duas vezes por semana cada uma das casas do hospital. Não deveria ir além de um controle médico à distância. "Prova suficiente disso é que os loucos internados não eram considerados doentes apenas em virtude de sua loucura".[12]

Essa "prova suficiente" não parece sê-lo tanto assim. Foucault oferece como evidência de que os loucos não eram considerados doentes o fato de que a função do médico, no Hospital Geral, era somente a de controlar. Essa prova seria suficiente se o Hospital Geral houvesse abrigado somente loucos. Mas, como diz o próprio Foucault, também abrigava doentes. Portanto, não podemos concluir, a partir do fato de que o médico ia somente duas vezes por semana, que os doentes não fossem considerados "doentes". Uma das teses fortes de Foucault é a de que os loucos não eram considerados doentes. Esta está relacionada com outra de suas teses, ainda mais abrangente, de que não havia distinção entre todos os confinados, quer dizer, entre os integrantes do que ele chama "a desrazão". Mas há fissuras na afirmação taxativa da equivalência absoluta entre os internos, assim como a respeito de que os loucos não eram considerados doentes. Essa afirmação não surge de fatos como o da "prova" recentemente citada, ainda que seja mais bem avaliado a partir do que será analisado na sequência.

Foucault explica o paralelismo (no sentido de que atendiam a um mesmo referente sem interceptar-se ou tocar-se) entre a ordem burguesa, que organizava as instituições de reclusão, e as práticas concretas do Hospital Geral, assim como o paralelismo entre a

---

12 Foucault, *La historia de la locura*, p.179. [Na edição brasileira, p.114. – N. T.]

ordem jurídico-prática e a ordem médico-teórica. A confluência entre as duas séries de ordens sucederá somente no fim do século XVIII. Isso ocorrerá no "limiar" entre o neoclassicismo e o começo do positivismo. Nesse momento, a dicotomia razão-desrazão vai ser substituída por uma nova dicotomia: o normal e o patológico. A pergunta de Foucault, tanto em *História da loucura* quanto em *O nascimento da clínica*, não apontava diretamente às instituições, mas seu trabalho arqueológico faz com que se encontre com elas. Em *História da loucura* pergunta-se pelas condições de possibilidade da desrazão. Em outra passagem desse mesmo livro pergunta-se pelo acesso do saber médico ao território da desrazão. Isso o levou a investigar a reclusão e sua estrutura, na qual era mínima a ingerência da ordem médica. Mas há uma reestruturação na passagem da razão-desrazão ao normal-patológico, na qual se observa a ingerência médica. Abre-se, então, a seguinte questão: *Como se constitui esse saber médico capaz de apropriar-se e declarar-se órgão de gestão supremo, inclusive da diferença razão-desrazão, e, através dela, da normalidade das populações, do ser social do homem?* A resposta encontra-se em *O nascimento da clínica*.

Foucault tenta desmascarar os mitos originários da História da medicina moderna. Com a reestruturação hospitalar – que se produziu nos primeiros anos da Revolução Francesa e no começo do novo século –, a clínica, de um lado, alcançará seu estatuto de exercício de profissão liberal e, de outro, encontrará as condições para constituir--se em um novo saber científico. Isso ocorre no cruzamento entre uma ideologia política e a constituição de uma tecnologia médica. Foucault enfatiza que, para que a experiência clínica fosse possível como forma de conhecimento, foi necessária uma organização total do campo hospitalar e uma nova definição do estatuto do doente na sociedade. Foi mister abrir a linguagem a um domínio totalmente novo: o da correlação perpétua e objetivamente fundada do visível e do enunciável.

Quando o Hospital Geral é organizado na França (século XVII), sua estrutura semijurídica-burguesa deixou fora o Grande Dispensário do Reino, de raiz eclesiástico-espiritual. Anteriormente, a Igreja fundava instituições com possibilidades de receber assistência civil. Agora, a Igreja integra-se à nova ordem e funciona como coadjutora dos ordenamentos civis. Em 1632, São Vicente de Paulo reorganiza Saint-Lazare (antigo leprosário) e o destina a receber todas as pessoas detidas por ordem do rei. Assim, nessas instituições amiúde se misturam, não sem conflitos, os antigos privilégios da Igreja na assistência aos pobres e os ritos de hospitalidade, e o afã burguês de colocar ordem no mundo da miséria: o desejo de *ajudar* e a necessidade de *reprimir*, o dever de *caridade* e o desejo de *castigar*. Toda uma prática equivocada cujo sentido deverá ser especificado, simbolizado sem dúvida por esses leprosários vazios desde o Renascimento, mas novamente abarrotados no século XVII, e aos quais foram devolvidos obscuros poderes. O neoclassicismo inventou o internamento quase como a Idade Média havia inventado a segregação dos leprosos.

Cumpre perguntar-se como a mentalidade neoclássica, predominantemente racionalista, percebia essa necessidade de reclusão, até certo ponto indiscriminada. Pela perspectiva do pensamento culto é importante não perder de vista o gesto de Descartes: aquilo que não se encaixa na razão deve ser excluído. Porém o pensamento culto responde ainda, junto com as práticas sociais, pelo surgimento de uma nova sensibilidade diante da loucura. Essa sensibilidade está incluída nas características que adquire a também nova sensibilidade diante da miséria. Esta não é alheia às mudanças econômicas, tanto na desvalorização do desemprego e o ócio quanto na formulação ética proveniente da Reforma. A respeito desta última, cumpre assinalar que seus efeitos fizeram-se sentir também nas sociedades não protestantes. A Reforma conseguiu que os países protestantes dessacralizassem as obras. O Estado se encarrega dos problemas sociais e já não se falará da exaltação daqueles que sofrem, mas dos "deveres" para com a sociedade. Isso talvez responderia ao sonho de uma sociedade na qual a obrigação moral se confundiria com a lei civil. A resposta, então, à pergunta sobre como essa mentalidade racionalista perceberia a compulsão em clausurar as pessoas seria: os que se opõem à razão somente merecem ser excluídos de nossos costumes racionais, e os pobres deixam de ser objetos para nossa obrigação salvífica de dar esmolas; portanto, não precisamos deles. Além disso, com sua miséria estão nos indicando que não foram escolhidos por Deus, razão suficiente para que não sejam levados em consideração.

Na Idade Média, se alguém se recusasse a dar esmola a um pobre temia havê-lo negado ao próprio Jesus. A partir do momento em que as cidades instalaram suas repartições de caridade e seus estabelecimentos de reclusão, já não há o que temer. Jesus não se faz passar por um pobre pedinte, porque este não se submete à ordem estabelecida. É impensável que Jesus vá contrariar a lei pedindo esmola pelas ruas.

Da experiência religiosa que santifica a miséria passa-se à concepção moral que a condena. Nesse universo das origens do racionalismo moderno, a pobreza é desordem. E, em consequência, também o é a caridade. Em vez de mitigar a pobreza, deve-se fazê-la desaparecer. Em caso de fracasso, deve-se reprimi-la. A repressão da miséria estará inscrita na nova ordem. Será iniciativa da justiça civil, ainda que não se possa deixar de lado o espírito cristão. No momento em que o miserável deixa de ser o representante de Deus na Terra, começa a ser *sujeito moral*. A pobreza passa da ordem da caridade à ordem da penitência. Já não será mais objeto da caridade do outro, mas o símbolo de um merecido castigo.[13]

No século XVII confluíam duas grandes concepções a respeito da pobreza. Estas contribuíram para a percepção geral da miséria nessa época. Ambas se influenciaram entre si. Os protestantes viam na pobreza somente a manifestação da ira de Deus, porém uma ira indiferenciada. Deus pode odiar sem motivos, como, por exemplo, odiou Esaú. Ele não precisa de causas para seu ódio. O pobre, em certo sentido, estava refletindo a ira divina. Mas não refletia direta ou indiretamente os pecados dos homens. Simplesmente, agradou à justiça divina jogar alguns homens na miséria, humilhá-los. Por

---

13 É comum dizer que o louco, na Idade Média, era considerado um personagem sagrado, quando possuído. Talvez fosse mais conveniente pensar que ele era considerado sagrado porque era apresentado como necessário para poder praticar a caridade.

sua vez, os católicos, que alguns séculos antes viam os pobres como bem-aventurados "porque deles seria o reino dos céus", agora os olham com desconfiança. Todo pobre é suspeito de ser mau. Ser pobre deixa de ser sinônimo de ser bem-aventurado. A partir do internamento, houve uma nova categorização para os economicamente carentes: pobres bons e pobres do demônio. Os bons eram os que aceitavam a exclusão e mostravam-se agradecidos com seus "benfeitores". Os "do demônio", aqueles que adotavam a atitude contrária. Acrescenta-se a isso o sentimento geral, expresso em documentos e publicações, referente à desordem moral reinante entre os pobres. Tanto a concepção protestante quanto a católica coincidirão na vizinhança que existe entre pobreza e *culpabilidade*. Junto com a laicização da caridade vai se solidificando a ideia de que a miséria é um castigo moral. No século XVII, na França, os pobres "rebeldes" eram açoitados. Os arqueiros do Hospital Geral saíam para "caçar" os pobres e disparavam contra eles. Em toda a Europa é difundida uma atitude policial para com os pobres. Ser pobre significa estar "do outro lado" da ordem desejada pela sociedade burguesa. O limite é esboçado com maior nitidez quando se estabelece uma contiguidade entre os diferentes flagelos sociais. Como visto anteriormente, a pobreza impregnava seus "vizinhos" (loucos, marginalizados em geral) com as mesmas manchas que eram atribuídas a ela. Desse modo, foram ficando excluídos da razão não somente os humildes e os loucos, mas também todos aqueles que – de uma ou outra maneira – partilhavam o que, para a sociedade burguesa, representava valores negativos. Quanto mais compacta era a configuração do outro, mais eram afirmadas as fronteiras da exclusão.

Até o Renascimento, os loucos formavam parte da paisagem social. A reclusão não somente representou uma exclusão desvalorizadora como também constituiu um campo cristalizador de experiências. A cultura anterior não havia encontrado similaridade entre as características das pessoas que agora, com total indiferença, amalgamavam-se na reclusão. Esse nivelamento tinha a ver com a organização clássica do mundo ético, com experiências consideradas contraventoras da família burguesa, do que se considerava sagrado e daquilo que tivesse a ver com as paixões. Esquematicamente, seria assim: a sexualidade está em desacordo com a família burguesa, os ritos esotéricos estão em desacordo com a concepção vigente do sagrado, e a libertinagem está em desacordo com o controle das paixões. Esses três domínios de experiências, por sua vizinhança com a loucura no internamento, constituirão, com a própria loucura, o território da desrazão.

Pois bem, em *História da loucura*, é concedida prioridade à sensibilidade como possibilitadora da reclusão ou a reclusão como possibilitadora da sensibilidade? Dito de outra maneira: primeiro houve uma noção ou vivência de um território perigoso percebido como desrazão e, por causa dessa sensibilidade, começou-se a confinar? Ou antes, primeiro se confinou e *a posteriori* gestou-se uma sensibilidade a respeito da desrazão? Quando Foucault manifesta que existia uma sensibilidade especial para confinar juntos indivíduos que apresentavam diferentes tipos de comportamento, parece que triunfou a primeira alternativa. Mas quando fala da indiferenciação dentro do recinto do internamento, parece que venceu a segunda. Significa que se confinava de um modo um tanto confuso e indiscriminadamente e, *a posteriori*, passava-se a considerar que todos os internos pertencem ao território da desrazão. Mas a partir do sentido geral de *História da loucura* não se depreende isso. De qualquer forma, esse ponto é abordado por Foucault de maneira ambígua. Foucault mesmo se autocriticou, *a posteriori*, por ter destacado uma "experiência" um tanto confusa, em detrimento de uma análise na qual teria de haver destacado o papel dos enunciados e os acontecimentos, ou do discursivo e do não discursivo. Foucault confessa que está arrependido porque em *História da loucura* insistiu demais em uma "experiência" da loucura que, no entanto, estava inscrita em uma dualidade entre estado de coisas selvagens e proposições; e porque, em *O nascimento da clínica*, invocou um "olhar médico" que, entretanto, supõe a forma unitária de um pressuposto fixo demais em relação a um campo objetivo. Diz Deleuze que esses arrependimentos podem não ser reais, sobretudo no caso do livro sobre a loucura, em que o "positivismo" de Foucault está impregnado de um tipo de belo romantismo. Esse "positivismo poético" pode ter o efeito de reativar nas formações discursivas uma experiência que sempre é a da loucura, e uma localização móvel que é a de quem diagnostica a loucura. Isso porque, em definitivo, as formações discursivas são verdadeiras práticas, e suas linguagens são capazes de promover e, em determinadas ocasiões, expressar mutações, trocas, novas sensibilidades.[14]

Foucault afirma que em seus primeiros livros não indicou suficientemente a primazia dos regimes de enunciados (muito embora não se deva esquecer que o enunciado somente reveste *primazia* sobre o visível, já que este tem suas próprias leis). Ambos os regimes são descobertos ao indagar a História, ao fazer trabalho de arquivo sobre os documentos como "monumentos".[15] A partir dessas análises, pode-se chegar a descobrir os estratos que constituíram as positividades. O "positivismo" de Foucault é, desse modo, um positivismo dos *a priori* históricos, mais que um positivismo de positividades em si mesmas. Na arqueologia busca-se a evolução dos conceitos e do pensamento nos documentos que constituíram os diferentes estados dos diversos saberes. É indispensável passar pelos textos, os arquivos e os documentos. Mas Foucault não acredita absolutamente no *fato* dos positivistas, nem ignora que qualquer interpretação seja polêmica; sempre é a interpretação de uma interpretação disfarçada de fato bruto e positivo. Não obstante, em sua etapa arqueológica está fascinado pela ilusão de um discurso teórico autônomo (o seu, enquanto analista dos *a priori* históricos), e pretende que em seu estudo pode fazer abstração da "verdade" e do "sentido" do discurso estudado. Mais adiante, abandona esses arrebatamentos fenomenológicos e estruturalistas.

---

14 Cf. Deleuze, *Foucault*, p.39. [Na edição brasileira, p.24. – N. T.]
15 "Monumento" no sentido que Foucault dá em *A arqueologia do saber*, quando ainda acreditava no compromisso com a temática estudada e pretendia que os acontecimentos fossem similares a monumentos que pudessem falar por si mesmos, sem tomada de posição por parte de quem se refere a eles.

O internamento – cujas bases estão assentadas na assistência à pobreza – não teve problemas em receber, desde seus primeiros meses de institucionalização, aqueles que sofriam de doenças venéreas. Em troca, foi proibido o acesso de doentes venéreos naqueles hospitais que não dependeram do Hospital Geral. Essa proibição teve alguns atenuantes, e aqueles que, sob determinadas circunstâncias, podiam ser atendidos, assim ocorria, desde que aceitassem castigos que tinham valor de penitência, como pagamento de sua dívida com a moral pública. Significa que o espírito que regia no Hospital Geral estendia-se a outros estabelecimentos. Os venéreos perdem o caráter apocalíptico que tinham no Renascimento e adquirem uma culpabilidade que se aproxima mais da impureza do que da doença. A percepção médica está subordinada à concepção ética burguesa. Durante os 150 anos da grande reclusão, os venéreos conviverão com os loucos sob o teto da desrazão. Nesse espaço comum às desordens da carne e da razão, a loucura vai se impregnando da culpabilidade que era própria dos doentes venéreos. Desrazão e culpabilidade começam a caminhar juntas. Essa é a origem dos "remédios morais", os quais, paradoxalmente, chegaram a seu apogeu no início do século XIX, quando se assiste ao nascimento da psiquiatria positiva. A vizinhança entre a medicina e a moral não é, obviamente, uma invenção do neoclassicismo, mas nela adquiriu características especiais. Foucault acredita que a temática do parentesco entre medicina e moral é, sem dúvida, tão velha quanto a medicina grega. Mas se o século XVII e a ordem da razão cristã a introduziram em suas instituições, é na forma menos grega que se possa imaginar: na forma da repressão, coação e obrigação de salvar--se. Quando for finalizada a experiência da desrazão, os doentes venéreos ocuparão, de maneira "natural", um lugar nos hospitais de doenças gerais. Ainda que o doente venéreo não seja mais clausurado, ele não conseguirá desprender-se da auréola de culpabilidade que o rodeia desde suas origens.

Na França, as últimas execuções de homossexuais ocorreram no início do século XVIII. O castigo consistia em queimá-los vivos. Não obstante, durante o neoclassicismo, muito embora as leis que determinavam a queima dos sodomitas não tivessem sido abolidas, cada vez eram menos aplicadas. Em seu lugar, eram desterrados às províncias ou encarcerados. Segundo Foucault, o sentido disso deve ser buscado no fato de que a sodomia já deixara de ser castigada como forma de infração religiosa para ser considerada somente uma forma de imoralidade. Essa época marca também o fim da libertinagem erudita, a qual, no Renascimento, havia criado um espaço de lirismo homossexual inscrito, possivelmente na imitação da Antiguidade greco-latina. Na Antiguidade Clássica, o amor e a loucura pertenciam a diferentes graus de conhecimento. Em todo o movimento da cultura platônica, o amor havia sido repartido segundo uma hierarquia do sublime que o aparentava, segundo seu nível, a uma loucura cega do corpo ou à grande embriaguez da alma na qual a desrazão se encontra incapacitada para saber. Sob diferentes formas, amor e loucura eram distribuídos nas diversas regiões do conhecer. A opção no neoclassicismo será entre o amor da razão e o amor da desrazão. Esquematicamente, a classificação seria assim:

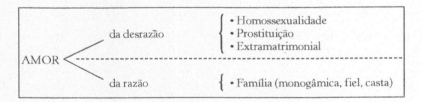

Foucault considera que *As preciosas ridículas* (1659), de Molière, poderiam ser tomadas como a expressão literária que marca o fim da tentativa falida de revitalizar o amor cortês aliando-o ao amor burguês. Ganha o último. A instituição familiar traça o círculo da razão; mais além, o homem será vítima da desrazão. Aquele que tem – ou quiser ter – relações fora do casamento será acusado de louco. Entre as causas muito frequentes de internamento são contadas a devassidão, a prodigalidade, as relações inconfessáveis e o casamento vergonhoso.

O internamento é uma forma de repressão que está no meio do caminho entre a justiça civil e a moral de base religiosa. Foi gerido pela monarquia absoluta, que colocou a si própria como se fosse o pai de uma família burguesa formada por todos os cidadãos. Isso ocorria tanto nos critérios para aplicar castigos quanto na moral com que eram julgadas as condutas. No neoclassicismo, o conflito do indivíduo com sua família era questão social. Devia ser solucionado – se necessário, com a reclusão – pela sociedade.

O mais notável nesse empenho por incluir na desrazão toda "desordem" sexual é que o indivíduo era envolvido em uma cobertura de culpabilidade: culpável por ter se apaixonado por uma mulher que não fosse a sua, culpável por sentir atração pelo mesmo sexo, culpável por ter contraído uma doença venérea. E, como todas essas possibilidades eram englobadas no interior da loucura, por vizinhança, era-se culpável por ser louco. A respeito desse assunto, Foucault conclui que nosso conhecimento atual da loucura está apoiado na experiência ética que fez dela o neoclassicismo.

Depois que passaram os primeiros furores da Reforma, um dos refluxos produzidos por sua influência foi a diminuição das penas por profanações religiosas. Mas, a partir da Contrarreforma, fundamentalmente no início do século XVII, houve um renascimento das penas capitais por profanações. Estas, na medida em que são aprofundadas na experiência do internamento, voltarão a minguar, mas, mesmo assim, passarão ao campo da desrazão e, por conseguinte, se procederá à reclusão do blasfemo. Agora, o "insensato" é assimilado também ao não religioso.

No caso dos suicídios, como nas profanações e nos crimes sexuais, o rigor dos regulamentos parece autorizar toda uma prática extrajudicial pela qual se autoeliminar já não tem valor de profanação, mas de atentado contra a razão. As transgressões religiosas passam ao campo do profano, e as infrações profanas adquirem um caráter quase religioso, sem deixarem de ser, ambas, infrações civis. A desrazão que as abrange possibilita que passem ao campo do delito moral. Vai-se gestando uma ciência do homem (a psicologia) sobre a moralização do que antes era o sagrado. O suicida passará de culpável religioso a doente culpado. De qualquer forma, é culpável diante da sociedade, à qual perturba com sua atitude.

Os ritos e as práticas de bruxaria esvaziam-se de sentido originário impregnado pelo segredo e pelas pretensões cognoscitivas (alquimistas). Passam ao domínio público e ocupam o lugar da impiedade, a falta de moral e a possibilidade de desordem social. Ingressam no domínio da desrazão e, portanto, da reclusão. De qualquer maneira, nessa aparente indiferenciação da desrazão, há diferentes níveis. A magia pertence ao *erro*. O censurável do erro é que ele produz engano. Trata-se, também, de um escárnio à razão. A magia perdeu o atributo de ser eficaz. Converteu-se em palavreado vazio de conteúdo, em rito vão. Passou ao campo da *ilusão*, porque não tem realidade e porque cega aquele que carece de espírito reto e vontade firme. A condenação ética conseguiu neutralizar a eficácia da magia. Ao tornar a crença culpável, a magia perdeu credibilidade. Essa articulação entre erro e falta moral mais adiante se converterá em neurose.

A libertinagem erudita, a dos "filósofos" ímpios, também mereceu a reclusão. Passou assim a engrossar o campo da desrazão. Nesse caso, a acusação era de impiedade e erro. Ao ser confinado, o ímpio equivocado recebia o rigor de uma ordem que pretendia obrigá-lo a reconhecer a verdade. Tentava-se que o extraviado retornasse à verdade por meio da coação moral. O internamento investe-se de funções pedagógicas, de recursos para encaminhar o homem pelo "rumo correto da verdade".

As casas de reclusão são *canalizadoras* da verdade. Se, por meio do isolamento da sociedade e das disciplinas ali impostas, alguém se torna "moderado" e aceita – entre outras coisas –, por exemplo, que Deus existe, então se converte em "racional". Ou seja, passa ao território da razão. Nesse caso, não tem sentido que continue recluso.

Durante o século XVIII, a palavra "libertinagem" é encontrada nos registros das casas de exclusão. Na verdade, o sentido dado ao conceito de libertinagem era muito peculiar. O que então era designado como libertinagem não é, precisamente, livre pensamento, nem exatamente liberdade de costumes. Diferentemente, é um estado de servidão no qual a razão faz-se escrava dos desejos e é servente do coração. Nada está mais distante dessa nova libertinagem que o livre arbítrio de uma razão que examina argumentos para decidir por si mesma, como se pretendia na libertinagem ilustrada. Libertinagem, na época da reclusão, no discurso dos censores, significa servidão da razão à carne, ao dinheiro e às paixões.

O que há de concreto é que a libertinagem erudita desaparece no início do século XVIII e subsistirá somente no campo da desrazão, até o fim daquele século. Com o ingresso da libertinagem na reclusão, a desrazão será revelada sob dois aspectos: *desrazão irracional* e *desrazão do coração*. A primeira corresponde a tudo o que não se entende na ordem estabelecida. No espírito das Luzes, o que não se aclimata à ordem burguesa é irracional. A partir desse ponto de vista, a libertinagem seria irracional. Mas a libertinagem tem a característica de juntar os discursos da razão com sua lógica "irracional" ou "irrazoável". O discurso libertino, para nós, expressa-se de maneira racional (obviamente, não se trata de delírio do louco). Contudo, para a sensibilidade das origens do racionalismo moderno, ele pertence à desrazão, não somente porque não se entende na ordem, mas também porque desenvolve uma "razão do coração". Esta última é um contrassentido; portanto, se na verdade é "do coração", então não é razão, mas desrazão. Por conseguinte, havia uma desrazão irracional propriamente dita e uma desrazão do coração. As luzes e a libertinagem justapõem-se no século XVIII, ainda que não se confundam. O internamento ocupou-se de mantê-las separadas. Os libertinos são presos com os demais componentes da desrazão. Em uns e outros, a rejeição da verdade procede de um mesmo abandono da moral. À desrazão é anexado um novo domínio: aquele no qual a razão fica submetida aos desejos do coração e seu uso fica relacionado à imoralidade.

Para Foucault, a partir da experiência do neoclassicismo, a loucura vai manifestar uma verdade do homem: *a escravidão das paixões*. Significa que lhe será dada uma atribuição moral. Já não se tratará do livre caminho das fantasias, como na Idade Média e, em alguns aspectos, no Renascimento, mas da ruptura do limite entre a razão e o coração (ou as paixões). A vizinhança loucura-libertinagem influenciou nessa valorização ética.

O antigo maniqueísmo bem-mal converte-se no maniqueísmo clássico razão-desrazão. A experiência atual da loucura, a de nossos dias, começa a tomar forma com a medicina positiva do século XIX; baseia-se na "positividade" que se constitui a partir da culpabilidade, da periculosidade sexual, dos ritos obsessivos (mágicos) e dos delírios da lei do coração. Foucault considera que a desrazão será a grande memória dos povos, porque se as condutas arcaicas puderam manter-se é justamente porque foram alteradas. Alteradas pela mudança de perspectiva com que se tem acesso a elas e alteradas pelo espaço concreto no qual são colocadas. Pois bem, isso é precisamente o que permite que a conduta permaneça e não se desgaste em seu devir cotidiano. Trata-se de um problema de transformação do campo da experiência. As condutas não foram eliminadas, mas "transportadas" ao campo da reclusão ou, o que é o mesmo, ao campo da desrazão. A experiência que constitui a desrazão se sustentou, de um lado, no institucional (a reclusão) e, de outro, em concepções e práticas referentes à loucura. Ambos os elementos, por sua vez, se amalgamavam em uma reestruturação ética. Tudo isso contribui para a dessacralização da loucura.

Considero que, de certo modo, a desrazão foi para a loucura clássica o que a angústia é para a loucura contemporânea. Para nós, toda loucura tem um fundo de angústia; para eles, toda loucura tinha um fundo de desrazão. Para nós, sob a loucura, sob a neurose, sob o crime, sob as inadaptações sociais, corre uma espécie de experiência comum da angústia. Talvez para o mundo clássico também havia na economia do mal uma experiência geral da desrazão. Tomar distância física do louco e dos demais membros da desrazão ajudou a esboçar o limite que separou os que cumpriam os postulados da razão em relação àqueles que começaram a ser "os outros", "o outro", "o diferente". Uma experiência partilhada a respeito do distanciamento de certas condutas, que hoje chamaríamos antissociais, possibilitou a sensibilidade a respeito da desrazão.

Na segunda parte de *História da loucura*, após ter sido desfeita a trama da reclusão do ponto de vista das condições sociais que a tornaram possível, aborda-se a análise do "saber" sobre a loucura. Nas estruturas sociais encontra-se um pretenso conhecimento "espontâneo" sobre a percepção do louco e um conhecimento "científico" sobre a loucura. O primeiro era patrimônio da família, do pároco, vizinhos e conhecidos do suposto louco. O segundo, detectado por teóricos que analisavam o assunto. Mas, uma vez que alguém era considerado louco, deixava de estar em contato com todas essas pessoas que, supõe-se, "conheciam" a loucura. O louco era encarcerado. Passava a ser um integrante a mais desse obscuro conglomerado da desrazão. O louco se encontra na fratura entre o saber popular e o saber culto sobre a loucura, sem que nenhum dos dois permanecesse em contato real e direto com ele. Esquematicamente seria assim:

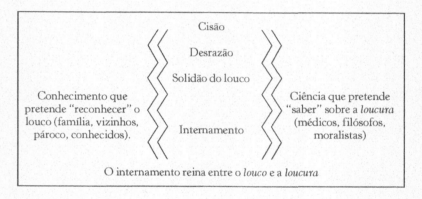

Na trama desse jogo de relações foi se gestando o verdadeiro trabalho do que hoje se julga saber sobre a loucura. O que ocorria no neoclassicismo correspondia, antes, a um "reconhecimento", não a um "saber" sobre a loucura ou o louco. A estrutura clássica de reconhecimento da loucura havia sido precedida pela visão cósmica e pela visão crítica. E, por sua vez, será seguida pelo conhecimento "positivo" da medicina oitocentista. Segundo Foucault, nenhuma dessas visões da loucura desaparece completamente através dos períodos por ele estudados. A consciência *trágica*, que floresceu no final da Idade Média e no Renascimento, volta a surgir em alguns autores, como Sade, Nietzsche e Artaud. A consciência *crítica*, que teve início no Renascimento, persiste durante o neoclassicismo e, com menos intensidade, em nossa época (é a consciência que denuncia a loucura como culpável).

No neoclassicismo apareceu uma visão soterrada da loucura. Ela atuava paralelamente à consciência vigente (crítico-prática). Mas, em um segundo plano, trata-se da consciência *enunciativa*. É a consciência que reconhece o louco a partir do pressuposto de seu próprio bom senso (o daquele que reconhece). Essa visão da loucura segue tendo vigência. Finalmente, no século XIX, surgirá a consciência *analítica*, a qual se inscreve em um saber positivo sobre a loucura. Esse conhecimento "objetivo" da loucura, que persiste até nossos dias, começou a ser gestado quando a doença mental ocupou o lugar que antes era ocupado pela desrazão.

O pensamento médico e a prática da medicina não tiveram a unidade e a coerência que hoje se lhes reconhece. Um possível ponto de união entre ambas foi a *panaceia*, aquela substância que serviria para curar qualquer doença. Ainda que a busca por esse antídoto universal relacionasse mais estreitamente a teóricos e praticantes da medicina, não se tornava extensiva às "doenças da alma". A panaceia não era eficaz contra a loucura. O motivo de sua inoperância era que o louco não podia ser curado por medicamentos de origem vegetal ou mineral, como normalmente eram concebidas as panaceias. A loucura precisava de antídotos preferencialmente humanos. Somente o homem, a partir de seu invólucro mortal de pecado, poderia oferecer remédios à loucura. Não obstante, na prática eram levadas a termo aplicações de possíveis panaceias, como a ingestão de pó de pedras preciosas. Mas sem muito convencimento. Um mal de origem espiritual não pode ser curado com remédios materiais.

Enquanto no âmbito da reclusão não se fazia distinção entre os diferentes moradores da desrazão, entre os teóricos da medicina havia os que consideravam a loucura como doença. Em geral, no neoclassicismo, teoria e prática não se conjugavam; separavam-se, mais ainda, no caso da loucura. Em síntese, havia maior dificuldade para confrontações empíricas. Chegará o momento em que loucura e medicina se encontrarão em uma espécie de firme conjugalidade que (até o momento) ainda não se rompeu. Paradoxalmente, o gesto com que começa "visivelmente" essa união foi realizado na França por Pinel, que não era psiquiatra, e na Inglaterra por Tuke, que não era médico.[16] No tratamento desse assunto em *História da loucura*, Foucault deixa entrever uma problemática que retomará em *As palavras e as coisas*: o homem como objeto, e não somente sujeito de saber.

A eventualidade, para o homem, de estar louco e a possibilidade de ser objeto reuniram-se em torno do final do século XVIII, e esse encontro fez nascer, por sua vez, os postulados da psiquiatria positiva e as temáticas em torno de uma ciência positiva do homem. Essa união, essencial para a cultura moderna, que somente havia sido operacionalizada na ordem do pensamento, será convertida em situação concreta graças a Pinel e Tuke. No asilo que fundam são revelados os grandes projetos da reforma; o perigo de estar louco é identificado pela força em cada interno e até em sua vida cotidiana, com a necessidade de ser objeto de estudo. Então o positivismo já não somente será projeto teórico, mas estigma da existência alienada.[17]

Produz-se, assim, o nascimento da psiquiatria. O internamento passou de reclusão indiscriminada, com estrutura preponderantemente jurídica, a asilo para loucos, com estrutura predominantemente médica. A partir desse momento até a psicanálise, a doença mental somente pode ser pensada se reclusa. A transição da desrazão à ordem da doença mental pode ser resumida assim:

1. A partir da Revolução Francesa constitui-se uma sensibilidade que difere da neoclássica a respeito da loucura, dos internatos e do internamento.
2. Expandem-se as reformas hospitalares e a diminuição das internações.

---

16 No primeiro caso, trata-se da libertação dos acorrentados de Bicêtre (atualmente, sabe-se que, na verdade, não se produziu a suposta "ruptura das correntes"); no segundo, da função de O Retiro, o primeiro manicômio "modelo".
17 Cf. Foucault, *La historia de la sexualidad*, t.II, cap.I.

3. Explicita-se o *status* hospitalar para o caso específico da loucura.
4. Objetiva-se a loucura como "alienação".
5. Constitui-se um horizonte humanístico-filantrópico que possibilita uma experiência "progressivamente humanitária" para com os alienados.

Foucault nega que tenha existido (ou que exista) uma espécie de progressivo humanismo. Interpreta as inegáveis mudanças em hospitais e casas de reclusão como uma reestruturação no caleidoscópio da História e não como uma trajetória teleológica rumo ao progresso das atitudes humanistas. Considera que a nova reclusão, decretada pela medicina, funciona como órgão de gestão, e o saber médico, como mecanismo objetivante do homem. O homem objetivado adquire o estatuto de coisa. Trata-se de uma "coisa" que deve ser manipulada detrás de uma moral. Não de uma ética médica, mas de uma moralização que deve ser imposta ao alienado. O médico, nesse caso, é o senhor da moral. Em *História da loucura* pululam os exemplos de repressão, práticas punitivas e intimidadoras e manipulações moralizantes instrumentalizadas a partir da "libertação dos acorrentados". Os procedimentos morais não somente eram aplicados por aqueles que "cuidavam" dos loucos, mas também teorizados por médicos, diretores e benfeitores dos asilos. O ideal da medicina, mesmo antes que fossem desatadas as correntes da reclusão, era que a saúde havia se consolidado em um espírito íntegro. Após a "libertação", na opinião de Foucault, o espírito moralizante-repressivo continua: Tissot pensa que uma consciência pura e irrepreensível é uma excelente prevenção contra a loucura; Pinel, que não conhece nada melhor que a obediência e a submissão cega, considera que um princípio fundamental para curar a mania é recorrer primeiramente a uma repressão enérgica, seguida por "nossa benevolência".

Foram desatadas as correntes que mantinham o louco preso a um lugar físico. Mas o fato de poder perambular no interior dos limites do asilo não representou uma mudança transcendente. As instruções que acompanharam a libertação das correntes exaltavam o respeito pela liberdade do alienado. Não obstante, ele foi submetido a um regime de castigos, recompensas, humilhações físicas e psicológicas: hoje se sabe que não existiu realmente o gesto de Pinel desatando as correntes, mas Foucault, aparentemente, toma isso por verdadeiro e considera que a partir desse momento foi redimensionado o conceito de "culpabilidade" aplicável ao doente mental. A psicologia, como meio de tratamento, é organizada em torno da punição. Trata-se de submeter os loucos a um controle (olhar-juízo) constante. O *visível* e o *enunciável* revelam que os filantropos que libertaram os loucos de suas correntes submeteram-nos a um ordenamento físico-moral, no qual a punição já não é indiscriminada, mas *individualizada*. Começará com o trabalho da noção de loucura como falta.

Isso convida a pensar no duplo sentido que o espanhol (e o francês) atribui à palavra "falta".[18] Por um lado, falta é culpa, pecado, infração. Esse era o sentido que explicitamente utilizavam os guardiões dos loucos e, em certa medida, a sociedade. E, por outro lado, falta é carência, opacidade, perda. Esse significado, instrumentalizado pelo poder médico, segue vigente no saber psicanalítico e psiquiátrico. Seria possível dizer que essa falta (perda de saúde, perda do objeto desejado, perda da palavra) contribui para delimitar, marcar, a *finitude do homem*. São determinadas as margens a respeito daquilo que "nos" falta, enquanto seres aprisionados nos limites da vida, do desejo e da linguagem.

Nas práticas sociais (discursivas e não discursivas), a finitude é marcada a partir do estabelecimento de uma sociedade que, em *Vigiar e punir*, Foucault chamará de "disciplinar". Nos sistemas teóricos, a finitude (e, paradoxalmente, o transcendental) é assinalada pela filosofia kantiana. Esse pensamento introduz o que Foucault chama os "duplos" do homem moderno e inventa o próprio homem. Foucault, nos últimos capítulos de *As palavras e as coisas*, refere-se a uma *estética*, a uma *dialética* e a uma *analítica*, em evidente

---

18 Como também na língua portuguesa. (N. T.)

relação com o pensamento kantiano. A análise *estética-transcendental* assinala a duplicidade empírico-transcendental do homem: esse ser finito cuja constituição como sujeito é estabelecida em elementos necessários e universais. Na análise *dialética-transcendental* estuda as condições históricas do conhecimento: essa possibilidade do ser finito que continuamente pode abrir-se a novos horizontes. Na *analítica da finitude* considerará as imposições que, a partir do exterior, marcam o limite do qual surgirá o homem: esse ser vivo, que deseja (por isso trabalha) e que fala.

O neoclassicismo trabalhou com a ideia de *limite*. Possivelmente, tudo começou com os limites do conhecimento. Apesar disso, ainda era não somente possível como também necessária uma metafísica do infinito. Segundo Foucault, isso ocorreu porque os limites eram assumidos pela *representação*. Por isso, enquanto o entendimento (em sentido kantiano, termo não utilizado por Foucault) encarregava-se da vida, do trabalho e da linguagem, haveria espaço para que a razão (Foucault tampouco utiliza esse conceito técnico kantiano) produzisse uma metafísica. Mas *ao desaparecerem os conteúdos empíricos da representação e ao envolver esta, em si mesma, o sentido total da existência*, não resta lugar para a metafísica. Melhor dito, a metafísica se anula a si mesma. No século XIX, a metafísica assiste a uma nova revolução copernicana. A metafísica da representação, que no neoclassicismo podia conviver com a análise do vivo, dos desejos e das palavras, no século XIX desaparece para dar lugar a uma analítica da finitude. Contudo, diz Foucault, persistiram as *tentações* metafísicas.

As quedas nessas tentações conduziram ao fracasso. Estavam minadas desde o interior pela finitude humana. O pensamento moderno competirá consigo mesmo em seus próprios avatares metafísicos e mostrará que as reflexões sobre a vida, o trabalho e a linguagem, à medida que valem como analíticas da finitude, manifestam o fim da metafísica. A filosofia da vida (Nietzsche) denuncia a metafísica como véu da ilusão; a do trabalho (Marx) a denuncia como pensamento alienado e ideologia; e a da linguagem (filologia), como episódio cultural. Os vitalistas, ainda que a partir de uma perspectiva metafísica, ao afirmarem a vida como o real, acabam anulando a especulação como ilusória. O marxismo, quando tenta transcender seu positivismo, cai em sua própria armadilha, já que a metafísica é considerada ideologia. A tentativa de uma metafísica da linguagem choca-se com o fato de que a linguagem é algo que o homem encontra ao ter acesso ao mundo: ela tem a ver com sua cultura, é convencional e muda com a História; manifesta-se então como contingente. Tudo isso denuncia uma contradição. A metafísica, que apela ao necessário, teria de lidar com elementos contingentes. A cultura moderna pode pensar o homem porque pensa o finito a partir de si mesmo. O "humanismo" do Renascimento e o "racionalismo" dos neoclássicos puderam dar muito bem um lugar de privilégio aos seres humanos na ordem do mundo, mas não puderam pensar o homem. Eles e aqueles que os precederam pensavam o finito a partir do infinito (cosmo, natureza, espírito, humanidade); nós, pelo contrário (a partir do século XIX), "inventamos" o homem, podemos pensar nele unicamente a partir do finito. Mas, paradoxalmente, pensamo-lo pela representação de nós mesmos como seres vivos que trabalhamos e falamos.

A data que oferece Foucault, em *As palavras e as coisas*, para marcar o nascimento do homem (final do século XVIII, princípios do século XIX) não nos deve enganar. Não se encontra aí o limiar do que ele chama "modernidade" no momento em que se quis aplicar métodos objetivos para o estudo do homem, mas quando foi dado o nome de "homem" a um *duplo empírico-transcendental*. Esse duplo pode ser estudado, de um lado, a partir de uma análise *estética--transcendental*, que descobre que o conhecimento tem condições anatomofisiológicas; é possível determinar as formas de conhecimento a partir de conhecimentos empíricos. E, de outro, a partir de uma análise *dialética-transcendental*, que mostra que o conhecimento tem condições históricas, sociais e econômicas. Pode-se reconstruir a História do conhecimento humano a partir do saber empírico e prescrever as formas desse conhecimento. Esses discursos, por sua vez, prescindem um do outro. Além disso, prescindem do que Foucault chama de "analítica" ou "teoria do sujeito", ainda que, de fato, suponham uma *crítica*, não como reflexão pura, mas como conjunto de partilhas mais ou menos distinguidas na condição de *verdade-ilusão* ou *ideologia-ciência*. Mas há uma partilha que, por ser mais obscura, é a mais fundamental: a da *verdade*. Deve existir uma verdade do objeto e uma verdade do sujeito. A do objeto será manifesta na ordem da percepção. A do sujeito é da ordem do discurso. Esse discurso verdadeiro é o que segue sendo ambíguo. Ou é *positivista*, a partir do qual a verdade do objeto prescreve a verdade do discurso, ou é *escatológico*, pelo fato de que a verdade do discurso filosófico constitui *a verdade*. A partir disso, Foucault afirma que existe uma oscilação inerente a toda análise que faz valer o empírico como transcendental. Marx e Comte testemunham o fato de que a escatologia (como verdade objetiva, por vir do discurso sobre o homem) e o positivismo (como verdade do discurso definida a partir do objeto) são arqueologicamente indissociáveis: um discurso que se pretenda ao mesmo tempo ser empírico e crítico não pode ser senão, de uma só vez, positivista e escatológico.

O homem, duplo empírico-transcendental, é o lugar do desconhecimento. O ponto em questão já não é, como em Kant, a ciência da natureza, mas a *existência*. A pergunta para o homem deixa de ser como a experiência da natureza dá lugar a juízos necessários, mas como *pensar* o inconsciente, como *viver* uma vida cuja força transborda a experiência que dela se tem, como *satisfazer* as necessidades por meio de um trabalho cujas leis são impostas, como *atualizar* uma linguagem que se formou independentemente do homem? O deslocamento (a partir da pergunta kantiana sobre os juízos sintéticos *a priori*) é quádruplo: já não se trata da *verdade*, mas do *ser;* não se trata da *natureza*, mas do *homem;* não se trata do caráter não fundado da *filosofia* em contraposição à ciência, mas da reconsideração de uma *consciência filosófica*.

Segundo Foucault, o pensamento contemporâneo renovou o *cogito*. Mas esse *cogito* não é o de Descartes, assim como nossa reflexão transcendental não é a kantiana. O *cogito* cartesiano conjurava o não pensado (erro, ilusão, loucura); em contraposição, desde o século XIX, o pensamento está enraizado com o impensado (inconsciente). O "penso" não me lança na clara evidência do "sou". Sou muito mais as coisas que não penso do que as que penso. Sou nesta linguagem que falo e que, não obstante, já encontrei feita e que nem sequer posso atualizar por completo. Sou no trabalho que realizo e cujas leis me escapam. Sou vivendo uma vida ameaçada constantemente (e irrenunciavelmente) pela morte; que devo ser, eu que penso e que sou meu pensamento, para que seja aquilo que não penso, para que meu pensamento seja aquilo que não sou?

Desde o século XIX, um dos "duplos" do homem é o não pensado. Isso se encontra no "em-si" hegeliano, no *Unbewusstes* de Schopenhauer, no homem "alienado" de Marx, no "sedimento" de Husserl, no "inconsciente" de Freud. O não pensado aflorou também em Sade, em Nietzsche, em Artaud, em Bataille. Todos eles pensam em um espaço teórico no qual se havia estabelecido a impossibilidade de conhecer além de certos limites a partir de um sujeito supostamente transcendental. Foucault atribui a Kant a passagem do pensamento neoclássico ao positivista. Entre ambos os pensamentos o momento kantiano constitui uma dobradiça. É a descoberta de que o sujeito, na condição de racional, oferece a si mesmo sua própria lei que é, paradoxalmente, universal.

Outro dos duplos do homem contemporâneo é pensar sua origem a partir de sua positividade, a partir de seu aqui e agora. Mas a origem o subtrai, está sempre recuada em relação a ele. Tem acesso a uma linguagem, a um trabalho e a uma vida cujas leis o antecedem, ultrapassam e excedem. O homem sempre pode pensar o que para ele é válido como origem somente sobre um fundo de algo já iniciado. O homem é esse ser sem origem, no qual, paradoxalmente, as coisas (mesmo aquelas que o superam) têm sua origem. Seu esforço é pensar uma origem que lhe é subtraída. Está em relação consigo mesmo, em um afastamento e uma distância que o constituem. A relação do ser do homem com o tempo adquire, aqui, um nível fundamental. Pensa Foucault que ao redescobrir a finitude na interrogação sobre a origem, o pensamento moderno fecha o grande quadrilátero que começou a esboçar quando toda a *episteme* ocidental oscilou no final do século XVIII: o entrelaçamento das *positividades* com a *finitude*, a *duplicação do empírico no transcendental*, a relação entre o *cogito* e o impensado, e o *recuo e o retorno da origem* definiram para nós o modo de ser do homem. Desde o século XIX, a reflexão tenta fundamentar filosoficamente a possibilidade do saber sobre a análise desse modo de ser e não sobre a representação, apesar de que a representação será a forma de pensar o homem a partir das ciências sociais.

No controvertido espaço da nova *episteme* afastam-se as duplicações clássicas. A representação já não será o meio adequado para conhecer. Mas advêm outras duplicações. As ciências humanas existem porque *o homem* começou a ser uma dobra do saber (objeto de estudo) e porque se inserem como saber do não pensado (aquilo que não podem explicar as ciências tradicionais). Mas as ciências humanas seguem, de certo modo, vinculadas à representação. Esse liame, no entanto, não é absoluto. Segundo Foucault, há tentativas para livrar-se dele (na psicanálise e na etnologia).

As ciências sociais

A tese principal de *As palavras e as coisas* diz respeito ao surgimento das ciências humanas. A dificuldade e os obstáculos teóricos e metodológicos desse texto motivaram Foucault a escrever outro livro, *A arqueologia do saber*, para explicar e justificar o primeiro. O objetivo foi conseguido somente parcialmente. O fragmento de *As palavras e as coisas* que analisarei aqui corresponde à parte mais densa do texto. Possivelmente também a mais rica filosoficamente. Trata-se do capítulo X.

Em *As palavras e as coisas* não são consideradas coisas, mas teorias; a análise faz surgir as condições de possibilidade das ciências humanas. Para consegui-lo, Foucault remonta ao Renascimento. Passa, em seguida, ao que ele designa Idade Clássica (neoclassicismo). Chega, finalmente, ao que chama "modernidade" (século XIX até nossa época). Encontram-se aqui os sintomas da morte do homem. Os modelos teóricos analisados são os das disciplinas que, através do tempo, ocuparam-se do homem enquanto ser vivo que trabalha e fala. É entre os interstícios desses saberes onde se "filtrarão" as ciências do homem.

O domínio da *episteme* moderna é considerado por Foucault como um espaço aberto a três dimensões. Na primeira dimensão, encontram-se as ciências físicas e matemáticas, cuja ordem está dada pela dedução. Na segunda, estão localizadas as ciências que têm a ver com a vida, a linguagem e o trabalho, as quais se ordenam segundo relações causais. Em uma terceira dimensão, situa-se a reflexão filosófica. Em nenhuma dessas dimensões aparecem as ciências humanas. Mas estão incluídas no espaço epistêmico. Localizam-se nas fissuras abertas nos demais domínios do saber. Constituem, por sua vez, domínios: a) em si mesmas; b) em relação com os domínios de saber já estabelecidos; e c) na inter-relação entre elas.

As ciências humanas se relacionam com outras disciplinas cuja cientificidade é indiscutível (ou menos discutível) porque podem, em alguns casos, apelar para uma formalização de tipo matemático, utilizar a dedução, manipular modelos e se valerem do conceito de causalidade. Trata-se da biologia, da economia e da filologia. Essas ciências relacionam-se também com a filosofia, pois podem orientar-se para o modo de ser do homem, segundo este é por ela considerado.

Uma das objeções que se costuma fazer à pretensão de cientificidade das disciplinas que estudam o homem é que suas teorias não são totalmente formalizáveis. A esse tipo de objeção falta pertinência. Segundo Foucault, ela toma um contraefeito superficial como se fosse um acontecimento fundamental. As ciências humanas podem se servir de instrumentos matemáticos e alguns de seus resultados foram formalizados. É interessante definir os níveis nos quais podem ser utilizados instrumentos matemáticos e nos quais se pode formalizar. Não obstante, é pouco provável que essa possibilidade defina a positividade específica das ciências humanas.

O retrocesso da ideia de uma matematização universal foi geral na *episteme* do século XIX, muito embora nem sequer realmente tenha sido um retrocesso, já que essa tentativa de representar todo o saber em uma espécie de "mapa" matemático jamais foi realizada.

Não foi produzida a matematização efetiva, exceto na astronomia e na física. O desaparecimento da teoria geral da representação como matemática universal liberou todo o campo das ciências empíricas dos limites e controles matemáticos. O abandono da matemática universal como espaço de representação é, na verdade, o que permitiu ao homem se converter em objeto de estudo. Quando a investigação dirigiu-se reflexivamente para as representações da vida, do trabalho e da linguagem, relacionando entre si os três fatores, possibilitou-se um novo domínio de saber que, por sua vez, constitui o homem.

A partir do século XIX, o homem é pensado a partir da representação de si mesmo nascida da biologia, da economia e da linguística. As ciências humanas estabelecem-se pela vizinhança com os três saberes mencionados e em seus "interstícios". Uma forma de interpretar tais afirmações seria a seguinte: há problemas relativos ao ser-vivo-homem que a biologia não pode solucionar (complexos, angústias, ansiedades); nesse lugar é inserida a "região psicológica". Há fenômenos relacionados com a produção que a economia não pode explicar (migrações, aglomerações, violências coletivas); aí opera a "região sociológica". Há processos relacionados com a linguagem que a filologia não pode abranger (mitos, afasias, tabus discursivos), e que permitem a diversificação de estudos sobre a comunicação e as estruturas significantes.

A biologia não é uma ciência humana. Trata de muitos seres viventes, não somente dos homens. Além disso, se ela trata do homem, não é tanto do ser humano, mas do ser vivo. O objeto de estudo das ciências humanas, em troca, não se apresenta segundo o modo de ser de um funcionamento biológico, mas precisamente como seu reverso. O objeto dessas ciências começa ali onde se detém o ser próprio dos funcionamentos biológicos; tem seu ponto de partida onde eclodem as *representações*. O homem é objeto das ciências humanas porque é o único ser vivo que pode *representar-se* a vida.

A economia é uma ciência humana (Foucault não a classifica assim, simplesmente se refere a ela como "ciência" ou "saber"). O homem, como espécie que trabalha, deu uma ênfase especial à produção, à distribuição e ao consumo. Mas não é por isso que a economia se encontra entre as ciências humanas, e sim porque o homem é esse ser que, a partir das formas de produção que canalizam sua existência, representa para si suas necessidades. Essas representações possibilitam o surgimento da própria Economia como ciência, cujo objeto é um ser que não somente trabalha, mas que se *representa* os componentes desse trabalho.

O homem possui também representações de seu uso da linguagem. Inclusive, a partir do interior da linguagem pode representar-se a própria linguagem. Mas a Filologia não constitui uma ciência por ter como objeto de estudo os sistemas de signos em suas diversas relações, senão quando o homem se *representa* sua linguagem.

A problematização do inconsciente é um elemento constitutivo – e fundamental – na constituição das ciências humanas. Um desvelamento do inconsciente é primordial em todas as ciências do homem. A psicanálise e a etnologia subjazem em todas elas. As ciências humanas, por estarem tecidas nos fios do inconsciente, conseguem obter um saber positivo daquilo que escapa à consciência.

As ciências humanas se interceptam entre si. Umas podem ser interpretadas por outras. Seus limites esfumam-se. Surgem novas disciplinas. Multiplicam-se. Mas há critérios para saber em que nível se está trabalhando, seja a psicologia, a sociologia, a análise da linguagem ou qualquer outra disciplina social. A escolha do modelo (psicológico, sociológico, linguístico) fundamental e o lugar que é atribuído aos modelos secundários (os que correspondem a outras disciplinas humanas) permitem saber a partir de qual disciplina a temática é enfocada. A superposição de vários modelos não significa uma falta de método. Essa falta ocorreria se não se ordenasse explicitamente o necessário entrecruzamento entre as diferentes disciplinas.

Para Foucault, o campo epistemológico correspondente às ciências humanas não teve determinações antes da modernidade. Nem a filosofia, nem a política, nem moral alguma, nem tampouco as ciências empíricas haviam abordado, até então, algo assim como *o homem*, como ser vivo que trabalha e fala; não mais "ser racional", mas ser determinado a partir das coisas, a partir das positividades:

a vida, o trabalho, a fala. Ao finalizar o século XVIII, o homem é colocado "ao lado" dos objetos científicos: converte-se em objeto do pensar e do saber. A psicologia começa a desenvolver-se como ciência, como resultado de problemas relacionados com as exigências que a sociedade industrial impôs aos indivíduos. Os desequilíbrios sociais, a partir da Revolução Francesa, possibilitaram uma reflexão sociológica. A descoberta de novas linguagens e a decifração de códigos arcaicos estimulam variadas perspectivas a respeito da linguagem. Mas essas práticas não produziram por si mesmas uma nova configuração da *episteme*. Convém considerar também as práticas sociais de reclusão e de controle, assim como a constituição dos dispositivos de sexualidade.

Com respeito ao saber, produziu-se uma reestruturação fundamental. Durante quase duzentos anos, a *episteme* havia sido regida pela representação (até o Renascimento, havia sido a semelhança). Ao desaparecer a representação (no século XIX) como forma de conhecimento, esta será buscada nas profundidades daquilo que se quer conhecer: a profundidade específica da vida (já não os seres vivos), as formas de produção (não mais a análise das riquezas), o devir das linguagens (não mais as palavras). O conhecimento sobre o homem é contemporâneo da *biologia*, da *economia* e da *filologia*. A partir das positividades que essas ciências definem – ser vivo, que trabalha e fala –, o homem desdobra-se. Agora é sujeito e objeto de conhecimento.

O advento do homem como objeto de ciência foi saudado como um dos progressos da racionalidade empírica. O ser do homem devia ser o fundamento de todas as positividades. Isso deu lugar a um conflito. Por um lado, o homem converte-se naquilo a partir do qual todo conhecimento poderia constituir-se em evidente. E, por outro, converte-se naquilo que pode colocar em dúvida todo conhecimento. Daí o interminável debate entre as ciências do homem, que devem buscar seu próprio fundamento, sua justificação metodológica e sua História, tratando de não se contaminar.

A partir da análise arqueológica, o campo da *episteme* moderna não aparece ordenado segundo uma matematização perfeita, nem uma pureza formal que pouco a pouco vai se enchendo de empiria. Aparece, antes, como um espaço aberto em três dimensões: a biológica, a psicológica e a sociológica. Foucault explica a precariedade das ciências humanas (*status* epistemológico diminuído, confusão com a filosofia, caráter de secundárias ou derivadas e, não obstante, pretensão de universalidade) pela complexidade de sua configuração epistêmica e não pela problematização de seu objeto de estudo (como se costuma fazer tradicionalmente).

A vizinhança com outros saberes e a especial disposição em que se estabeleceram imprimem, nas ciências humanas, as seguintes características:

- condução de modelos provenientes de três regiões (psicológica, sociológica e linguística);
- tentativa de formalização;
- dirigir-se ao modo de ser do homem segundo pensa a filosofia.

As ciências sociais dependem muito de outros saberes. Mas, na perspectiva de Foucault, isso não parece ser um problema maior. Assim como tampouco é um inconveniente o fato de que, na verdade, não possam ser consideradas ciências: não apresentam características de objetividade e sistematicidade, sua coerência e a relação com seu objeto estão determinadas somente por sua positividade. A "corda frouxa" pela qual transitam essas ciências gera uma dupla atração. Por um lado, seguem ligadas à representação (por isso inventaram o homem) e, por outro, atendem ao inconsciente (por isso podem fazer o homem desaparecer). A anunciada morte do homem surge desse jogo de relações que se dá entre inconsciente e representação. Bastaria que o estudo do não pensado não "regredisse" à representação para que o homem deixe de ocupar o lugar privilegiado que lhe foi atribuído pela *episteme* ainda vigente.

Quando Foucault refere-se à História diz que, ainda que se ocupe do homem, talvez não encontre seu lugar entre as ciências humanas, porque entre estas e a História haveria uma relação fundamental e indefinida. Não precisamente uma relação de vizinhança.

A unidade de uma História como devir teleológico foi fraturada com a reestruturação da *episteme* moderna. Não se deve supor que a História oitocentista desdobrou, em relação às coisas, a historicidade descoberta no homem. Pelo contrário, as coisas acusaram um tempo próprio. A natureza já não é medida pela criação-fim do mundo, mas por um tempo natural. O estudo das riquezas deixa de prometer uma idade de ouro e somente manifesta condições de produção modificáveis segundo um vaivém dos acontecimentos. A linguagem não remete a uma acrítica origem comum; apresenta-se como aquilo que torna visível a vontade fundamental que mantém vivo um povo e lhe dá um poder de falar (uma linguagem) que somente pertence a ele. Significa que o ser humano, de algum modo, fica sem História teleológica, está "desistoricizado" com relação a uma ideia evolutiva ou progressiva a serviço de um destino transcendente. O homem, então, não se constitui como *sujeito* da História, mas como uma acumulação temporal de acontecimentos linguísticos, econômicos e vitais.

O homem histórico é o ser vivo que trabalha e fala. O conteúdo de sua História está relacionado à psicologia, à sociologia e às ciências da linguagem. Mas, na medida em que o homem se converteu em histórico, nenhum conteúdo das ciências humanas pode permanecer estático, nenhum escapa ao devir. A História oferece a cada ciência do homem um pano de fundo que a estabelece, que determina seu campo cultural, mas que arruína, desde o princípio, as pretensões científicas de efetuar afirmações válidas para todo tempo e lugar, ou seja, universais.

Se a História, com seu devir constante, coloca distância entre as estruturas tradicionais da ciência e as ciências sociais, há outras duas disciplinas que aprofundam, mais ainda, esta distância: a psicanálise e a etnologia. Elas atravessam o espaço epistêmico das ciências humanas. Enquanto a primeira ocupa-se do inconsciente, a segunda se relaciona com o devir. O inconsciente está no interior de qualquer apresentação das ciências humanas como o não pensado. No exterior dessa apresentação está a temporalidade. Obviamente, ela não é o objeto da etnologia; seu objeto são as culturas. Mas a etnologia interessa-se pelos invariantes das culturas, os quais se manifestam nos fenômenos históricos. Aí ocorre o encadeamento com a soberania histórica. A psicanálise, ao estar enfocada no inconsciente, percorre o caminho inverso das demais ciências humanas: ela afasta-se da representação. A etnologia também percebe que, por detrás da representação que os homens podem fazer de si mesmos em uma civilização, estão as normas a partir das quais realizam as formas de vida, as regras através das quais experimentam e mantêm suas necessidades, os sistemas no fundo dos quais lhes é dada qualquer significação. Consequentemente, ambos os saberes são "ciências do inconsciente" não porque alcancem no homem aquilo que está sob sua consciência, mas porque se dirigem àquilo que, fora do homem, permite que se saiba, com um saber positivo, o que se oferece ou o que escapa à sua consciência.

Psicanálise e etnologia, como ciências do inconsciente, possibilitam um saber sobre aquilo que está além da consciência. Isso as orienta a uma *desantropologização* (isto é, à captação de um fundo não antropológico), na qual seriam arrastadas as demais ciências do homem. Assim, as ciências humanas são atravessadas pela corrente do não pensado que anima à etnologia e à psicanálise e podem, paradoxalmente, ser exterminadas por essa corrente. A psicanálise ocupa-se do inconsciente individual; a etnologia, dos inconscientes culturais. Não se juntam, opõem-se e cruzam-se em um único ponto: aquele em que a cadeia significante pela qual se constituiu a experiência única do indivíduo é perpendicular ao sistema formal a partir do qual foram constituídas as significações de uma cultura. Foucault considera que, assim como a linguística não fala do próprio homem, tampouco o fazem a psicanálise e a etnologia. Desse modo, no mesmo campo epistêmico no qual emergiu o homem, podem ser dadas as condições de possibilidade de seu desaparecimento. Se o sujeito da enunciação não o enuncia, se as práticas não discursivas não o veem, então a dobra que continha e constituía o homem será dissolvida.

O lugar que ocupa a antropologia, como analítica do homem, seria o lugar deixado vazio pela representação. A partir das quatro grandes perguntas kantianas – o que posso conhecer? O que devo fazer? O que me é permitido esperar? O que é o homem? –, pode-se dizer que a quarta é a que percorre o pensamento desde o século XIX até nossos dias. Kant, que havia mostrado a diferença entre os âmbitos empírico e transcendental, despertou a filosofia de seu sono dogmático. Porém fez com que o Ocidente passasse a outro sono: o *antropológico*. Obviamente, não é a pergunta em si mesma que embala o sono antropológico moderno, mas a preocupação da filosofia da modernidade em assegurar as sínteses empíricas (vida, trabalho, linguagem) fora da soberania do "eu penso", quer dizer, no positivo. Foi a crítica kantiana que prescreveu como temática para a filosofia o pensamento da finitude. Desde então, tratou-se de definir o homem a partir das sínteses empíricas, mediante as quais não se tem acesso a um reino humano, mas a uma duplicação *empírico-crítica* (crítica não como reflexão, mas como divisão). Trata-se de fazer valer o ser vivo que trabalha e fala como fundamento de sua própria finitude.

Segundo Foucault, somente será possível pensar sem amarras antropológicas se for destruído o quadrilátero formado pela *analítica da finitude* (pensar o homem a partir das linhas impostas pelas coisas), pela duplicação *empírica-transcendental* (o ser empírico que é, por sua vez, *a priori*), pelo jogo entre o *cogito* e o *impensado* (aquele que é a partir de seu inconsciente) e pelo *recuo da origem* (a busca de uma origem que sempre escapa). Nietzsche atacou por esse flanco e encontrou um ponto no qual Deus e o homem correspondem-se. A morte de Deus é sinônima da morte do homem. A chegada do super-homem somente ocorrerá quando realmente morra o homem (criado pela modernidade). O homem, essa figura epistêmica que constitui um desdobramento do saber desde o começo do século XIX e que um novo giro do caleidoscópio histórico pode fazer desaparecer.

III
O PODER

> *Punição. – coisa estranha, a nossa punição! Não purifica o infrator, não é uma expiação: pelo contrário, ela mancha mais do que o próprio crime.*
>
> Nietzsche, *Aurora*, 236.

No pensamento de Foucault, a temática que mais claramente é esboçada como resultado de acidentes históricos é, justamente, a do poder. Três são as condições de possibilidade do entorno social que permitem que a questão do poder surja na obra de Foucault: em primeiro lugar, Maio de 1968, momento no qual é produzido um importante deslocamento no plano insurrecional; em segundo lugar, o trabalho de Foucault no Grupo de Informação sobre as Prisões (GIP), criado em 1971 por causa das greves de fome, protagonizadas em janeiro-fevereiro de 1971 pelos estudantes de esquerda presos; e, finalmente, uma leitura sistemática de Nietzsche, realizada desde 1964 até 1968.

No plano social são visualizados acontecimentos suficientemente fortes para entender o giro genealógico de Foucault. Algo similar ocorre em sua vida privada. Começa uma relação amorosa com Daniel Defert, um jovem intelectual comprometido com a militância política. Essa relação – sólida, rica e apaixonada – durará até a morte de Foucault e mudará muitas coisas em sua vida. A genealogia é contemporânea do começo desse amor.

Os textos fundamentais do momento genealógico são: *A ordem do discurso*, *Vigiar e punir* e *A vontade de saber* (em castelhano,[1] também *Microfísica do poder*, que reúne uma série de ditos e escritos do período genealógico).

O discurso do poder

Em sua aula inaugural no Collège de France, publicada em seguida com o título *A ordem do discurso*, Foucault se pergunta pelas condições de possibilidade do discurso em sua materialidade de acontecimento enunciativo. Mas agora há uma nova proposta: o poder. Foucault tenta demonstrar que o discurso não é uma tênue superfície de contato ou de enfrentamento entre uma realidade e uma língua, mas um conjunto de regras adequadas a uma prática, e que essas regras definem o regime dos objetos. Não a existência de uma realidade *per se*.[2]

As formações discursivas e as modalidades enunciativas, o regime dos objetos e o regime dos conceitos, as estratégias, os enunciados, as mudanças e transformações dos discursos sérios, daqueles que são considerados verdadeiros e são ratificados por um *corpus* institucional e de saber, esses são os assuntos que Foucault havia trabalhado em *A arqueologia do saber*. Retoma a problemática em *A ordem do discurso*, relacionando pontualmente suas reflexões sobre o discurso com suas atuais preocupações sobre o poder.

Todo discurso se perfila segundo um jogo contrastante de permissões e restrições. A sequência de enunciados é configurada segundo mecanismos próprios do fluxo mesmo da expressão, do lugar no qual se manifesta e do sujeito portador do discurso. A

---

1 Assim como em português. (N. T.)
2 Foucault, *La arqueología del saber*, p.80-1. [Na edição brasileira, p.56. – N. T.]

condição mais geral das formações discursivas é que estas excluem um sujeito prévio da enunciação. O sujeito é uma variável ou, antes, um conjunto de variáveis do enunciado ("enunciado" no sentido arqueológico).

O mistério insondável de um discurso que pretende explicitar os pressupostos dos discursos é que está constituído nas mesmas sujeições que tenta enunciar. Além disso, nunca um discurso é totalmente original, nunca é absolutamente imprevisto. É como se, desde sempre, estivesse sendo embalado para que um belo dia surja, segundo uma ordem preestabelecida.

Não há discurso sem poder. Não há discurso sem desejo. O discurso é o lugar do desejo. Mas no desejo existe ambiguidade. O desejo de falar e o desejo, às vezes, de não ser aquele que deve romper o silêncio. Há uma contrapartida para esse temor: aí está a *instituição* para censurar-nos, mas também para tranquilizar-nos. Cada instituição nos tranquiliza fazendo-nos saber que nosso discurso está na ordem da legalidade, das regras, das normas que a regem. A instituição "contém" meu discurso enquanto fixa os limites do mesmo e me assimila à sua "ordem". A instituição coage-me e constrange-me, assinalando-me o rumo que pode seguir meu discurso e apontando os riscos que espreitam para além desses perigos; ela coloca limites no desejo. Cada instituição tem tacitamente delimitado o que se pode e o que não se pode dizer dela, o que se pode e o que não se pode fazer.

Em toda sociedade, a produção da palavra está *controlada, selecionada* e *distribuída* por certos procedimentos. A função desses procedimentos é *evitar perigos, conjurar poderes, manipular o aleatório* e *esquivar a materialidade do discurso*. Essas funções são cumpridas por diferentes procedimentos. Foucault chama "de exclusão" a esses procedimentos, porque são os encarregados de recusar aquelas palavras que podem tornar perigoso o poder do discurso (ou os poderes que poderia provocar). Esses procedimentos, além disso, são dispostos de maneira que possam bloquear (na medida do possível) a irrupção do aleatório no ato de discorrer. E, finalmente, por meio do que excluem, amortizam a materialidade da palavra no sentido de calibrar seus efeitos. Segundo o caso, também podem levá-la a ser mais eficaz. Existem procedimentos de exclusão internos e externos ao discurso.

Os procedimentos de exclusão *externos* são:

- o proibido;
- separação razão-loucura;
- vontade de verdade.

Os assuntos *proibidos* – cada discurso mantém os seus – revelam-nos que o discurso é o lugar onde se joga o poder e o desejo. Do contrário, por que temê-lo? O discurso traduz a luta e também aquilo pelo que se luta. O discurso que circula, aquele que se aceita e no qual se acredita, é o discurso da razão. Nada desqualifica mais um discurso que expulsá-lo dos limites do *racional*. A palavra do louco é a palavra sem sentido, excluída, sem efetividade. O louco não é escutado e, quando é, assinala-se a diferença: é escutado a partir da razão, suas palavras são "interpretadas".

Há condições de possibilidade que precedem o encontro do homem com a verdade. Cada época, cada cultura, cada *episteme* tem as suas. Elas são como o limite que marca quais enunciados podem ser considerados verdadeiros e quais enunciados nem sequer merecem ser considerados em um regime de verdade, inclusive nem para computá-los como falso. Essas condições esboçam o horizonte de aparecimento de verdades e, ainda, de falsidades. Aquilo que não está contido naqueles limites não ingressa na vontade de verdade do momento, é desvalorizado, ridicularizado, rejeitado. Em *A ordem do discurso* evidencia-se que a *vontade de verdade*, como outros sistemas de exclusão, está apoiada em um suporte institucional; está, ao mesmo tempo, reforçada e acompanhada de uma densa série de práticas, como a Pedagogia, o sistema de livros, a edição, as bibliotecas, mas é acompanhada, também, pela forma que tem o saber ao ser colocado em prática em uma sociedade.

Os procedimentos de exclusão *internos* ao discurso são o autor, o comentário e as disciplinas.

O *autor* é um núcleo de coerência do discurso, é unidade de significações. Se for analisada a função "autor", pode-se encontrar em seu interior o sujeito. Nesse momento, como autor, é sujeito de discurso. Esse princípio de coerência que cintila a partir do autor deixa "na sombra" grande quantidade de palavras excluídas, palavras não pronunciadas, palavras nunca atualizadas, enquanto outras palavras retornarão, recorrentes, configurarão seu estilo. O discurso é um princípio de coerência que retorna a determinadas palavras e exclui outras – às vezes – para sempre.

O *comentário* diz, pela primeira vez, o que, em última instância, já estava dito. Continuamente os discursos são reiterados. Mais ainda, nunca um discurso é totalmente original. Comentar é excluir certas palavras em benefício de outras que nos "protegem" com sua recorrência. Aquele que comenta resguarda-se em relação ao acaso. A partir de um discurso de origem, há uma dupla função do comentário. Por um lado, funda uma possibilidade de seguir falando; e, por outro, diz "agora" o que estava silenciando "antes". Deslizar-se pelos sulcos do comentário envolve evitar riscos e, obviamente, excluir palavras que poderiam ser perigosas, incômodas e ineficazes.

Outro procedimento de exclusão analisado em A *ordem do discurso* encontra-se nas *disciplinas*. Permite (como o comentário) reformular novas proposições. Mas não qualquer tipo de proposição. Os limites são muito precisos. As disciplinas excluem mais do que permitem. Em toda disciplina há objetos, *métodos*, *proposições verdadeiras*, *regras*, *definições*, *técnicas* e *instrumentos* a disposição de seus possíveis participantes. O conjunto de elementos que constitui essa disciplina não está aí para encontrar-lhe um sentido oculto (como pode ocorrer no comentário), tampouco para ser um foco de coerência (como no autor). O *corpus* que constitui uma disciplina é anônimo. Mas é a partir dele que pode-se enunciar novas proposições relacionadas com as disciplinas em questão e excluir as que são espúrias.

O terceiro grupo de procedimentos de exclusão analisado por Foucault tem a ver diretamente com o *sujeito que fala*. Esse grupo está composto pelo *ritual*, pelas *sociedades de discurso*, pelos *grupos doutrinais* e pela *educação*. Esses procedimentos têm a função específica de determinar em que condições o discurso é utilizado e quais regras devem ser seguidas. Com isso, termina que somente determinados indivíduos possam ter acesso a certos discursos. O *ritual* qualifica o sujeito que fala, assinala sua posição e o tipo de enunciados que emitirá conforme seja dialogante, interrogativo, dissertativo etc. Para isso, são definidos os gestos, o comportamento, as circunstâncias, os signos, as atitudes, tudo aquilo que acompanha o discurso e que colabora para sua efetividade.

Certos sujeitos são controlados em *sociedades de discurso*, que têm como função produzir e conservar discursos. Nessas sociedades, as palavras fazem-se escutar de acordo com os critérios daqueles que exercem o poder, e eles o exercem enquanto são regidos por regras que governam essas sociedades. Aqui a exclusão é de ordem secreta. Um grupo reduzido de sujeitos mantém discursos e determina quem pode partilhá-los e até onde, ao mesmo tempo em que se beneficiam propalando um discurso público do qual somente uns poucos sabem suas regras, seus recursos, seus segredos.

Os *grupos doutrinais*, de certo modo, representam uma contrapartida das sociedades de discurso. Aqui, quanto mais sejam os que partilham o discurso, melhor. Mas a condição é excluir aqueles discursos que os princípios do grupo determinam como inapropriados. Enquanto nas sociedades de discurso a participação é restrita, nos grupos doutrinais ela é expandida. Em uns prevalece o segredo; em outros, a difusão. O que serve de parâmetro aos membros do grupo é partilhar um mesmo discurso, aceitando certas regras e defendendo determinadas verdades. No discurso joga-se certo grau de dependência do sujeito ao grupo. Se seus enunciados estão de acordo com o estabelecido, mantém-se a inclusão. Caso contrário, não é reconhecido como membro, fica de fora.

O último sistema de exclusão considerado por Foucault é o mais abrangente. O sistema de *educação* de uma sociedade é uma forma policial de adequação social dos discursos e de suas modificações possíveis. A educação é a encarregada de distribuir, permitir e proibir discursos. A marca que a educação vai fixando nos discursos é a que surge entre o intrincado jogo das forças do poder e os estratos do saber. Ainda que saber e poder interajam dinamicamente, o último adquire certa prioridade sobre o primeiro.

Uma vez caracterizados os procedimentos de exclusão, Foucault, em *A ordem do discurso*, retoma outros assuntos trabalhados em *A arqueologia do saber* e também leva em conta o papel que coube à filosofia como controladora da palavra. Os três grandes itens a partir dos quais a filosofia tratou de cumprir essa função foram: o sujeito fundador (escritura), a experiência originária (leitura) e a mediação universal (intercâmbio).

Em uma filosofia do sujeito fundador, em uma filosofia da experiência originária ou em uma filosofia da mediação universal, o discurso não é nada mais que um jogo: de *escritura*, no primeiro caso; de *leitura*, no segundo; de *intercâmbio*, no terceiro. Nesse intercâmbio, nessa leitura e nessa escritura, somente os signos são colocados em jogo. O discurso se anula, assim, em sua própria qualidade, situando-se somente na ordem do significante. Perde sua condição de gerador de positividades.

Foucault, em primeiro lugar, opõe-se à tese do "sujeito fundador" que pretende que o começo da linguagem corresponda a uma pessoa linguística. Ao "eu falo", Foucault oporá a preexistência da terceira pessoa, na condição de não pessoa. É verdade que não existem signos sem alguém que os enuncie, ou sem um elemento transmissor. Para que uma série de signos exista, é necessário, segundo o sistema das causalidades, um autor ou uma instância produtora. Mas esse autor – sujeito da enunciação – não é idêntico ao sujeito do enunciado. A relação de produção que mantém com a formulação não se pode sobrepor à relação que une o sujeito enunciador e o que enuncia. Existem condições históricas que preexistem a qualquer começo de discurso. Em segundo lugar, Foucault está de acordo que exista uma "cumplicidade inicial" entre o mundo e a linguagem: uma experiência originária que permitiria que a linguagem recolha um sentido que as coisas murmurariam. Haveria de desconstruir os sistemas de relações entre as palavras e as coisas para encontrar suas respectivas produções. E, em terceiro lugar, Foucault não está de acordo com que exista uma "mediação universal", em que o significante seja a direção principal à qual se remete a linguagem.

Ao se opor a essas três concepções, Foucault parte do conjunto de enunciados como acontecimentos pertencentes à ordem do visível. A linguagem vem dada em sua totalidade, ou não se dá. A respeito disso, Foucault sustenta que quando se fala de um sistema de formação não se entende unicamente a justaposição, a coexistência ou a interação de elementos heterogêneos (instituições, técnicas, grupos sociais, organizações perceptivas, relações entre discursos diversos), mas sua relação – e sob uma forma bem determinada – a partir da prática discursiva.

Uma condição para a possibilidade do discurso é que "exista" linguagem. Mas existe historicamente, e cada época organizará o discurso segundo um *corpus* determinado. Insistir na existência singular e limitada da linguagem não é negar seu poder de análise, de nomear, de mostrar, de suceder, de ser o lugar do sentido e da verdade. É destacar *o ser histórico da linguagem*, o qual *não* se refugia em uma *consciência fundadora originária e mediadora*. A linguagem existe sistematizada segundo uma dispersão temporal como condição das positividades, sendo ela mesma materialidade. Uma materialidade sem data de formulação nem espaço ocupado. É uma materialidade definida por um estado de coisas, por objetos que possuem um *status* aberto, modificável, relativo e sempre sujeito a revisão. Essa materialidade faz aparecer o enunciado como um objeto específico e paradoxal, ao entrar em algumas tramas, situar-se em campos de utilização, oferecer-se a transferências e modificações possíveis, integrar-se em operações e em estratégias onde sua identidade mantém-se e perde-se.

Para conjurar a logofilia ocidental, dissipar o temor do discurso como acontecimento e tomar distância da soberania do significante, Foucault propõe uma tarefa tripla: colocar em dúvida nossa vontade de verdade, restituir o caráter de acontecimento ao discurso e acabar com a tirania do significante.

Isso poderia ser conseguido ao seguir pautas metodológicas que respondessem a quatro princípios:

Inversão: analisar cortes ou raridades do discurso opondo-se à tradição que postula uma fonte única dos discursos.

Descontinuidade: pensar os discursos como práticas que se cruzam, justapõem-se, ignoram-se e excluem-se, sem imaginar que por "debaixo" corre um discurso reprimido ou um discurso oculto que deveríamos libertar.

Especificidade: conceber o discurso como uma "violência" que se faz às coisas e não nos imaginar que o discurso é nosso cúmplice no conhecimento, como se realmente existisse uma adequação "natural" entre as palavras e as coisas.

Exterioridade: não buscar um interior oculto nas palavras, dirigir-se do aparecimento do discurso a suas condições externas. Elas são sua manifestação nas práticas discursivas e não discursivas. As condições externas apresentam limites, regularidades, séries aleatórias.

Esses quatro princípios são dispostos segundo dois *conjuntos*:

1. *Crítico*: utiliza o ponto de *inversão* que pretende cercar as formas de exclusão e delimitação, de apropriação, para mostrar a quais necessidades respondem, como reagem, como se modificam e se deslocam. Trata-se de compreender como se produzem os mecanismos que excluem certas palavras ou ritos dos diferentes discursos.
2. *Genealógico*: utiliza os pontos de *descontinuidade*, *especificidade* e *exterioridade* e estuda como os discursos foram formados, que papel os sistemas de coação cumpriram, detecta as séries de enunciados e a norma específica de cada um, busca suas condições de aparecimento, crescimento e variação. Analisa a relação entre acontecimentos e discursos, ou, melhor dito, analisa os discursos como acontecimentos.

A análise deve se reger por quatro noções:

1. *Acontecimento*: o estatuto do discurso como acontecimento é sua materialidade. O acontecimento não pertence à ordem

dos corpos. E, no entanto, não é imaterial. É no nível da materialidade em que sempre adquire efeito e, como é efeito, tem seu lugar e consiste na relação, na coexistência, na dispersão, na intersecção, na acumulação e na seleção de elementos materiais. Não é o ato nem a propriedade de um corpo. Produz-se como efeito e dispõe-se materialmente.

2. *Série*: não se trata da sucessão dos instantes no tempo nem da pluralidade dos sujeitos pensantes, mas de cortes que rompem o *instante* e dispersam o *sujeito* em uma pluralidade de possíveis posições e funções. Essas séries de relações não são da ordem da sucessão (ou da simultaneidade), mas das sistematizações descontínuas.

3. *Regularidade*: na medida em que as descontínuas séries discursivas mantêm certa regularidade, não se pode estabelecer entre seus elementos noções de causalidade mecânica ou necessidade; deve-se admitir a introdução do *acaso* como categoria na produção dos acontecimentos.

4. *Condições de possibilidade*: sua busca permite circunscrever o "lugar" do acontecimento, as margens do aleatório, as práticas que os constituíram, em que condições históricas são produzidos certos discursos e como eles, por sua vez, modificam essas condições.

Essas quatro noções propostas por Foucault opõem-se às noções com as quais, segundo seu critério, a História das Ideias, em geral, trabalhou. Elas são: *criação, unidade, originalidade* e *significação*. Onde a filosofia tradicional veria um ponto de criação, Foucault verá um *acontecimento*, obviamente, histórico. Onde se pretendia unidade (de dia, de época, de assunto), ele verá *séries* de acontecimentos. Ao que se chamava *originalidade*, Foucault chamará *regularidade* para tratar um assunto e, finalmente, o que a filosofia tradicional interpretava como *significação dos acontecimentos*, Foucault analisará como *condições históricas de possibilidade*.

Assim como *A arqueologia do saber* é o ponto de inflexão entre arqueologia e genealogia, *A ordem do discurso* é o texto que faz a ponte entre as duas maneiras diferentes de entender o poder. Na primeira abordagem genealógica, Foucault concebe o poder negativamente. A noção do poder como repressão, tributária das correntes culturais vigentes em sua juventude, aparece fortemente nesse texto. A imagem de um poder especificamente repressivo será – mais adiante – para Foucault, uma imagem pobre. Esta permite ver somente o aspecto terminal do poder e não seu funcionamento. O poder, tal como aparece representado em *A ordem do discurso*, não pode funcionar ainda como um critério válido que permita encontrar um princípio explicativo para a História discursiva e institucional. A partir de *A ordem do discurso* e, inclusive, cumprindo vários de seus objetivos programáticos, Foucault começará a analisar as relações de poder, sua produção, como joga na condição de possibilidade do saber e – possivelmente o mais interessante ao nível filosófico – como se constitui seu dispositivo em termos de diagrama de forças. *A ordem do discurso*, de certo modo, é o *a priori histórico* da genealogia. Quando tenha conseguido seus frutos mais elaborados (depois de *Vigiar e punir*), Foucault dirá que a noção de repressão é totalmente inadequada para dar conta daquilo que há de produtor no poder. Quando os efeitos do poder são definidos pela repressão, dá-se uma concepção puramente jurídica do poder, identifica-se o poder com uma lei que diz não. Se o poder fosse somente repressivo, se somente dissesse não, não seria obedecido. O que faz com que o poder seja aceito é que simplesmente ele não seja pensado como uma força que diz não, mas que de fato produz coisas, induz prazer, forma saber, produz discursos. É necessário considerá-lo como uma rede produtiva que atravessa todo o corpo social. Sua função, a princípio, não é repressiva.

Pensar a partir de Nietzsche

A descrição genealógica, que se apoia na arqueologia e a completa, lida não somente com métodos, mas também com temáticas nietzschianas. Analisarei agora a estreita relação existente entre essa etapa da obra de Foucault e a concepção histórica de Nietzsche, assim como a dívida de Foucault para com a *Genealogia da moral*. Transcrevo metáforas, uma de Foucault e outra de Nietzsche:

> A genealogia é cinza; ela é meticulosa e pacientemente documentária. Ela trabalha com pergaminhos embaralhados, riscados, várias vezes reescritos.[3]

> [...] outra cor deve ser mais importante para um genealogista da moral: o *cinza*, isto é, a coisa documentada, o efetivamente constatável, o realmente havido, numa palavra, a longa, quase indecifrável escrita hieroglífica do passado moral humano![4]

Esse jogo de metáforas está a serviço do reconhecimento foucaultiano à genealogia de Nietzsche. Foucault entende o poder como um diagrama, como um dispositivo no qual se relacionam forças. Estas são, por sua vez, ativas e reativas. Tal construção teórica envolve uma novidade a respeito dos trabalhos anteriores. Mas, em sua maneira de interrogar a História, no trabalho erudito do material e na rejeição de categorias ideais em benefício de constatações positivas, segue vigente a metodologia anterior. A respeito disso, Foucault diz que o que faltava em seu trabalho sobre o regime discursivo era estudar os efeitos de poder característicos do jogo enunciativo. No ponto de confluência entre *História da loucura* e *O nascimento da clínica* encontrava-se, sob dois aspectos muito diferentes, esse problema central do poder que, contudo, não havia isolado suficientemente. "[...] de que podia ter falado, na *História da loucura*, ou no *Nascimento da clínica*, senão do poder."[5]

Sua teoria esboça-se na trama da História. Fez isso na arqueologia, faz na genealogia e fará na ética. Tece seus pensamentos com os fios da erudição. Mais do que a "História oficial", importa-lhe a

---

3 Foucault, *Microfísica del poder*, p.182. [Na edição brasileira, p.15. – N. T.]
4 Nietzsche, *La genealogía de la moral*, prólogo, 7, p.24. [Na edição brasileira, p.13. – N. T.]
5 Foucault, *Microfísica del poder*, p.180. [Na edição brasileira, p.5-6. – N. T.]

recopilação dos dados que mostram o "baixo", o irrisório, o irônico que se costuma encontrar nos começos do que, em determinado momento, consegue se converter em um discurso verdadeiro, sério, respeitável, em detrimento de qualquer outro discurso que se perde ou se faz calar para sempre. Foucault esclarece que parte de um problema, nos termos em que ele é proposto atualmente, e tenta fazer sua genealogia. Genealogia quer dizer realizar a análise partindo de uma questão presente. A partir da questão presente, recuando na História, são perseguidas emergências anteriores de práticas discursivas e não discursivas objetivadas pela análise. Retoma o tema nietzschiano da diferença entre origem e invenção (*Ursprung* e *Enfindung*). É óbvio que todo conceito, toda palavra, toda prática teve um começo. Tiveram-no os "ideais", a "razão", a "moralidade", a "poesia" e a "ciência". A genealogia de Nietzsche nega-se a *atribuir* uma origem metafísica com significações ideais. À origem é negada uma raiz metafísica. "Começo" significa "invenção", no sentido de "produção humana" em um determinado momento da História.

Buscar a origem metafísica seria pretender encontrar algo dado necessariamente. Seria considerar que as inversões históricas por meio das quais surgiu realmente o dado não são mais que contingências, armadilhas, disfarces, máscaras que escondem uma identidade essencial. Quando, na verdade, o que se encontra no começo histórico das coisas não é a identidade ainda preservada de sua origem – é a discórdia com as outras coisas; às vezes, é o disparate.

A utilização da palavra "origem" na tarefa genealógica é sinônima de começo, invenção histórica, produção no tempo. Não se deve utilizá-la no sentido de *fundamento, essência, lugar da verdade*. Não existe um fundamento originário, nem uma essência dada anterior à exterioridade, nem uma verdade que anteceda o conhecimento positivo de algo. Há, sim, uma invenção (*Enfindung*) que se deixa ver ou que surge do confronto histórico. O genealogista precisa da História para conjurar a quimera da origem. Para fazer genealogia deve-se atender as insignificâncias e os acasos dos começos, "revirando os submundos". Não para descobrir um gérmen ainda vivo que alentaria nas formas hoje vigentes, à maneira da "evolução" de uma espécie ou do "destino" de um povo, mas para manter o que alguma vez aconteceu na difusão própria de sua constituição. Descobre-se, assim, que na raiz do que conhecemos e do que somos não estão absolutamente a verdade e o ser, mas a exterioridade do acidente. Descobrir isso é converter a investigação histórico-filosófica em crítica. Crítica no sentido de Nietzsche, quando se refere, por exemplo, à crítica dos valores e diz que se necessitamos uma *crítica dos valores morais é porque deve-se colocar alguma vez em suspeita o valor desses valores* – e para isso é necessário ter conhecimento das condições e circunstâncias nas quais aqueles surgiram, nas quais se desenvolveram e modificaram. Isso permite ver a moral como consequência, sintoma, máscara, hipocrisia, doença, mal-entendido, freio, veneno; esse conhecimento, até agora, nem existiu nem tampouco foi desejado.

Foucault analisa a noção nietzschiana de *Herkunft* como fonte ou proveniência, em relação com o sangue e a tradição, entre aqueles que se encontram num mesmo nível. O corpo é o lugar da *Herkunft*, onde se encontra a marca atual das vitórias passadas; dele nascem os desejos, os desfalecimentos e os erros; nele eles entrecruzam-se e subitamente se expressam, mas também nele desatam-se, entram em luta, apagam-se uns aos outros e continuam seu inesgotável conflito. O corpo é a superfície de inscrição dos êxitos, o lugar de dissociação do eu; ele não é unidade substancial, mas volume em perpétua queda. A genealogia como análise da proveniência encontra-se, pois, na articulação do corpo com a História. Deve mostrar o corpo impregnado de História, e a História como destruidora do corpo.

Enquanto o *Herkunft* conota a fonte como marca atual, a *Entstehung* designa a emergência do acontecimento. Não é possível dar conta da emergência pela marca atual (*Herkunft*). O último não passa de um episódio. Foucault retoma o discurso nietzschiano e comenta que o olho (antes de servir para a contemplação) serviu para a caça e a guerra; o castigo (antes de ser exemplar) foi submetido, pouco a pouco, à necessidade de vingar-se. A metafísica obriga a acreditar no trabalho obscuro de um destino que procuraria se manifestar desde o primeiro momento. A genealogia, por sua vez, trata de restabelecer os diversos sistemas de submissão.

A emergência aflora em e a partir de um determinado estado de forças. A análise deve mostrar a tensão entre elas, sua "entrada em cena" é uma não cena. Não há um espaço fechado no qual se produza o enfrentamento. O próprio enfrentamento é o lugar. Da dominação de alguns homens por outros surge a *diferenciação dos valores*. Da dominação de uma classe por outra emerge a ideia de *liberdade*. Em virtude de impor às coisas uma duração que não têm, nasce a *lógica*. A emergência produziu-se em um não espaço. O jogo de dominação é uma não relação. As expressões "emergir em um não espaço" e "dominar em uma não relação" precisam ser especificadas sem ser referidas à dimensão espacial concreta; a especificidade desses conceitos faz que, às vezes, diga-se "espaço de emergência", mesmo quando se emerge em um "não espaço". Uma vez esclarecido que esse espaço não conota limites físicos, o sentido correto perde seu peso.

O devir da humanidade é um compêndio de interpretações. A genealogia tenta fazer a História de alguma dessas interpretações. Para isso, a emergência deve aparecer como vitória. Em Foucault, "vitória" não deve ser entendida como mero fenômeno, como no "fato selvagem" ou como pura percepção crua que nos assalta a partir das próprias coisas, mas como "acontecimento". Este, além de visível, está envolto nas práticas discursivas. A arqueologia estabelece que o domínio dos enunciados articulado segundo o *a priori* histórico é um volume complexo, no qual se diferenciam regiões heterogêneas, e no qual se desdobram, segundo regras empíricas, práticas que não podem se sobrepor. Em lugar de ver se alienar, sobre um grande livro mítico da História, palavras que traduzem pensamentos constituídos antes e em outra parte, têm-se, na espessura das práticas discursivas, sistemas que estabelecem os enunciados como acontecimentos.

Não existem "fatos brutos" nem verdades trans-históricas. Na genealogia nietzschiana, como na de Foucault, o interesse não se orienta rumo à elaboração de invariantes, mas em direção à utilização de variantes que dissolvem todos os racionalismos. Trabalha-se com positividades, as quais vão muito além e muito aquém das palavras abstratas e dos meros fatos. Além, porque busca nos fatos para encontrar suas condições de possibilidade; aquém, porque tenta desatar o nó no qual se formaram. A obra como individualidade que conserva sua fisionomia ao longo do tempo *não existe*. Somente existe em relação com cada um dos intérpretes. Em troca, o que existe é a *matéria* da obra, mas essa matéria não é nada até que se converta em outra coisa, graças ao entre jogo das relações.

Entre as análises históricas que Foucault realiza seguindo o modelo nietzschiano, tem prioridade a da constituição do sujeito. Aparece na arqueologia (sujeito de saber), na genealogia (sujeito de poder), na ética (sujeito moral). Em *A verdade e as formas jurídicas*, Foucault diz:

> Em Nietzsche, parece-me, encontramos efetivamente um tipo de discurso em que se faz a análise histórica da própria formação do sujeito, a análise histórica do nascimento de um certo tipo de saber, sem nunca admitir a preexistência de um sujeito de conhecimento.[6]

A História "efetiva" ao estilo Nietzsche-Foucault não dá por garantido nenhuma *constante*, nem teleologia, nem progresso, nem razão diretriz, nem verdade final, nem desenvolvimento do espírito, nem sujeito invariante. Isso pertence ao jogo do Mesmo, ao se reencontrar com a Consciência, com o Ser, com o sentido invariável, com a Providência. A História não ilumina parcelas de uma espécie de harmonia preestabelecida; o saber não abrange totalidades, mas antes adverte cortes ou talhos. Eles podem mostrar descontinuidades históricas. Mas isso tampouco garante que na História *tudo* seja descontinuidade. Foucault declara ter se surpreendido porque em uma edição do *Petit Larousse* o definem como "filósofo que funda

---

6 Foucault, *La verdad y las formas jurídicas*, p.19. [Na edição brasileira, p.9-10. – N. T.]

a teoria da História sobre a descontinuidade". O fato que, a partir de suas análises, Foucault conclua que existam formas empíricas do saber (também podem ser de outros campos), que não obedecem a desenvolvimentos contínuos, mas a novos regimes nos discursos considerados verdadeiros, não significa que *tudo é descontinuidade*. O mesmo empenho para assinalar "cortes" e "fraturas" é empregado também para destacar "persistências" ou "continuidades".

Para Foucault, a ontologia histórica (e não a História das descontinuidades) surge da perspectiva kantiana expressa em *O que são as Luzes*? Aí Kant, na condição de filósofo, ocupa-se do presente, de *seu* presente. Transforma uma filosofia de antigo enraizamento universalista em reflexão sobre seu momento histórico. No caso de Kant, não se abandona o primeiro. No caso de Foucault, dá-se prioridade ao segundo. Essa ontologia foucaultiana do presente não pretende se fundamentar em uma metafísica, mas na História. Entretanto, não é uma História racionalista que subsume os incidentes singulares em um encadeamento teleológico, mas uma História "efetiva" que recorta o incidente em sua unicidade aleatória, na qual a necessidade não depende senão da fortuna. Mas esse acaso não é uma simples "extração de dados". O incidente, por mais isolado que possa parecer, por mais "estranho" que seja, insere-se sempre em uma encruzilhada de incidentes. O metafísico pode ter a "consciência tranquila" de abrangê-lo completamente. O historiador ontologista, pelo contrário, sabe que sempre cometerá uma "injustiça teórica". Somente poderá demarcar certas parcelas da realidade (loucura, clínica, prisão, determinadas éticas). Também Nietzsche soube dessa "injustiça" da perspectiva. É a opção de quem escolhe pensar a partir de positividades, em detrimento das totalidades abrangentes da especulação pura. Querer se libertar de uma História supra-histórica é uma questão de escolha que, como qualquer escolha, implica riscos e perdas. "O sentido histórico, tal como Nietzsche o entende, sabe-se que é perspectivo, e não recusa o sistema de sua própria injustiça."[7]

---

7 Foucault, *Microfísica del poder*, p.22. [Na edição brasileira, p.30. – N. T.]

Nietzsche utiliza três concepções de História, que se opõem à visão platônica do devir humano. Um uso paródico e destrutivo de História que nega a *reminiscência*, um uso destrutivo de identidades que se opõe à História como *continuidade* e um uso sacrificial da verdade que se opõe à História como *conhecimento*. Deve-se rejeitar a História como *reminiscência* quando ela apaga o caminho da vida e suas criações por meio da veneração do passado. Deve-se rechaçar como *continuidade* porque esmaga a criatividade, nega a possibilidade da invenção, não leva em conta o acaso. Finalmente, é necessário rejeitar a História como *conhecimento* neutro porque é uma máscara que oculta a vontade de conhecer também como vontade de poder. Nietzsche reprova essa última História porque ela nos desliga de todas as nossas fontes reais e sacrifica o próprio movimento da vida à preocupação exclusiva da verdade.

Foucault não somente organiza sua genealogia levando em conta as críticas de Nietzsche à História tradicional, mas também aborda problemáticas trabalhadas especificamente por Nietzsche: a culpa, o castigo, a crueldade, a falta, a lei, a pena, a justiça. Desde seu primeiro livro, *O nascimento da tragédia*, Nietzsche preocupa-se em desentranhar os enganos do conhecimento, ao modo como o conhecimento desenvolveu-se no Ocidente. Apolo, o deus da representação, da aparência, é o que preside o tipo de saber do qual somos tributários. O paradoxo atual reside no fato que já não dispomos do ímpeto do dionisíaco que – no passado – enfrentava o apolíneo e o vital. A partir do momento em que nos dispomos a conhecer, devemos fazê-lo mediante a representação, ou seja, a partir de mediações.

Essa vertente do pensamento nietzschiano atravessa, de maneira sutil, todo o conteúdo de *As palavras e as coisas* (em relação à crítica da representação). Nos textos próprios da genealogia, a presença de Nietzsche é muito contundente. Foucault trabalha a partir de *Gaia ciência, Considerações extemporâneas, Aurora, Para além de bem e mal, Vontade de poder* e, especificamente, *A genealogia da moral*.

No prólogo de sua *Genealogia*, Nietzsche faz uma pergunta: "Na verdade, quem *somos* nós?". Mais adiante, acrescenta: "No que nos diz respeito, não somos 'os que conhecemos'". Para saber quem somos, deveremos procurar pelo viés da moral. Na segunda parte de *A genealogia da moral*, Nietzsche faz uma "desmontagem" ou uma "desconstrução" que é, ao mesmo tempo, uma desmistificação da noção de *responsabilidade*. Isso o leva a uma gênese da "pena", passando também pela noção de "culpa" ou "dívida".

"Criar um animal para o qual seja *lícito fazer promessas*, não é essa a tarefa paradoxal que se impôs a natureza com relação ao homem? Não é esse o verdadeiro problema *do* homem?"[8] Esse é o autêntico problema, porque existem forças poderosas que atuam contra a possibilidade de *fazer promessas*. A capacidade do *esquecimento* não é uma força paralisante (*vis inertatiae*), mas uma força ativa, diligente, impulsora. O esquecimento é uma faculdade de inibição, uma assimilação anímica. Em nossa consciência permanece unicamente o assimilado, o assumido. Em função disso, é rejeitado o não elaborado. É como se fossem fechadas as portas e janelas para uma grande parte do vivido, para poder aceitar, assimilar coisas novas, inclusive, para poder sobreviver. O esquecimento é como a digestão corporal: tritura, pulveriza, desfaz as experiências, assimila-as. Assim como o corpo decompõe a comida e a despede permanecendo somente com o pouco que realmente lhe serve, a consciência tritura as experiências, conservando somente o que lhe é útil, aquilo que lhe permite seguir adiante.

O esquecimento é como um guardião que trata de manter a ordem anímica para que a felicidade tenha lugar. Sem capacidade de esquecimento não haveria felicidade, nem jovialidade, nem esperança, nem sequer orgulho. De que poderia me orgulhar se continuamente recordasse todas as minhas humilhações? Que esperança me pode restar se diante de mim aparecessem todos os meus fracassos, como se estivessem projetados em uma tela? Que jovialidade poderia se manter se recordasse todas e cada uma de minhas caduquices? Nosso organismo está estruturado de maneira oligárquica. Oligárquico como governo de uns poucos, pois se trata do pouco que resta ao organismo para poder se governar com

---

8 Nietzsche, *La genealogía de la moral*, p.65. [Na edição brasileira, p.47. – N. T.]

eficácia. A respeito do vivido, o homem é oligárquico. Somente lhe restam algumas poucas recordações: aquelas que lhe possibilitam seguir vivendo, aquelas que lhe permitem sair do inferno do desespero.

Nietzsche compara o homem no qual não funciona bem a capacidade do esquecimento a um dispéptico, alguém que não digere, não assimila. Esse ser, forçosamente, tem de estar mal-humorado, entristecido, inclinado ao pessimismo. Somente esquecendo se pode *viver* o presente. Eis aqui o paradoxo: o animal esquecido por natureza, focado na vigorosa saúde do esquecimento, desenvolveu, em si, uma faculdade oposta: *a memória*. Com ela, a capacidade do esquecimento é colocada em suspenso. "Criar um animal para o qual é lícito fazer promessas." Isso é, para Nietzsche, uma grande contradição. Fazer promessas é algo estranho e antinatural. Não somente é um engasgamento, uma má digestão de algo que não foi assimilado, que não foi esquecido, como também seguir conservando esse algo ativamente. Essa palavra "conservar" é outra maneira comum de aludir às promessas: "conservar a palavra", "manter a promessa". Conservar, empenhar, manter a promessa é seguir querendo o querido. Pergunta-se Nietzsche de onde saiu esse aborto, quem espontânea e autenticamente, pode – para sempre – continuar querendo o querido.

Os seres humanos têm a capacidade de esquecer. Ela deve ser abandonada quando são feitas promessas. Não se trata de algo passivo, de algo que permaneceu aí gravado e não se pode tirar de cima. Não é algo que "me penetrou" e, simplesmente, está aí. Não é um simples depósito. É um *ativo* não querer-voltar-a-libertar-se, seguir querendo no tempo, uma *autêntica memória da vontade*. De maneira que entre o originário "eu farei", "eu quero", e chegar ao ato, o fazer efetiva a vontade (transcorrido o tempo), há um mundo de coisas e circunstâncias. No momento em que se promete, pode-se querer realmente o que se promete. Há uma disposição para levar a termo o que, então, se deseja com toda a alma. Deseja-se fortemente aquilo que está sendo prometido. Parece impossível que – mais tarde – se possa deixar de querer isso que – agora – se quer com tanta intensidade. Não quero outra coisa mais que isso. Desejo-o, cumprirei. Mas, na sequência, devo seguir vivendo. Devo ir embora. Fecho a porta. Caminho. Encontro-me com outras pessoas, com outras circunstâncias. Durmo, alimento-me, gratifico-me, sofro, vivo enfim. Um mundo de circunstâncias e de coisas afasta-me naturalmente, quase sem me dar conta daquele momento da promessa. De repente, tenho de cumprir a promessa. *Minha* promessa, a que *eu* fiz. Não obstante, que tenho *eu* que ver com o *eu* que era quando fiz a promessa? Por que teria de cumprir hoje aquela promessa distante? Quando fiz a promessa *realmente* queria cumpri-la. Mas hoje meu desejo já não é aquele. No lapso transcorrido entre o momento no qual prometi e este, no qual deveria cumpri-la, fiz outras promessas. Eram tão autênticas, em seu momento, como foi autêntica a que fiz antes e agora me parece estranha. Quão estranhas me parecerão, talvez, as demais promessas que, não obstante, desejava cumprir quando as formulei.

Esse *dispor antecipadamente* o futuro pressupõe várias coisas. O homem não pode abruptamente ter chegado a antecipar-se ao que ainda não é. Para que isso ocorresse, o homem teve de se tornar *calculável, regular, necessário*. Para comprometer-se, para representar a si mesmo como futuro e formular promessas, o homem teve de se constituir em um ser regrado. Há um trabalho do homem sobre si mesmo realizado no mais longo período de constituição do gênero humano. Esse trabalho é chamado "pré-histórico" por Nietzsche. É o que justifica essa estranha capacidade de fazer promessas. Está amassado com dureza, tirania, estupidez e idiotismo. É uma verdadeira camisa de força social que conseguiu que o homem se tornasse calculável.

Toda ideia nova que se impõe, que se imprime no homem, leva o selo da loucura. Impor um costume é loucura. Existem ritos absurdos, cuja única finalidade é lembrar que se deve seguir conservando os costumes. Nietzsche cita certos rituais que, em algumas culturas, não têm finalidade aparente. Sua finalidade, conclui, é manter a recordação do cumprimento dos costumes. Obrigou-se o homem a tornar-se uniforme, ajustado a regras, necessário, quer dizer, calculável.

Foi mediante um longo processo que o homem, como calculável, torna-se *responsável*. Ter responsabilidade é o orgulhoso reconhecimento de uma estranha liberdade sobre si mesmo e sobre seu destino. Posso dispor de meus atos futuros. Faço promessas. De certo modo, sou *dono* de meu destino. Eu o decido, já que posso dispor do que farei amanhã. O responsável olha com desdém os "cachorros magros" que não cumprem com sua palavra. A responsabilidade foi gravada no homem de tal maneira que se converteu em *instinto*; esse instinto é chamado *consciência*.

Como se chegou à consciência? Como se gestou esse instinto antinatural? Como se transformou esse entendimento obtuso, atordoado, com capacidade ativa de esquecimento, em algo que promete e recorda? Somente pôde ser mediante a *dor*. "Apenas o que não cessa de *causar dor* fica na memória."[9] A partir dessa concepção nietzschiana se poderia pensar um exemplo: existem vários acontecimentos agradáveis em um dia, mas é suficiente que se produza um ingrato para que ele marque meu dia. Esse acontecimento desagradável é o que merece a pedra preta dos latinos.[10] A dor marca mais que a alegria. Os homens descobriram o indelével da dor.

Os sacrifícios, as mutilações, todos os cruéis rituais têm origem quando o homem descobre que a dor é um poderoso meio para auxiliar a memória. Nietzsche ironiza utilizando uma frase que estava em voga em sua época: "Alemanha, povo de pensadores e poetas". Basta lançar um olhar às antigas regras penais para dar-se conta do esforço em sangue e martírio que custou forjar um povo de pensadores. Um povo sério, objetivo, confiável e de mau gosto. Inventaram-se suplícios terríveis para dominar os "baixos" instintos plebeus e a incivilidade desse povo. Instrumentalizou-se o suplício da roda, o esquartejamento, o ato de ferver uma pessoa com azeite ou vinho, o esfolamento vivo, entregar um corpo envolto em mel ao sol e aos

---
9   Ibid., p.117. [Na edição brasileira, p.50. – N. T.)
10 Referência à expressão latina *"Nigro notanda lapillo"* (a ser assinalado com pedra preta), utilizada pelos antigos para designar os dias funestos marcados por uma infelicidade, durante os quais quaisquer festas ou comemorações eram proibidas. (N. T.)

insetos. Esses procedimentos acabaram por fazer reter na memória cinco ou seis "não quero". Esses constituem laços entre os homens que lhes permitem gozar das vantagens da sociedade. Com essa "ajuda-memória" chegou-se à *razão*, à *reflexão* e ao *domínio dos afetos*. Nietzsche joga com os dois sentidos que tem em alemão a palavra *Schuld* ("culpa" e "dívida"). Durante muito tempo foram impostas penas, não com a ideia de *Schulden*, de ter dívidas, mas pelo impulso furioso que gera um prejuízo sofrido. Não se tratava, então, de "fazer pagar", mas de descarregar a cólera do agravado. Isso começa a ser modificado quando surge a ideia de que todo prejuízo tem seu equivalente e pode ser compensado, inclusive com dor. Nas margens da relação credor-devedor constitui-se o *sujeito de direito*, o qual remete às relações de compra, venda, troca, comércio, tráfico. Nessas relações encontra-se a origem da promessa. Deve-se forjar uma memória capaz de fazer promessas. O devedor, para infundir confiança no credor, oferece garantias: seu corpo, sua mulher, sua vida, a salvação de sua alma. Esse feixe de relações de forças, por um lado, e de formação de conceitos, ideias ou noções, por outro, é reelaborado, no pensamento de Foucault, como diagramas que interagem com estratificações, como relações de poder que operam com formas de saber e implicando-se mutuamente.

Em *A genealogia da moral* considera-se o fato de que houve taxações legalmente estabelecidas a respeito da quantidade de carne que havia de cortar ou com que parte do corpo pagar o credor. A Lei das Doze Tábuas estabelece que seja cortado "mais ou menos" segundo a dívida e que não se deve cometer fraude ao cortar. Se me deves e não podes pagar, me pagas com teu trabalho, tua mulher ou teus bens. Se não possuis nenhuma dessas coisas, me pagas com um pedaço de tua carne, ou com o espetáculo do teu suplício, ou com teu cadáver. Há um deslocamento que vai da compensação da dívida ao sentimento de bem-estar que me produz sentir que o devedor sofre. Nada posso fazer em meu benefício econômico com um pedaço de carne humana. Mas me gratifico ao ver o devedor sofrer.

Se o credor é da classe baixa, sua crueldade é maior. Fica-se contente com essa deliciosa porção que lhe permite desfrutar de um "direito de senhores". Humilhar o outro o faz sentir superior. Hegel dizia que nada grandioso no mundo é feito sem paixão. Nietzsche considera que nada grandioso foi feito sem estar, no seu começo, salpicado de sangue. O imperativo categórico kantiano também cheira à crueldade. É muito longo o caminho que o homem teve de percorrer para chegar a anjo. Nesse penoso caminho, seu estômago e língua foram deteriorados. Essa é a causa pela qual lhe repugna a alegria e a inércia do animal. A vida, para o homem, torna-se insípida. Sem crueldade, sente que não há festa. A verdadeira festa é fazer sofrer. Por outra parte, a consciência é uma produção humana, segundo foi sendo incrementada e tornando-se mais aguda a consciência da dor.

Nessa trama também se tece o consolo, o qual tem dois graus. O primeiro: o homem vê em todo mal-estar, em toda calamidade, algo pelo qual deve fazer sofrer o outro, seja quem for; desse modo é que se dá conta do poder que ainda tem, e isso o consola; segundo: o homem vê em todo mal e em toda calamidade uma espécie de castigo, quer dizer, a expiação da falta e o meio de livrar-se do "azar", de um feitiço real ou imaginário. Isso ocorre a respeito do próprio sentimento. A respeito do sentimento alheio, Nietzsche sustenta que ver sofrer produz bem-estar, fazer sofrer mais ainda – esta é uma tese dura, mas é um axioma antigo, poderoso, humano, demasiado humano. Sem crueldade não há festa: assim ensina a mais antiga, a mais longa História do homem. Na pena há muitos *elementos festivos*.

A moralização conseguiu que o homem se envergonhasse de seus instintos. O absurdo do sofrimento provoca o impulso de procurar sentido no sofrimento. Para o cristão, o sofrimento não é absurdo porque introduz nele toda uma maquinaria de salvação. Tampouco o era para o ingênuo homem arcaico, que inscreveu o sofrimento em relação com o espetáculo que oferecia ou àqueles que o causavam. Foi a necessidade de espectadores secretos que levou o homem a inventar deuses para dar sentido a seus sofrimentos. Possivelmente, algumas de nossas invenções de hoje são substitutas daquelas invenções originárias de justificação da dor: a vida como enigma ou como problema de conhecimento. As crueldades (por exemplo, da época homérica) eram "festivais para os deuses"; para Nietzsche, como os gregos pertenciam a um povo de atores, na época clássica – quando já não tinham os deuses como espectadores – os filósofos inventaram a moral. Esses "amigos dos deuses" criaram a vontade livre. A Grécia monta o grande espetáculo da moral. O modelo da "moral como espetáculo" foi tomado por Foucault para a análise do "castigo como espetáculo" no Antigo Regime. Para os gregos, os espectadores eram os deuses; para a Idade Neoclássica europeia, será o povo. Também em Foucault o espetáculo se tornará secreto. Paredes serão levantadas ao redor do patíbulo. Juízes e reformadores sentirão o "pudor de castigar". A vingança será revertida em "recuperação social".

Nietzsche, quando realiza a genealogia do orgulho, atribui muita importância à visão. No pensamento de Foucault, a visão, *o visível*, adquire um papel fundamental. Trata-se, nada menos, de uma das formas constitutivas do saber. A outra forma, *o dizível*, é também tributária da genealogia nietzschiana. Nietzsche, em geral, parte do dizível para realizar suas análises genealógicas. Mas nunca deixa de lado o visível (espetáculo, tortura, exemplaridade). O visível, em Foucault, atua paralelamente com o dizível – e com primazia deste – na estratificação dos saberes. Olhar e palavra são analisados por Nietzsche quando aborda a temática do orgulho. O homem designa-se como o ser que *mede* valores. A compra e venda (permuta, intercâmbio) é mais antiga que qualquer outra forma de organização social.

Na medida em que, para Nietzsche, os sentimentos, os conceitos e os ideais são resultado de práticas históricas e surgiram em determinado momento, não remetem à nenhuma eternidade. Eis aqui o gérmen da categoria foucaultiana de *descontinuidade*. Contudo, há formas sociais que permanecem ou ressurgem. Foucault preocupou--se especialmente com os ressurgimentos e com as permanências de práticas similares atravessadas por sentidos diversos (um exemplo do primeiro, a indagação como forma jurídico-cognitiva; do segundo, a relação com o próprio corpo em diferentes épocas). A descontinuidade refere-se aos cortes de significação, de sentido, de "progresso". Nega-se que uma teleologia transcendental percorra ou atravesse os fatos históricos. Quanto aos próprios fatos e ao sentido que em cada momento lhes é atribuído, podem se constituir de modo similar.

A comunidade que, em determinado momento, atribui uma importância especial a certas infrações, em outros momentos tolera--as ou, inclusive, fomenta-as. Isso, segundo Nietzsche, pode ser rastreado no desenvolvimento do direito penal. A partir dele, "não é concebível uma sociedade com tal *consciência de poder* que se permitisse o seu mais nobre luxo: deixar *impunes* os seus ofensores".[11] A partir dessa consciência, Nietzsche chega à noção de *graça*, quer dizer, o privilégio que podem dar os mais poderosos. Ele leva, entre outras coisas, à aceitação generalizada de algumas "irregularidades". Foucault detecta essa prática em nossas sociedades.

> Creio, efetivamente, que a grande intolerância da população com respeito ao delinquente, que a moral e a política do século XIX haviam tentado instaurar, está se desintegrando. Aceitam-se cada vez mais certas formas de ilegalismo, de irregularidades. Não apenas aquelas que outrora eram aceitas ou toleradas, como as irregularidades fiscais ou financeiras com as quais a burguesia conviveu e manteve as melhores relações, mas essa irregularidade que consiste, por exemplo, em roubar um objeto numa loja.[12]

Nietzsche, ao fazer a genealogia da *penalidade*, afirma que o que menos importa, em uma primeira instância, é o dano imediato que o devedor causou (como acreditavam os genealogistas ingleses). O que não paga é, antes de tudo, um "infrator". Alguém que rompe com a totalidade estabelecida pelo contrato. Por isso, não somente perderá as vantagens que a sociedade oferecia-lhe como também lhe será lembrada a importância de viver dentro da lei. Como se faz isso?

---

11 Ibid., p.62. [Na edição brasileira, p.83 – N. T.]
12 Foucault, *Microfísica del poder*, p.92. [Na edição brasileira, p.134. – N. T.]

Nietzsche responde que é expulsando-o para fora da lei. A "pena" é, nesse nível dos costumes, simplesmente a cópia do comportamento normal diante do inimigo odiado, desarmado, subjugado, quem perdeu não somente todo direito e proteção, mas também toda graça: quer dizer, o direito de guerra e a festa da vitória. Assim se explica que a mesma guerra (incluído o culto dos sacrifícios guerreiros) tenha produzido todas as formas pelas quais a pena se apresenta na História. O que foi sendo incrementado cada vez mais no desenvolvimento do direito penal é a consideração de que todo delito é pagável. Essa generalização – grosseira, para Nietzsche – tem seu ponto de partida em uma moral tosca de mercadores.

Outra crítica que Nietzsche faz aos mercadores ingleses tem a ver com a confusão entre *finalidade* e *causa*. Eles descobrem, ou acreditam descobrir, uma finalidade em uma prática e, logo, remetem-na à causa dessa prática. A vingança, por exemplo, é descoberta como a utilidade (finalidade) da pena e, automaticamente, é estabelecida como a *causa* da pena. Para Nietzsche, a causa genealógica de algo e sua finalidade são coisas totalmente separadas. Pode-se conhecer a utilidade de algo e ignorar totalmente sua causa. Assim como o olho estava feito para ver e a mão para pegar, também a pena foi imaginada desse modo, como se houvesse sido inventada para castigar. O desenvolvimento de algo, mais que um progresso rumo a uma meta, é uma sucessão de sujeições e resistências, assim como o resultado da realização de ações contrárias. O progresso aparece sempre em forma de uma vontade e de um caminho em direção a um *poder maior*, e impõe-se sempre ao custo de inumeráveis poderes menores. Eis aqui um dos suportes teóricos de Foucault para sua elaboração de uma "microfísica do poder" e sua crítica à noção de progresso.

Nietzsche leva em consideração, especialmente, dois aspectos da pena:

- a *durabilidade* da mesma (certa sequência rigorosa de procedimento);
- o *fluido* (o sentido, a finalidade, as expectativas que são depositadas nela).

Também esses dois aspectos são levados em consideração por Foucault em seus estudos sobre as formas jurídicas através do tempo, tanto a respeito de suas continuidades ou ressurgimento quanto de suas descontinuidades. Em relação ao fluido, ao sentido, ou à finalidade da pena, Nietzsche descobre uma multiplicidade de atribuições possíveis. Produz uma lista (que considera incompleta) de alguns sentidos da pena. Considera que essa lista deve se imprimir em uma espécie de quadro de dupla entrada, porque alguns sentidos podem coincidir no tempo e outros foram sendo dados "através" do tempo. Pode-se reconhecer aqui uma das vertentes da noção foucaultiana de "verticalidade dos discursos", segundo a qual podem ser encontradas coincidências em âmbitos diversos, assim como diferenciações em um mesmo âmbito, em uma mesma época. E a mesma coisa pode ocorrer em épocas dessemelhantes, quando emergem formas de outros períodos rastreáveis historicamente e não necessariamente sucessivas.

Algumas das finalidades da pena, para Nietzsche, seriam:

- neutralização dos perigos;
- impedimento de um dano posterior;
- ressarcimento ao prejudicado;
- isolamento para prevenir uma perturbação do equilíbrio;
- para inspirar temor;
- para compensar com dor supostas vantagens desfrutadas;
- para segregar (como exclusão);
- para gozar (como festa);
- para fazer lembrar (imprimir uma "memória");
- como pagamento de honorários;
- como vingança;
- como declaração de guerra;
- como estimuladora de remorso.

Em relação ao remorso, Nietzsche pensa que a pena possuiria o valor de despertar o sentimento de culpa (má consciência). Paradoxalmente, "entre prisioneiros e criminosos, o autêntico remorso é algo raro ao extremo, as penitenciárias e casas de correção *não* são o viveiro onde se reproduz essa espécie de vermes roedores".¹³ Foucault parece comentar Nietzsche quando escreve:

> Desde 1820 constata-se que a prisão, longe de transformar os criminosos em gente honesta, serve apenas para fabricar novos criminosos ou para afundá-los ainda mais na criminalidade. [...] A prisão fabrica delinquentes.¹⁴

De qualquer maneira, essa última frase constitui um lugar comum nos discursos reformistas desde a metade do século XIX.

Nietzsche considera que nem sempre o infrator foi pouco vulnerável ao sentimento de culpa. Este, antes, foi bloqueado pela pena (o castigo). Em síntese, a pergunta do condenado seria: "Como poderia me sentir culpável, se a justiça faz comigo coisas piores do que eu já fiz, e o faz sob o nome da boa consciência?". Em definitivo, Nietzsche considera que a pena pode chegar a domesticar, mas não a melhorar. Isso parece preanunciar os estudos foucaultianos da domesticação (ou pretensa domesticação) por meio da disciplina, do controle e da ortopedia, própria de uma sociedade organizada segundo células de vigilância.

A alma, para Nietzsche, é uma espécie de *interiorização* de tudo aquilo que, no homem, deveria ser exteriorizado. Todos os instintos que não se desafogam para fora se *voltam para dentro* – é o que Nietzsche chamou uma interiorização do homem. Tal interiorização permitiu que seja desenvolvida o que mais tarde será denominado a "alma". Essa noção está na base da noção de "dobra" de Foucault: *o sujeito é uma dobra da exterioridade*. Essa especial relação entre o fora e o dentro poderia ser assim representada:

---

13 Nietzsche, *La genealogía de la moral*, p.319. [Na edição brasileira, p.70. – N. T.]
14 Foucault, *Microfísica del poder*, p.90. Trata-se também da temática geral do capítulo IV de *Vigiar e punir*. [Na edição brasileira, p.131-2. – N. T.]

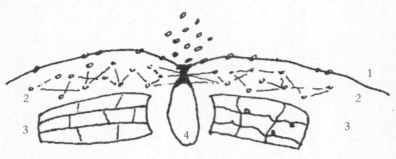

1. Linha do fora
2. Zona estratégica (poder)
3. Estratos (saber)
4. Dobra (zona de subjetivação)[15]

Nietzsche, em *Genealogia da moral*, explicita o conceito de ruptura a respeito da má consciência. Essa noção – que se pode fazer extensiva a toda sua concepção genealógica – tem o sentido do não progresso das ideias, dos sentimentos, dos ideais, das práticas. O que acontece hoje não se produz como um crescimento orgânico no interior do homem, da razão ou da necessidade histórica. Há ruptura, salto, ressentimento. Nos outros, a violência exercida por um grupo forte impõe-se a um grupo frágil. O grupo que consegue dominar é o que está dotado de um *grande instinto de liberdade*, quer dizer, aquilo que, para Nietzsche, significa vontade de poder. Tais submissões possibilitaram o Estado, e não um contrato a respeito do qual os homens puseram-se de acordo. Os que sabem mandar são artistas involuntários que criam formas instintivas. E assim, involuntariamente, concertam um domínio sem culpa. Além disso, são demasiado convincentes para serem odiados, ou para que o ódio chegue até eles. A *matéria* sobre a qual é desatada essa força

---

15 Deleuze diz: "Como o pensar poderia inventar uma moral, se o pensamento não pode encontrar nada em si mesmo, exceto esse lado de fora do qual provém e que reside nele como 'o impensado'?" (Deleuze, *Foucault*, p.153) [na edição brasileira, p.128. – N. T.]. A resposta é que o pensamento se afeta a si mesmo ao descobrir o fora como seu próprio impensado. A subjetivação é uma dobra, uma invaginação do fora, ou seja, dos poderes e dos saberes de época a partir dos quais nos constituímos. A zona da liberdade é a peculiar relação que cada um estabelece consigo mesmo. O esquema, feito por Foucault – e aqui ligeiramente modificado –, é fornecido por Deleuze na obra citada.

configuradora é o homem em si mesmo e não nos outros homens. Essa ideia é retomada por Foucault em sua concepção ética, a que parece preanunciar-se nas seguintes palavras de Nietzsche:

> Essa oculta violentação de si mesmo, essa crueldade de artista, esse deleite em se dar uma forma, como a uma matéria difícil, recalcitrante, sofrente, em se impor a ferro e fogo uma vontade, uma crítica, uma contradição, um desprezo, um Não [...] também fez afinal [...] vir à luz uma profusão de beleza e afirmação nova e surpreendente, e talvez mesmo a própria beleza [...].[16]

A beleza só pôde surgir quando existiu consciência da contradição. Da mesma forma tiveram origem todos os demais valores. Nietzsche conclui que o prazer do abnegado está baseado na crueldade, já que somente o prazer de maltratar a si mesmo pode gerar o valor do não egoísmo. Essa ideia parece sugerir a Foucault a noção de força reativa. O diagrama constitui-se segundo forças impressas sobre uma matéria. Essa também é força, mas, à diferença da força anterior, não é ativa e sim passiva. Na interação de ambas, surgem novas formas. As que interessam a Foucault são a loucura, a clínica, as ciências sociais. As que preocuparam Nietzsche foram o Estado, a beleza, os valores. Para este último, a partir desse jogo de forças surgiu também a "má consciência". Noção que emerge do rastreamento da relação entre devedor e credor no direito privado. Os povos, quando crescem, sentem-se devedores de seus antepassados. Assim como o devedor singular chega a sentir culpa em relação ao seu credor – por causa dos métodos que este utilizou para imprimi-la –, os povos sentem culpa em relação a seus superiores. Essa dívida gera homenagens, tributos e até sacrifícios humanos em honra dos antepassados. Gera-se uma "má consciência" que é capaz de converter um antepassado em deus. Nietzsche acredita que talvez esteja aí, inclusive, a origem dos deuses, ou seja, uma origem por *temor*. A noção de má consciência ingressa, então, no

---

16 Nietzsche, *La genealogía de la moral*, p.100. [Na edição brasileira, p.76. – N. T.]

terreno da moralização. A dívida com o antepassado gera culpa ao haver procriado a ideia de dever (o que devo). Há uma inversão dessas noções e uma interiorização: surge a moral (o fora no dentro, dirá Foucault). A relação com os antepassados, concebida por Nietzsche, contribuiu para a formulação foucaultiana da dobra da moralidade individual: o sujeito como coágulo da exterioridade. Foucault realizou uma leitura sistemática de Nietzsche entre os anos 1964 e 1968. Em 1965, produziu "Nietzsche, Marx e Freud". Em 1971, "Nietzsche, a genealogia e a História". Em 1973, assume totalmente a influência nietzschiana em sua obra:

> Teria sido possível, e talvez mais honesto, citar apenas um nome, o de Nietzsche, pois o que digo aqui só tem sentido se relacionado à obra de Nietzsche, que me parece ser, entre os modelos de que podemos lançar mão para as pesquisas que proponho, o melhor, o mais eficaz e o mais atual.[17]

Ainda que seja na etapa genealógica, quando mais diretamente encontra-se essa influência, a mesma não estava ausente na arqueologia (crítica à noção de progresso, assinalação de descontinuidades, buscas históricas a partir de emergentes atuais), nem o estará tampouco na perspectiva ética (constituir a si mesmo, rastreamento de práticas aparentemente similares, relações entre o saber e o poder). Inclusive, Foucault, tão cético com respeito às altas especulações e tão apegado ao seu "positivismo", não conseguiu furtar-se à fascinação do "mais elevado" dos pensamentos de Nietzsche: o eterno retorno. A ideia do *retorno* cintila em diferentes lugares da obra de Foucault:

- a linguagem que se perde e volta a se encontrar com seu ser;
- os espaços de saber que se rearmam na sequência de cada giro de caleidoscópio;

---

17 Foucault, *La verdad y las formas jurídicas*, p.19. [Na edição brasileira, p.9. – N. T.]

- as forças que, ao produzir ilimitadas combinações, produzem similares esquemas de poder;
- as desventuras da diferença e o retorno do Mesmo.

O *super-homem* aparece alegoricamente ao final de *As palavras e as coisas*. Um panorama de términos permite espreitar leves traços de algo novo. O último homem anuncia que matou Deus. A morte de Deus, a morte do homem. O homem que matou Deus deve responder por sua própria finitude. Esse homem deve ser superado.

Outra das temáticas tributárias de Nietzsche, em Foucault, é a problemática do *corpo* como receptor de disciplinas e eixo fundamental dos dispositivos de saber-poder. Nietzsche se propôs a realizar uma genealogia da moral moderna a partir da história política dos corpos. Sobre eles foram aplicadas tecnologias de castigo, sob a nebulosa consciência de que somente aquilo que não deixa de doer permanece na memória. Como foi visto, para Nietzsche, a capacidade de fazer promessas foi se impondo ao homem, em seu corpo, por meio de tormentos. Foucault, em *Vigiar e punir*, transcreve o relato pormenorizado do suplício de Damiens (em 1757), o regicida que recebe em seu corpo, inclusive depois de morto, marcas suficientes para que os que o vejam "saibam" o que acontece àqueles que se atrevem a desafiar a lei. O castigo ainda é espetáculo. Foucault opõe ao suplício de Damiens o regulamento para a Casa de Jovens Delinquentes em Paris (em 1832), no qual prevalece o emprego que se deve fazer do *tempo* do condenado. Já não se trata do corpo castigado, mas do corpo controlado. A justiça penal, a partir do final do século XVIII, assiste a uma nova era: grandes reformadores judiciais, desaparecimento paulatino dos suplícios, supressão do castigo como espetáculo (ainda que se siga castigando em segredo e com outras características), controle do tempo dos condenados. É a certeza de ser castigado que deve afastar do crime, e não mais o teatro abominável; a mecânica exemplar do castigo muda suas engrenagens, da mesma forma que *Na colônia penitenciária*, de Franz Kafka, na qual, quando o antigo regime deixa de ter vigência, a máquina de castigar se autodestrói.

Uma surda consciência de culpa parece surgir em certos discursos processuais do fim do século XVIII. É feio ser digno de castigo, mas pouco glorioso castigar. Em troca, é louvável corrigir, encarrilhar, curar, encaminhar. Por isso a pena trocará de signo: já não se tratará de castigar, mas de vigiar. Melhor dito, continua havendo castigo, mas não mais como espetáculo no qual a justiça se mostrava encarnada no corpo do condenado. Agora, o castigo estará centrado, antes, na supressão dos direitos do condenado, em sua canalização com fins "elevados". Não na barbárie de uma vingança cruel, mas no aproveitamento da reclusão, das privações, dos trabalhos, das disciplinas. Tudo isso possibilitará ao delinquente um futuro conforme a ordem estabelecida. E se o delinquente deve morrer (já que a pena de morte subsiste), permanecerá "decorosamente" assistido até o derradeiro momento.

A máquina, ao mudar, não somente modifica sua disposição a respeito do condenado e das atitudes de legisladores e teóricos, mas também altera a anatomia imediata do sofrimento. Desaparecem os guardiões rudes e os raivosos torturadores e carrascos. Agora, o condenado é "assistido" por um exército de vigilantes de carreira, médicos, capelães e educadores (mais adiante serão agregados psiquiatras e psicólogos). O exame sobre os corpos torna-se refinado (controle do tempo, maneira de comportar-se na prisão, regulação do trabalho etc.). Além disso, são aperfeiçoadas as tecnologias de execução: são instalados os artefatos de fazer justiça dentro dos cárceres (já não mais em lugares públicos); os condenados são transladados em carros fechados (já não exibem de maneira despudorada suas figuras em marchas carnavalescas de detentos); são obrigados a trabalhar em lugares fechados (não mais nas rodovias, promiscuamente misturados com outras pessoas); a força é aperfeiçoada e é criada a guilhotina. Esse novo instrumento aplica a lei mais a um sujeito jurídico do que a um corpo real capaz de dor, possuidor do direito de existir, entre outros. A guilhotina pretendia ter a abstração própria da lei.

Os elementos visíveis da lei cobrem-se com um véu de pudor. Os grandes rituais sangrentos não são próprios de algo tão imaterial como a própria lei. Durante o século XIX desaparecerão os símbolos exteriores. Como nas narrações de Kafka, a lei torna-se cada vez mais abstrata, mais longínqua, mais sutil. Começa a cobrar força a noção de castigo não corporal. Não obstante, mantém-se um fundo "torturante" nos mecanismos modernos da justiça criminal; um fundo que não está completamente dominado, mas se encontra envolto, cada vez mais amplamente, por uma penalidade do não corporal. O castigo devia incidir mais sobre a alma que sobre o corpo.

Aponta-se a alma. Chega-se à alma através do corpo. Por isso, ainda que as bandeiras que se levantam são a *reforma* do ser do homem desgarrado e a *recuperação* do delinquente, trabalha-se somente sobre o corpo. Como o corpo está imerso em um campo político, as relações de poder agem sobre ele. O corpo se converte em força *produtiva*; para isso ele é *submetido*. Isso o converte em *força útil*. Constitui-se uma "tecnologia política" do corpo, configurada por um saber e um domínio que se exerceria sobre o corpo dos condenados. Dita tecnologia se encontra também em escolas, asilos, fábricas, famílias, ou seja, difundida pela sociedade em geral. Para encontrar seus fragmentos ou reaparições ou continuidades ou séries, Foucault considera que se deve realizar uma "microfísica do poder".

Ora, o estudo dessa microfísica supõe que o poder nela exercido não seja concebido como uma propriedade, mas como uma estratégia, que seus efeitos de dominação não sejam atribuídos a uma "apropriação", mas a disposições, a manobras, a táticas, a técnicas, a funcionamentos; que se desvende nele antes uma rede de relações sempre tensas, sempre em atividade, que um privilégio que se pudesse ter; que lhe seja dado como modelo antes a batalha perpétua que o contrato que faz uma cessão ou a conquista que se apodera de um domínio.[18]

---
18 Foucault, *Vigilar y castigar*, p.33. [Na edição brasileira, p.26. – N. T.]

O poder está constituído por um conjunto de dispositivos estratégicos a serem exercidos, mais do que objetos de posse de alguém. Além disso, não é "privilégio" de uma classe; há interação entre as diferentes forças que constituem as relações de poder. Essas relações não são unívocas; definem antes pontos de enfrentamento, de luta e de eventuais reversibilidades entre as forças (ativas e reativas). A circulação dos micropoderes não opera pelo "tudo ou nada"; os micropoderes atravessam as relações de forças como o movimento ondulatório de uma rede lançada ao vento. Foucault analisará sua trama a partir do influxo do legado nietzschiano.

Os dispositivos de poder

Para Foucault, o poder não é uma forma nem uma confluência de formas como o saber. No saber conjugam-se o visível e o enunciável. O poder, pelo contrário, não é algo singular nem bipolar, mas *múltiplo*. Trata-se de um jogo de forças. A força não tem outro objeto nem sujeito além da própria força. A relação de forças que Foucault chama "poder" excede a violência. Esta está dirigida a objetos aos quais destrói ou muda, enquanto as forças têm como objetos outras forças. Seu ser é a relação. Pode-se conceber uma lista (incompleta) de relações de poder (ou forças) que compreende ações sobre ações: incitar, induzir, desviar, facilitar, dificultar, ampliar ou limitar, tornar mais ou menos prováveis. Essas são as categorias do poder. As relações de poder caracterizam-se pela capacidade de uns para poder "conduzir" as ações de outros. É uma relação entre ações, entre sujeitos de ação. Se um dos participantes não é livre (por exemplo, na escravidão), inexiste uma verdadeira "relação" de poder; há aí "saturação" em uma das partes. Para que se efetuem realmente relações de poder, é indispensável a liberdade dos participantes. Uma relação de poder é da ordem da luta, mas não da luta *antagônica* e sim *agônica*; uma incitação recíproca, uma "provocação" permanente. O poder é, antes, da ordem da "governamentalidade", no sentido de que estrutura o campo de ação dos outros. Foucault prefere estudar as instituições a partir da maneira em que se exerce o poder nelas e não o poder a partir das instituições. Essas últimas são determinadas por seus diagramas de forças. Os teóricos, em geral, buscaram no *pacto* o modelo primitivo que permita explicar os equilíbrios ou desequilíbrios do poder. Especulava-se sobre o poder. Mas não se analisava sua mecânica. Isso é, precisamente, o que tentará Foucault: analisar os mecanismos de onde surge aquilo que chamamos "poder". Sua pergunta é sobre o modo em que se exerce o poder; para isso, percorre as práticas militares, escolares, laborais, carcerárias, isto é, as práticas disciplinares. As relações de forças, tais como se desdobram a partir de sua analítica do poder, apresentam-se como uma composição no espaço e no tempo. A partir do estudo desse desdobramento, Foucault extrai as seguintes teses:

- o poder passa através de dominados e dominantes;
- o poder não é uma propriedade, é uma estratégia; não se possui, se exerce;
- poder e saber são de natureza diferente, mas interagem;
- o poder, em essência, não é repressivo. É produtivo.

As forças do poder definem-se por sua capacidade de *afetar* os outros. Estes, por sua vez, têm capacidade de *resistência*. Há efeitos ativos e reativos. Os primeiros são da ordem de "incitar", "suscitar", "produzir", "obrigar"; os segundos, de "ser incitado", "ser suscitado", "ser obrigado a produzir". Os segundos *não* são o reverso dos primeiros (ainda que pareçam), mas o oposto irredutível, à medida que e enquanto a força afetada tiver capacidade de resistência. Mas a "corrente" não é unilateral. Cada força pode afetar e ser afetada por outra. Por isso implica relações de poder; todo campo estratégico distribui as forças em função dessas relações e de suas variações. São estabelecidos diagramas.

O diagrama não é uma estrutura. É um sistema físico instável em contínuo desequilíbrio. É a exposição das relações de forças que compõem o poder. A análise das redes disciplinares (por exemplo, o panoptismo) permite desentranhar as articulações diagramáticas. Em *Vigiar e punir*, a função *disciplinar* consiste na imposição de tarefas ou condutas a uma multiplicidade pouco numerosa em um espaço pouco extenso. Em *A vontade de saber*, a função é de *gestão* e *controle* da vida exercida sobre uma multiplicidade numerosa (população) e um espaço extenso.

Saber e poder pressupõem-se reciprocamente. Os diagramas sem formas seriam virtuais, e as formas sem diagramas não se combinariam. A primazia do poder deve-se ao fato de as duas formas do saber (ver-dizer) constituírem sua relação de forma indireta. Integram-se nos interstícios, cujas condições estão dadas pelas forças. A *problematização* surge da não adequação ou da não sincronização entre o visível e o enunciável. Não porque a palavra seja imperfeita diante do visível, nem porque o visível perante a palavra seja defeituoso. São irredutíveis um ao outro: por mais que se diga o que se viu, o visto não reside jamais no que se diz; e por mais que queira fazer ver, por meio de imagens, de metáforas, de comparações, o que se está dizendo não é o desdobramento da vista. Ao não existir correspondência absoluta entre as duas formas, *con--figuram-se* no elemento das forças (relações de poder) nas quais estão imersas.[19]

Na medida em que o saber é da ordem das formas e o poder é da ordem das forças, ambos são de natureza diferente. O saber está estratificado. Diz respeito a substâncias, a matérias formadas e a funções formalizadas pelo ver e o falar. Há certa "dureza" no saber. Estratifica-se, segmenta-se, arquiva-se. *Por isso pode-se fazer uma arqueologia do saber.* Pelo contrário, o poder coloca em movimento

---

19 Deleuze compara o diagramatismo com o esquematismo: "O diagramatismo de Foucault, isto é, a apresentação de puras relações de forças ou a emissão de puras singularidades, é então análogo ao esquematismo kantiano: é ele que assegura a relação da qual decorre o saber, relação entre as formas irredutíveis da espontaneidade e da receptividade. E isso enquanto a própria força goza de uma espontaneidade e de uma receptividade que lhe são próprias, embora não formais, ou, antes, porque não formais" (Deleuze, *Foucault*, p.111). [Na edição brasileira, p.89. – N. T.] O diagrama em Foucault permite explicar o saber do poder e o poder do saber.

matérias e funções não formadas, não estratificadas. Ainda que se segmente, essa segmentação é "branda", é diagramática. Não passa por formas compostas, senão por pontos singulares: aqueles que indicam a aplicação de uma força (por ação ou reação a outra). É um afetar instável e local. As relações de força não se irradiam a partir de um centro soberano; antes, vão de um ponto a outro (por inflexões, retrocessos, giros, mudanças, resistências). Constituem estratégias. As estratégias (exercício do poder) distinguem-se das estratificações (domínios de saber) da mesma maneira que os diagramas (esquemas do poder) diferenciam-se dos arquivos (sistema formal do saber). A prática de poder não é redutível à prática de saber. *As relações de poder não são conhecidas* para além de seu exercício.

Entre as teses a respeito do poder de Foucault, possivelmente a que mais causou impacto em termos de difusão foi a que sustenta que o poder não é, essencialmente, repressivo. As demais teses podem ter sido mais ou menos originais, mais ou menos profundas que essa, com a qual ele se opunha a toda uma tradição teórica jurídica (marxista) e psicanalítica (reichiana). Talvez o efeito mais importante da preocupação de Foucault com a genealogia foi o que o obrigou a expressar algumas regras gerais para o estudo do poder:

- não estudar o poder somente como forma de repressão ou proibição; prestar atenção aos seus efeitos positivos (aquilo que ele produz);
- analisar o poder e suas técnicas em termos de sua própria especificidade e não reduzi-lo à consequência da legislação e à estrutura social;
- realizar uma análise ascendente do poder, quer dizer, uma microfísica do poder; isso levará a ver o poder não como o domínio homogêneo de um grupo ou classe sobre outro, senão como uma organização circular similar a uma rede;
- não analisar o poder no sentido de "intenção ou decisão consciente", não perguntar o que certo povo deseja e por que deseja dominar outros; perguntar, ao contrário, como funcionam as coisas no âmbito da sujeição presente, no nível desses

processos contínuos e ininterruptos que submetem nossos corpos, governam nossos gestos e ditam nossas condutas, desses processos que nos constituem como sujeitos.

Foucault, em sua análise do poder, privilegia a pergunta: "como se exerce o poder?", em vez de "o que é o poder?" e de "por que há poder?". A razão disso é que quando se começa a perguntar sobre o "como", introduz-se a suspeita de que, talvez, o poder não exista. Pelo menos, de que não exista como algo majestoso e substantivo, e sim como uma função emergente a partir de certas relações, nas quais os indivíduos constituem-se como sujeitos.

A genealogia possibilitou que Foucault desentranhasse o exercício do poder e seus efeitos nos saberes, bem como a incidência dos saberes no poder. E permitiu-lhe, como consequência, delinear formas de subjetivação, que, por sua vez, foram estudadas pelo autor especialmente em relação com o que ele chama Idade Clássica e início da modernidade, quer dizer, os séculos XVII e XVIII, no primeiro caso, e o século XIX, no segundo, aos quais neste texto designo como Idade Neoclássica, ou neoclassicismo, e positivismo, respectivamente. Uma determinação fundamental do sujeito moderno é a individualidade. O método arqueológico permite desentranhar quais condições históricas possibilitaram nosso individualismo.

As relações de poder (que somente são possíveis interagindo com estratos de saber) produzem, geram, constituem sujeitos. Seu estudo não parte das consequências de teorias políticas, mas sim procura descrever a *anatomia* do poder. Essa descrição mostra o jogo do poder. Com esse jogo constituiu-se, lentamente, um saber sobre o sujeito; não tanto um saber de sua forma, mas daquilo que o cinde. A história da microfísica do poder punitivo será, então, uma genealogia, ou uma peça para uma genealogia da alma moderna. O homem é o efeito de uma sujeição. A alma é uma espécie de prisão do corpo. As tecnologias da alma (aplicadas por educadores, psicólogos e psiquiatras) são somente alguns dos instrumentos de uma tecnologia mais ampla: a do poder sobre o corpo. Em nome da alma "passa-se" pelo corpo. Em nome da alma marca-se o corpo.

Nesse ponto, Foucault colocará a ênfase no *funcionamento* do poder. Realiza uma "suspensão entre parênteses" de certos postulados já tradicionais nos estudos sobre o poder. São eles:

1. Postulado da propriedade.
2. Postulado da localização.
3. Postulado da subordinação.
4. Postulado da essência ou do atributo.
5. Postulado da modalidade.
6. Postulado da legalidade.

1. *Postulado da propriedade*. Negar que o poder seja propriedade de uma classe e dizer que o poder se exerce mais do que se possui não significa negar a existência das classes e de suas lutas. Envolve realizar um estudo diversificado a partir das singularidades, dos pontos pelos quais cruza, constituindo estratégias.
2. *Postulado da localização*. O Estado, para Foucault, é um efeito do conjunto das relações, um resultado de forças, e de modo algum é de caráter unívoco. O poder não é a *localização* do poder. Entre os aparelhos do Estado há relação e autonomia de forças, e entre cada um desses e os sujeitos que interagem neles também. O poder é local, nunca global; mas não é localizável, é difuso.
3. *Postulado da subordinação*. O poder não é uma superestrutura absoluta que estaria subordinada ao modo de produção da infraestrutura. A microanálise revela que uma aparente estrutura piramidal de poder está atravessada por núcleos de poder e técnicas disciplinares. Não que o econômico não conte, mas que suas relações já atuam nos indivíduos (corpos, almas), os quais, por sua vez, operam em relações de poder. Isso ocorre entre outras coisas porque até mesmo as formas de servidão econômica são misturadas com transferências de conhecimento, que podem chegar a constituir outros dispositivos de poder, inclusive em organizações momentâneas ou aparentemente piramidais.
4. *Postulado da essência ou do atributo*. O poder é operatório, portanto, carece de essência; por se tratar de uma relação, não é atributo

de ninguém. Isso não quer dizer que não haja aqueles que exerçam o poder coativo sobre outros que o "padecem", senão que ambos são atravessados de forma não unidirecional pelas forças. Um exemplo disso é a utilização que se fazia na França das *lettres de cachet*, as quais aparecem como um instrumento terrível da arbitrariedade do rei e, na verdade (ainda que o rei também apele a elas), constituem um contrapoder, um poder que vem de baixo e que permite que grupos, comunidades, famílias ou indivíduos exerçam um poder sobre alguém.

5. *Postulado da modalidade.* O poder não tem como única finalidade a repressão. Essa seria a modalidade mais característica dos estudos tradicionais do poder. Para Foucault, o poder, mais que repressor, é *produtor* de realidade; mais que ideologizar, produz verdade. Nisso residiria, fundamentalmente, a explicação positiva que Foucault faz do poder. É muito esclarecedora – para esse conceito – uma comparação que o próprio Foucault faz ao relacionar suas considerações com as análises marxistas:

> Vou estabelecer uma comparação presunçosa. Que fez Marx quando, em suas análises do capital, confrontou-se com o problema da miséria operária? Pois bem, rejeitou a explicação habitual, segundo a qual essa miséria seria consequência de uma escassez natural ou de um roubo orquestrado. E disse, substancialmente: dadas as leis profundas da produção capitalista, esta não pode mais que produzir miséria. Matar de fome os trabalhadores não é a razão de ser do capitalismo, mas sim consequência inevitável de seu próprio desenvolvimento. Marx substituiu a denúncia do roubo pela análise da produção.[20]

6. *Postulado da legalidade.* O poder sempre se expressaria por leis. Leis na paz surgidas de (ou mantidas com) a guerra. Pelo contrário, para Foucault, a lei é sempre uma composição de ilegalismos que ela diferencia ao formalizá-los, à medida que o poder é o exercício

---

20 Foucault, *Un diálogo sobre el poder*, p.149-50.

sempre *atual* de uma estratégia de guerra. Trata-se de relações de forças nas quais os ilegalismos são tolerados, rejeitados ou até necessitados, mesmo no parâmetro da lei.

Foucault dedica o segundo parágrafo do capítulo sobre a prisão de *Vigiar e punir* à análise da relação entre ilegalismo e delinquência. Em uma entrevista ilustra bem sua postura a respeito, ao se referir ao que começa a ocorrer na França a partir de 1840.

É nessa época que se inicia a longa concubinagem entre a polícia e a delinquência. Fez-se o primeiro balanço do fracasso da prisão: sabe-se que a prisão não reforma, mas fabrica a delinquência e os delinquentes. É esse o momento em que se percebe os benefícios que se pode tirar dessa fabricação. Esses delinquentes podem servir para alguma coisa, pelo menos para vigiar os delinquentes. Vidocq é um caso característico disso. Ele vem do século XVIII, do período revolucionário e imperial, em que foi contrabandista, um pouco proxeneta, desertor. Ele fazia parte desses nômades que percorriam as cidades, os campos, os exércitos, que circulavam. Velho estilo de criminalidade. Depois ele foi absorvido pelo sistema. Foi para um campo de trabalhos forçados, de onde saiu alcaguete, tornou-se policial e finalmente chefe de segurança. E ele é, simbolicamente, o primeiro grande delinquente que foi utilizado como delinquente pelo aparelho do poder.[21]

Ao deixar de lado esses seis postulados, Foucault realiza sua análise do poder segundo novas coordenadas que são traçadas em uma vertente positivista do poder, ou seja, produtora. Produtora de discurso, de saber, e de verdade, de contínuas reacomodações de forças. É inegável que, muitas vezes, emerge a repressão. Mas ela não é a finalidade do poder, pelo menos não é a privilegiada. No primeiro capítulo de *Vigiar e punir*, Foucault propõe quatro regras de análise

---

21 Foucault, *Microfísica del poder*, p.94. [Na edição brasileira, p.136. – N. T.]

para tentar responder sua pergunta sobre o funcionamento do poder. Elas podem ser resumidas assim:

1. Analisar a punição como uma função social complexa, e analisá-la não somente pelos seus efeitos repressivos ou punitivos como também pelos positivos.
2. Analisar os castigos levando em conta a tática política na qual se apoiam.
3. Analisar a tecnologia política segundo um duplo princípio: princípio da humanização da pena e princípio do conhecimento do homem (o homem como objeto de estudo).
4. Analisar o aparecimento da preocupação com a alma na justiça penal como efeito do corpo, no qual são instauradas relações específicas de poder.

Assim como se tratou demonstrar neste estudo, cada nova etapa do trabalho de Foucault incorpora os métodos utilizados na anterior e está orientada para domínios que antes haviam sido tratados com menos atenção. A grande temática, que atravessa toda sua investigação, é a constituição dos sujeitos. Como uma das condições de possibilidade do sujeito é o discurso, este será também uma constante em suas reflexões. Não obstante, como já visto, o *enunciável* como forma de saber somente pode se dar inter-relacionado ao *visível*. Ambos formam estratificações. Estas, por sua vez, estão inseridas em, e interagem com, diagramas de forças.

Na arqueologia estudou-se o meio hospitalar com destaque para sua função excludente. Na genealogia estuda-se o meio carcerário com ênfase em sua função disciplinar. No primeiro caso, prestou-se maior atenção aos discursos que, a partir da razão, *excluíam* tudo aquilo que se considerava desrazão. No segundo, é sublinhada especificamente a função do olhar na sociedade do espetáculo e, portanto, na sociedade da vigilância. Na etapa genealógica são privilegiados os acontecimentos políticos, os processos econômicos, enfim, as práticas sociais, as quais, como visto, não estavam ausentes na etapa anterior. Na etapa que agora nos ocupa (a genealogia), os períodos históricos continuam sendo, aproximadamente, os mesmos que na arqueologia a partir de diferentes perspectivas; em ambos os momentos, a problematização continua a girar em torno da preocupação com a *produção da verdade*.

A instituição penal é uma máquina que pode produzir a verdade na ausência do acusado; a confissão do próprio acusado adquire seu lugar no ritual de produção da verdade penal. A tortura é uma violência física que "arranca" a verdade. Nela existe uma vantagem adicional além do elemento informativo, pois vai se aplicando o castigo. Isso foi motivo de controvérsias teóricas. Como uma pena pode ser empregada como um meio? Como é possível fazer valer como castigo o que deveria ser um procedimento de demonstração?

Foucault realiza uma genealogia da *penalidade* ao modo de Nietzsche. Parte dos fatos históricos e chega a fatos históricos. Trata-se de "esvanecer" as especulações metafísicas. Ao analisar a mudança teórica e prática operada a respeito da pena, Foucault não a atribui a nenhum progresso da humanização ou da racionalidade, mas a uma adequação exigida pelos novos equilíbrios de forças. Houve fatos concretos que exigiam mudanças. Por exemplo, a rejeição generalizada das execuções públicas. Essas começam a ser "urticantes" (vaias, indignação, tentativas de resgatar o condenado, sendo que, até princípios do século XVIII, segundo o modo como "brilhava" o carrasco, ele era aplaudido). Aquele espetáculo das penas corria o risco de ser revertido pelos mesmos para os quais era dirigido. Os teóricos envergonham-se de que a justiça destrua vidas da mesma maneira desavergonhada que os delinquentes. Essa preocupação persistirá até as primeiras décadas do século XIX.

Pois bem, as penas começam a se "humanizar" para que se possa seguir "manipulando" sua aplicação. Mas foi necessário utilizar novos meios. Isso não se fez por "humanismo" (ou não fundamentalmente por isso), mas para reacomodar-se às novas relações de forças. Porém, cabe perguntar-se – coisa que Foucault não faz nessa oportunidade – o que ocorreu para que as pessoas, o público, o povo, mudassem de sensibilidade. Foucault analisa as mudanças na operacionalização das penas a partir daqueles que exercem o poder legal para mudá-las. Estes, segundo sua interpretação, produzem mudanças em função de novas perspectivas (vigilância, controle, produção), nas quais não pesavam – ou pesavam pouco – os desejos humanitários. Se isso é válido para aqueles que operaram as mudanças efetivas, fica sem esclarecer – inclusive, sem perguntar – *o que ocorreu para que o público passasse a pressionar contra os castigos sangrentos.*

Nesse sentido, Foucault, ao tratar outra temática que comumente é explicada pelo "aumento da humanização" ou pela "tomada de consciência da humanidade", busca e dá uma resposta não somente aceitável, mas também convincente, no que concerne à explicação total da mudança. Trata-se do fechamento das fábricas-prisões. Nelas, as pessoas "vendiam" seu tempo, sua vida mesma, por teto e comida. Ao buscar quais foram as condições que possibilitaram que se terminasse com esse sistema de trabalho-prisão, Foucault descobre que não foi por um incremento de humanismo, mas simplesmente porque os empresários consideraram que esse sistema havia deixado de ser rentável. Os estoques se amontoavam nos porões, a vigilância consumia tempo e dinheiro e – em definitivo – a própria manutenção dos operários tornava a modalidade economicamente desaconselhável.

Portanto, permanece aberta a pergunta a respeito da mudança de sensibilidade diante do espetáculo da pena por parte dos "espectadores". Não obstante, é analisada a mudança de atitude por parte dos "operadores" dos castigos. Na noção de pena da Idade Neoclássica, desaparece paulatinamente a ideia da vingança para dar lugar à de "correção". Os juízes apontarão para a alma dos delinquentes. Inclusive, no caso extremo da pena de morte, será produzido o menor mal possível (morte rápida, olhos cobertos; mais adiante, tranquilizantes). Tem início a instrumentalização, cada vez com maior intensidade, das circunstâncias atenuantes (loucura, invalidez, intensos estados emocionais etc.). Trata-se de "preservar" o corpo do condenado, o qual é convertido em força útil quando é, ao mesmo tempo, corpo produtivo e corpo submisso.

A importância que no estudo do poder Foucault atribui ao visível encontrará sua expressão máxima na terceira parte de *Vigiar e punir*, quando se dedica à análise do panoptismo. Os antecedentes do visível em sua obra haviam sido "o poder do olhar", em *O nascimento da clínica*, e a "visualização da loucura", em *História da loucura*. Aquilo que na arqueologia era valorizado com um viés negativo (o poder do olhar) adquirirá valorização positiva, enquanto produtiva, em *Vigiar e punir*.

As instituições – prisão, escola, fábrica, hospital – oferecem *matéria* e produzem *formas* que as organizam. No sistema carcerário (que se pode estender ao conjunto da sociedade disciplinar) a *forma* é a prisão, a *matéria* ou o *conteúdo*, o prisioneiro. "Cárcere" e "prisioneiro" remetem a enunciados (em sentido arqueológico), àqueles que expressam a delinquência, as penas, as sujeições. Esses enunciados são as *formas de expressão* próprias do direito penal, cujo conteúdo vai mudando. O direito penal confirma o cárcere. Este produz delinquentes, ou seja, objetos para o direito. Nessa análise do poder vale também a imagem do caleidoscópio que foi utilizada para as estratificações do saber. No diagrama de força da penalidade moderna produziu-se uma mutação histórica: já não se aponta para o castigo das agressões, mas, antes, para a *agressividade* (ao explicar o ato, *qualifica-se* o infrator); além de julgar, tende-se a *normalizar*. Multiplicam-se as instâncias extrajurídicas (apelo a psiquiatras, médicos, conselheiros punitivos).

A respeito da doença e da loucura (como foi visto no capítulo sobre a arqueologia), a prática se exerce, de um lado, e a teoria era pensada, de outro. Algo similar ocorre na segunda metade do século XVIII entre a reforma concreta das prisões e os reformadores teóricos. Não porque não houvesse reforma, mas porque a mudança operada não respondeu aos ideais dos teóricos. Estes, além disso, tinham dificuldades para chegar a acordos entre eles mesmos. No período clássico a modalidade de poder era despótica e a penalidade, supliciante (castigar o corpo). Ao finalizar a Idade Neoclássica se produzem controvérsias entre os reformistas e os corretores. Na prática, ganharam os segundos. Enquanto os juristas ou os filósofos buscavam no pacto um modelo primitivo para a construção ou a reconstrução do corpo social, os militares, e com eles os técnicos da disciplina, elaboravam os procedimentos para a coerção individual e coletiva dos corpos.

A mudança produzida no sistema penal no século XIX é da ordem burguesa. Sua modalidade de poder está dada a partir de uma penalidade que passa pela norma e pela disciplina. O castigo por excelência é a prisão e, muito embora o corpo sempre receba um castigo adicional, o ideal agora é uma penalidade que pode ser ou não corporal. A diferença é que não se trata de vingança, mas de *normalização* do prisioneiro. Em *Vigiar e punir*, afirma-se que a forma geral de um grupo para tornar os indivíduos dóceis e úteis, por um trabalho preciso sobre seu corpo, esboçou a instituição-prisão, antes que lei a definisse como pena por excelência. Há, na virada decisiva dos séculos XVIII e XIX, a passagem a uma penalidade da detenção. Os "modelos" da detenção penal (Gante, Gloucester, Walmut Street) marcam as primeiras pontas possíveis dessa transmissão ao fazer da detenção a pena por excelência.

Deleuze, depois da publicação de *A arqueologia do saber*, referiu-se a Foucault como "um novo arquivista"; após a publicação de *Vigiar e punir*, o qualificou "novo cartógrafo". O *arquivo* é a História das formas de saber. A *cartografia* é o estudo do diagrama, do devir das forças próprias do poder. O diagrama não é o visível e o dizível, embora o arquivo e a cartografia estejam inseridos em suas sendas.

A noção de diagrama como uma multiplicidade espaço-temporal é fundamental para a afirmação de Deleuze de que o estudo do poder realizado por Foucault é cartográfico. Cada sociedade, cada época, tem seu diagrama; à nossa corresponde aquele cuja função é a disciplinar. O limiar, nas sociedades contemporâneas ocidentais, é o exame. A partir da noção de normal-anormal os indivíduos são submetidos ao exame. Nos gregos o limiar era a *prova*, e na Idade Clássica, o *inquérito*. Prova e inquérito foram os "mapas" pelos quais essas sociedades eram regidas para a produção de discursos verdadeiros, ainda que todo diagrama seja também intersocial, isto é, torna-se e produz História. Referindo-se aos três modelos (prova, inquérito, exame), Foucault diz que historicamente tal sucessão ocorreu, mas essas três técnicas não permaneceram isoladas umas das outras. Imediatamente, contaminaram-se.

Nos diagramas, por sua vez, atuam agenciamentos ou dispositivos concretos: cárcere, escola, fábrica, quartel, hospital. Esses dispositivos estão integrados a partir de *substâncias qualificadas* – condenado, criança, operário, soldado, doente – e a partir de *funções* – controle, educação, produção, disciplina, higiene. Além disso, há uma integração global não totalizadora a partir do Estado. Na inter-relação entre estratos e forças são produzidos os discursos verdadeiros. Se o saber consiste em entrelaçar o visível e o enunciável, o poder é sua suposta causa; e, inversamente, o poder envolve o saber como bifurcação, a diferenciação sem a qual não passaria ao ato. Os dispositivos ou agenciamentos são concretos, enquanto o diagrama é abstrato, ainda que este atue na materialidade, por meio das tecnologias. Estas são, primeiro, humanas; em seguida, materiais. Como não seria a prisão imediatamente aceita, já que, ao prender, corrigir e tornar dócil, somente reproduz – mesmo que tenha de enfatizá-los um pouco – todos os mecanismos que se encontram no corpo social? Cada dispositivo atualiza algum dos diagramas vigentes na sociedade. Quanto mais forte ou mais perfeitamente os atualiza, mais pressiona outros agenciamentos para que fortaleçam suas próprias atualizações. Dessa maneira, há uma circulação ou reciclagem de formas biformes (saber como interação do dizível e do visível) atualizadas por dinâmicas de forças (poder).

O poder e o prazer

Em *A vontade de saber*, cuja temática é a produção da sexualidade, Foucault diz que não se deve conceber a sexualidade como uma espécie de natureza a qual um poder (repressor) tentaria reduzir. A sexualidade é um *dispositivo histórico*; não se trata de uma sexualidade subjacente sobre a qual seriam exercidas repressões, mas uma grande rede em que a estimulação dos corpos, a intensificação dos prazeres, o reforço dos controles e as resistências encadeiam-se uns aos outros conforme grandes estratégias de saber e de poder. Igualmente a sexualidade é efeito da interação entre poder e saber. A sexualidade começa a ser gestada a partir do século XVIII, por meio da incitação aos discursos. Esses discursos não estão a serviço da proibição do sexo, mas de sua *regulação*. O sexo passa a ser um problema econômico-político (população), uma preocupação médico-moral (onanismo) e uma inquietação religiosa (controle). O discurso que é gerado a partir desses âmbitos instaura uma sexualidade que surge ao compasso do que se enuncia e, ao enunciar-se, enuncia a verdade do sujeito. A sexualidade, como todo dispositivo de poder, produz verdade. Trata-se de uma multiplicidade de discursos sobre o sexo produzidos por uma série de grupos que atuam em instituições diferentes. Existe uma ampla dispersão dos aparelhos inventados para falar de sexo, para fazer o sexo falar, para conseguir que ele fale por si mesmo, para escutar, registrar, transcrever e redistribuir o que se diz. Ao redor do sexo existe toda uma trama de discursos variados, específicos e coercitivos. Em lugar de uma censura massiva, há uma incitação aos discursos, regulada e polimorfa. O sexo não é silenciado; pelo contrário, são inventadas centenas de eufemismos para nomeá-lo.

Ao abordar a temática da sexualidade, Foucault se interessa por sua face positiva, quer dizer, produtora de verdade. Rejeita – como o fez ao estudar o poder em geral – a tese repressiva. Como explicado anteriormente a respeito do poder, o discurso sobre o sexo (que também é um discurso de poder) pode produzir *repressão* como consequência. Mas essa não é sua finalidade, pelo menos não é sua função primordial. No diagrama de força da sexualidade visa-se "regular", "conhecer", "controlar". Trata-se de relações de poder, de processos político-sociais. O menor fragmento de verdade está sujeito ao condicionamento político.

Foucault aceita que se poderia falar de sexualidade somente para reprimi-la. Mas considera que esse não é o caso em nossa sociedade desde a Idade Neoclássica. Não somente há um discurso sobre a sexualidade como também instituições e práticas que a têm por finalidade. Ao estudar a dinâmica da circulação do poder-sexualidade, Foucault percebe que ao lado das proibições figuram as "incitações, as manifestações e as valorizações". Acrescenta que unicamente mudando a decoração (proibição por produção) será possível considerar a totalidade dos dispositivos e recuperar a verdade acerca do poder e do sexo. Não se propõe a realizar a sociologia histórica de uma proibição, mas a história política de uma *produção de verdade*. Utiliza a arqueologia para a busca de enunciados que, ao atravessar diferentes âmbitos, configuram discursos (também aqui "enunciado" deve ser entendido em sentido arqueológico). Discursos e práticas não discursivas constituem o *saber* sobre a sexualidade. Este, por sua vez, apresenta-se ou emerge em táticas comuns e estratégias, que podem ser adversas, mas que constituem o dispositivo da sexualidade. Por ser este da ordem do *poder*, é analisado pela genealogia. Trata-se de buscar o que pode haver de oculto nas relações de poder. No caso da sexualidade, insere-se fortemente a temática do *oculto* e do *segredo*; o que é próprio das sociedades modernas não é que tenham obrigado o sexo a permanecer na sombra, mas o fato de que se obrigaram a falar sempre dele, elevando-o como o segredo.

Borges e a sexualidade

A sexualidade, por ser da ordem do saber e do poder, estabelece uma verdade sobre o homem. Há um conto de Borges sobre a sexualidade que é anterior às análises de Foucault sobre o poder e o sexo. É provável que tenha inspirado alguns aspectos da concepção foucaultiana. Borges, em *A seita da Fênix*, diz que não há perseguição nem rigor que não tenham sofrido ou executado aqueles que atualizam o sexo. Foucault diz que toda força é ativa e reativa ao mesmo tempo. Assim se dispõe o poder. A sexualidade é uma de suas manifestações. Constitui-se, como toda produção humana, através dos discursos, dos silêncios e das práticas. A sexualidade é uma onipresença em nossas vidas: a manifestação que reveste a forma do segredo. Aquilo que está em todas as partes, mas que não se nomeia. Borges, em seu conto, tampouco o nomeia. Dessa maneira, reproduz, em forma de literatura, o mistério da transmissão da sexualidade através do segredo.

No relato, narra-se que as pessoas da seita também são chamadas pessoas do costume ou do segredo. A menção da Fênix é estranhíssima na linguagem oral. Obviamente, a Fênix remete ao desejo consumido pelo fogo da paixão. Mas seu destino é renascer das cinzas. Mesmo que os sectários costumem ser equiparados aos ciganos, não se deveria esquecer que os ciganos falam, às vezes, um idioma diferente. Isso os particulariza. Em troca, os sectários se confundem com os demais. A prova de que se misturam é que não sofreram perseguições, enquanto os ciganos, isto é, os *diferentes*, sofrem-nas frequentemente. Pareceria que aqueles que buscam misturar-se aos demais, confundindo-se com o que todo mundo faz, permaneceriam ilesos. Não obstante, apesar de que a história da seita não registre perseguições, *não há perseguição nem rigor que os sectários não tenham sofrido ou executado.*

Os membros da seita da Fênix não têm Sagradas Escrituras, nem uma memória comum que os identifique, nem sequer um idioma partilhado. Contudo, estão unidos pelo segredo. Foucault destaca que é característico de nossas sociedades, por um lado, o convite a falar do sexo por parte dos discursos médico, pedagógico, psicanalítico, religioso e, por outro, apresentá-lo como um enigma inquietante que demanda reserva. Diz Borges que existe uma tradição que une os sectários. É o cumprimento do rito que para alguns é castigo e, para outros, pacto ou privilégio. Trata-se de um rito que deve ser executado por cada geração, e que é condição de possibilidade para que sigam existindo outras gerações. É sua única prática religiosa e a que lhes garante sua descendência e sua permanência no mundo. As mães não ensinam aos seus filhos, nem os sacerdotes aos seus prosélitos. A iniciação no mistério costuma estar a cargo dos mais baixos indivíduos. Também uma criança pode adestrar outra criança. O ato é, em si, trivial, momentâneo e não requer descrição. Não existem templos para sua realização. Uma ruína, um porão ou um vestíbulo podem ser lugares propícios. Não há palavras decentes para nomeá-los – ainda que, em última instância, todas as palavras aludam a ele. Uma espécie de horror sagrado impede alguns fiéis a execução do simplíssimo rito. Há aqueles que optam por não fazê-lo, em razão de haver conseguido um comércio direto com a divindade. Estes costumam gozar de crédito social. Os devotos da Fênix, inicialmente, não se sujeitavam admitir que seus pais tivessem se rebaixado a tais manobras. O estranho é que o segredo não se perdeu faz tempo; a despeito das vicissitudes do mundo, apesar das guerras e dos êxodos, alcança todos os fiéis. Alguém não vacilou em afirmar que já é instinto.

Para Borges, "o estranho é que o segredo não se perdeu há muito tempo". Foucault, por sua vez, sustenta que tanto falar do sexo quanto montar dispositivos insistentes para falar dele, porém sob condições restritas, constituem a prova de que se trata de um segredo e de que se busca, sobretudo, conservá-lo assim. Mas, precisamente, deve-se perguntar sobre esse tema recorrente de que o sexo está fora do discurso e de que somente a eliminação de um obstáculo poderia abrir o caminho que leva até ele. Esse assunto não fará parte da ameaça mediante a qual se suscita o discurso? Não é para incitar a falar do sexo e para recomeçar sempre a falar dele que se faz brilhá-lo como segredo? Não se pode esquecer que a pastoral cristã, ao fazer do sexo aquilo que deve ser confessado por excelência, apresentou-o sempre como um enigma inquietante.

No conto, trata-se de um rito que "deve ser executado por cada geração" para que o segredo continue sendo transmitido. Em Foucault, isso também é extensivo a cada cultura, ou a cada época com maneiras diferentes de transmissão. Por exemplo, enquanto na Grécia transmitia-se "corpo a corpo", a partir da confissão cristã transmite-se por meio da palavra. Trata-se de um ritual no qual a verdade autoidentifica-se graças ao obstáculo e às resistências que teve de vencer para formular-se; um ritual, finalmente, no qual a única enunciação, independentemente de suas consequências externas, produz em quem a articula modificações intrínsecas: torna-o inocente, redime-o, purifica-o, descarrega-o das faltas, libera-o, promete-lhe a salvação.

No relato, diz-se que não há palavras decentes para nomeá--lo – o sexo sempre parece ser da ordem do "nebuloso". Foucault considera que o segredo que supõe o discurso sobre o sexo não está ligado ao elevado preço do que diz, nem ao pequeno número dos que merecem receber seus benefícios, mas à sua *obscura familiaridade e à sua comum baixeza*. Por exemplo, na pré-modernidade, as crianças (de ambos os sexos) de zonas rurais costumavam iniciar--se sexualmente com o bobo do povoado. Em Borges, a verdade do sexo não é transmitida pelas mães nem pelos sacerdotes. Em Foucault, a verdade do sexo não está assegurada pela autoridade altaneira do magistrado nem pela tradição que transmite, mas pelo vínculo, pela pertença essencial no discurso entre quem fala e aquilo de que se fala. A instância de dominação não está do lado daquele que fala, mas daquele que escuta e cala-se; não do lado do que sabe e formula uma resposta, mas do que interroga e passa por não saber. Por último, esse discurso verídico tem efeitos naquele do qual ele é arrancado.

A transmissão do segredo é o fundamental para a conservação do rito da seita da Fênix. Para Foucault, o característico de nossas sociedades é que a *confidência daquele que não sabe* instaura a verdade, enquanto a partir do silêncio daquele que escuta exerce-se o poder.

Ambos os autores coincidem que autoridades não conseguem constituir a sexualidade somente pelo peso de sua magistratura, mas, antes, pelo vínculo estabelecido. Isso que em Borges está sutilmente esboçado, em Foucault é explícito. Não é a palavra soberana do mestre a que começa no sexo. O poder está do lado do mutismo e da exigência de confidência. A partir do confidente, desde "baixo", a verdade vai se revelando. Quem fala vai tecendo a trama da sexualidade sobre a urdidura da autoridade daquele que escuta.

O conto termina aludindo àqueles que afirmam ser o sexo *instintivo*. Foucault, ao se referir às transformações derivadas da noção cristã da *carne* alude à separação da "medicina do sexo" em relação ao *corpus* da medicina em geral. Essa nova disciplina "isolou um *instinto*" sexual suscetível – inclusive sem alteração orgânica – de apresentar anomalias constitutivas, desvios adquiridos, dolências ou processos patológicos. Nessa confrontação entre Borges e Foucault, coincidindo no mistério da sexualidade, ilumina-se um formoso jogo de espelhos entre literatura e filosofia.

O poder produtor, o poder que mesmo reprimindo alcança efeitos fecundos, foi analisado por Foucault na constituição das três disciplinas e na configuração da sexualidade. A análise nunca perde de vista os estratos de saber que interagem com os diagramas das forças. Os dispositivos de poder são também produtores de verdade. O espectro coberto pela genealogia abrange verdades sobre o corpo disciplinado, que deram lugar às ciências humanas, assim como verdades sobre o desejo confessado que produziram a sexualidade do século XVIII e nosso sexo atual. Este último estende-se à verdade do indivíduo contemporâneo em geral.

O indivíduo domesticado

Os processos jurídicos, carcerários, médicos, laborais, educativos e militares da modernidade trazem consigo um afã individualizante capaz de prender em suas "grades" cada pessoa e de identificá-las com precisão. A sociedade torna-se disciplinada. Os hospitais, os cárceres, as fábricas, os exércitos e os colégios disciplinam-se. O padrão de medida será a *norma*. Mas quem não a cumpre será muito mais individualizado que aquele que a cumpre. O normal é ser saudável. Se estivesse doente haveria de se submeter a ser registrado, sondado, observado, visitado, minuciosamente examinado. O normal é cumprir as leis. Se as violasse padeceria reclusão, controle, vigilância, espreita.

Em uma sociedade regida somente (fundamentalmente) por leis, *todos* devem acatar essas leis. Em uma sociedade reticulada por normas (mesmo quando as leis seguem vigentes), *cada* instituição determina o que é normal. Não é cumprindo as mesmas normas que se é saudável, ou um bom soldado, ou um estudante aplicado, ou um bom operário ou um presidiário exemplar. Cada instituição, por sua vez, particulariza. Existe uma prescrição: diferenciar as particularidades de cada instituição para não submetê-las a disciplinas idênticas.

Em *A vontade de saber* mostra-se que também se produz individualidade a partir dos dispositivos de sexualidade. Até o século XVII, as relações de sexo regiam-se, fundamentalmente, por um *dispositivo de aliança*, sistema de matrimônio, fixação e desenvolvimento de parentesco, transmissão de nomes, bens. Nele reinava o *sangue*, a *transcendência*, a *genealogia*. Na escala social, a individualização era ascendente: quanto maior a nobreza, maior individualização. A partir do século XVIII, a burguesia deve atribuir-se seu próprio *status*. Vai-se formando o *dispositivo de sexualidade*. O novo dispositivo se sobrepõe ao anterior e, sem excluí-lo, reduz sua importância.

Começa uma individualização descendente. À sexualidade da família burguesa, que era uma maneira de distinguir-se da aristocracia, se seguirá a sexualização das classes populares. A nova tecnologia do sexo passa a ser assunto de todas as classes sociais. Essa nova tecnologia está a cargo da *medicina*, da *religião*, da *pedagogia* e do *sistema jurídico*.

O dispositivo de aliança era estático. O dispositivo da sexualidade é mutante. No primeiro, o modelo é a relação familiar. No segundo, não há modelo fixo. Quando a psiquiatria e a psicanálise coordenarem os destinos do dispositivo de sexualidade se produzirá uma inversão dos papéis de ambos os dispositivos. Introduz-se o *desejo* nas relações de sangue. Toma-se o modelo *familiar* para explicar ou entender qualquer situação ligada ao desejo. Todos serão interrogados a respeito de sua sexualidade. Interroga-se o louco, o criminoso, a criança, o que não gosta do sexo oposto. A partir dessas "sexualidades periféricas", e como um movimento de refluxo, interroga-se também a "sexualidade normal": sonhos, manias, obsessões, fantasias. O poder que tomou a seu cargo a sexualidade impõe o dever de tocar o corpo, acaricia com o olhar, intensifica suas regiões, eletriza as superfícies; dramatiza momentos desvirtuados. Abraça com força o corpo social.

Acréscimo das eficácias – sem dúvida – e extensão *do domínio controlado*. Técnicas variadas converteram a sociedade em "enunciadora de verdade". A prática de produzir verdade circula pela justiça, pela medicina, pela pedagogia, pelas relações familiares e pelas relações afetivas. Confessar a verdade é uma maneira de individualizar-se. A confissão da verdade – seja esta de qualquer índole – inscreve-se nos procedimentos de individualização próprios do poder. Foucault assinala que nessa obra o Ocidente submeteu gerações a fim de produzir a sujeição dos homens e *sua constituição em sujeitos.*

Em *Vigiar e punir* aparece claramente o "controle" que todos e cada um estabelecem sobre os demais: as portas das barracas de campanha do chefe dos prussianos dão de frente com as dos soldados; o vigilante não pode abandonar seu lugar de vigilância. Algo similar ocorre com os dispositivos de sexualidade, que aparecerão atravessados pela repartição panóptica. Proliferaram as práticas antimasturbatórias, as pesquisas, os interrogatórios. No Antigo Regime, o discurso do poder médico estabelece alianças com os pais para tratar de desmascarar os filhos. Na psicanálise, a aliança é com os filhos. Deve-se averiguar se foi concedido a eles o carinho suficiente, se foram desejados, se foram castrados. Mas como isso não consegue, tampouco, apagar completamente o modelo anterior, também aqui vigilantes e vigiados permanecem presos em sua mútua e exasperante vigilância. Não porque é exasperante, significa que seja estéril. Pelo contrário. A vigilância recíproca produz sexualidade, produz prazer, produz lei (sem lei não haveria desejo) e produz *individualidade*. O processo de individualização produz-se também no resto das práticas sociais. Até o Renascimento, poucos eram individualizados. Especificamente, somente aqueles que se encontravam no cume das relações de poder e tinham um nome ou uma estirpe ou certa autoridade. O resto da sociedade confundia-se indiscriminadamente. Os cidadãos estavam sujeitos a leis gerais, os soldados formavam parte de um conglomerado bélico, os presos agrupavam-se sem identidade, os doentes confundiam-se no anonimato, os alunos não estavam sujeitos a avaliação permanente, os trabalhadores aglomeravam-se em torno de um perito. A partir do século XVII, com a introdução das disciplinas, serão invertidos os processos de individualização. A individualização descendente estende-se e penetra os fios mais tênues de uma sociedade que controla e é controlada.

Com efeito, o fato de que a individualização descenda não quer dizer que o poder seja exercido unilateralmente. O poder somente existe "em ato". É um mútuo modo de ação. Os postos hierárquicos e de tropa em um acampamento militar são coordenados simetricamente. O mestre em sua tarimba é observado e observante, o médico deve intensificar suas visitas. O guardião não pode abandonar sua torre de controle. O poder circula por retículas cujas forças ativas e reativas mobilizam-se e cruzam-se em pontos que fixam instavelmente os indivíduos em seus postos. Trata-se de práticas carcerárias, posto que a maioria das instituições que coloca em prática a boa ordem burguesa é regida por um modelo afim ao do cárcere panóptico. Instaura-se o domínio das disciplinas. Os métodos que permitem o controle minucioso das operações do corpo garantem a sujeição constante de suas forças e impõem uma relação de docilidade-utilidade. Muitos procedimentos disciplinares existiam desde longa data. Mas, no decorrer dos séculos XVII e XVIII, as disciplinas tornaram-se fórmulas gerais de dominação. As condutas e o tempo são fracionados. O homem é uma peça na maquinaria social. Essa maquinaria constitui-se a partir do panóptico (tudo é visto). Uma observação minuciosa do detalhe e, por sua vez, uma utilização dos homens têm início durante a Idade Neoclássica, levando consigo um conjunto de técnicas, um *corpus* de procedimento e de saber, de descrições, de receitas e de dados. E dessas insignificâncias nasceu o homem moderno.[22]

Ninguém escapa ao olhar do outro. Dentro dos sistemas introduz-se um paradoxo: a disciplina, que tende a nivelar reduzindo tudo à "normalidade", gera, por sua vez, *individualidades*. A aparente uniformidade de uma formação militar, de uma cadeia

---

22 Foucault, *Vigiar e punir*, parte III.

de produção, de uma sala de aula, de uma sala de hospital ou de um alinhamento de presos é constituída por indivíduos que aprendem a cumprir a *norma*. Esta, ao nivelá-los, também os individualiza, porque o *esforço pessoal* assimila-os ao sistema. Se não são normais, também os individualiza, castiga-os. Da pressão constante sobre cada um surgirá aquilo que é digno de castigo ou de recompensa. No terreno jurídico, individualiza-se quando se transgride uma lei. Na sociedade disciplinar, permanece-se individualizado, independentemente se há transgressão ou não. Se não se realiza, é levada em consideração a capacidade. Os estabelecimentos disciplinares introduzem, de um lado, uma *relação binária* (louco--não louco, saudável-não saudável) e, de outro, uma *atribuição coercitiva de distribuição na maquinaria* (quem se é, que lugar lhe corresponde). Impõe-se às pessoas as táticas das disciplinas individualizantes e, por meio da universalidade dos controles, é assinalado o lugar que devem ocupar; a individualização não impede a massificação, ainda que esta revista características especiais. A "massa" compacta de "outrora" converteu-se em uma "coleção de individualidades separadas". Mas, enquanto os sujeitos individualizam-se, o poder desindividualiza-se. Corre por todos os canais de circulação possíveis. As crianças dos cursos avançados ensinam os mais atrasados. Os internos com "boa" conduta controlam os desordeiros. A polícia tem detratores entre os delinquentes. O poder expande-se e produz pontos de intersecção móveis e mais ou menos instáveis.

Trata-se de uma física que tem sua máxima potencialidade nos corpos que se *individualizam*. A modalidade disciplinar não substituiu outras formas de poder, mas se infiltrou nas já existentes. Assegura uma distribuição infinitesimal do poder em uma sociedade na qual o fundamental já não é a comunidade ou a coisa pública, mas o Estado, de um lado, e os indivíduos, de outro. Somos muito menos gregos do que pensamos ser. Não estamos nem sobre arquibancadas nem sobre cenários, mas na máquina panóptica dominada por seus efeitos de poder que nós mesmos prolongamos, já que somos uma das engrenagens.

O século XVIII colocou em prática as disciplinas. Respondia ao ideal de uma sociedade maquínica. Nela, os que não respondem à ordem geral (o "normal") podem chegar a ser "adestrados" por meios mecânicos: máquinas de castigar crianças mal-educadas, aparelhos antimasturbatórios, observatórios, manuais para ensinar a sentar-se corretamente, escrever, trabalhar – ortopedia, afinal. Cada detento, cada aluno, cada doente, cada operário, cada soldado são como um capital colocado a juros. É estabelecido um conhecimento *positivo* sobre o indivíduo. Qualifica-se cientificamente. Expande-se um saber técnico acerca dos comportamentos, uma espécie de engenharia das condutas, uma ortopedia da individualidade. Aprende-se sobre os indivíduos e, ao mesmo tempo, faz-se que produzam melhor. Entrecruzam-se esquemas das novas relações de poder.

Habermas e Foucault

Habermas considera que, pelas mãos de Foucault, a história das ciências é convertida em uma história da racionalidade. Para isso, "atravessa" a história da constituição da razão e chega à configuração da loucura. Descobre que a razão moderna organiza-se como tal na medida em que é capaz de tomar distância de uma parte de si mesma (a desrazão) e autoconstituir-se em objeto "puro" de estudo, sem os elementos espúrios que poderiam proporcionar os delírios de qualquer cunho. Foucault considera que o *logos* ocidental assinalou seus próprios limites. Para constituir--se em sua pureza, precisou expulsar tudo aquilo que se tornava exterior (o Outro). Um dos limites da razão está assinalado, precisamente, pela loucura. Esta em algum momento formou parte da razão. Mas quando a *ratio* decidiu se definir por si mesma desalojou a loucura de seu âmbito. O *logos* ocidental teme o heterogêneo, ama o Mesmo, prefere a identidade. A única duplicação que a *ratio* aceita é a igualdade. Semelhante ao jogo repetitivo de algo colocado entre dois espelhos defrontados que se repetem ao infinito, assim a razão contempla a imperturbável imagem do Mesmo. E rejeita a duplicação esquizofrênica que desdobra mudando, pois isso poderia fazer ver que "algo" pode ser o Outro e não, simples e superficialmente, o Mesmo.

Para Habermas, nessa pretensão de escutar a voz da desrazão está presente a intenção de Foucault de *criticar a razão*. Um pensador sensível a qualquer objeção ao espírito das Luzes, como Habermas, não pode deixar de sentir-se "atingido" pelo título com o qual, em alemão, foi publicado o primeiro texto importante de Foucault. Enquanto em francês se chamou *Folie et déraison: histoire de la folie a l'Âge Classique* [Loucura e desrazão: história da loucura na Idade Clássica], em alemão apareceu como *Wahrsinn und Gessellschaft: Greschichte des Wahns um Zlitalter der Vernunft* [Loucura e sociedade: história da loucura na idade da razão]. Além disso, o conteúdo trata de mostrar a exclusão da qual foi objeto a loucura nos séculos XVII e XVIII e sua posterior substancialidade como doença, justamente a partir da "Idade da Razão". Assim como Kant havia se proposto, no século XVIII, encontrar os limites da razão teórica, Foucault propõe, no século XX, encontrar os limites de uma razão histórica. Esta haveria se constituído na Idade Neoclássica e, de alguma maneira, persistiria até nossos dias. Foucault tenta uma apreensão de época da racionalidade. Essa razão não é "pura". Constitui-se e é constitutiva de um saber que surge das práticas discursivas e não discursivas, e remete-se a elas. Afinal, o que interessa a Foucault é a produção de discursos verdadeiros. Em um momento determinado descobrirá que a condição de possibilidade desses discursos gesta-se nas relações de poder.

A busca da constituição dos "discursos sérios" envolve riscos e inconvenientes, indicados por Foucault. Considera que o discurso verdadeiro (que a necessidade de sua forma eximiria do desejo e libertaria do poder) não pode reconhecer a vontade de verdade que o atravessa; e a vontade de verdade é de tal modo que a verdade que ela almeja somente pode mascará-la. A palavra "mascarar" chamou especificamente a atenção de Habermas, pois considera que quem não quer desmascarar nada menos que a forma nua da razão centrada no sujeito não deve abandonar os sonhos pelos quais essa razão deixou-se adquirir em seu sono antropológico. Foucault reconhece os riscos de sua empreitada. Habermas, por sua vez, reconhece as precauções tomadas por Foucault para fazer uma "hermenêutica desmitificadora".[23]

A partir da análise da obra de Foucault, Habermas assinala quatro características que, a seu critério, são totalmente paradoxais. São elas:

1. Transferir as operações sintéticas (*a priori*) para o domínio dos acontecimentos históricos (as primeiras são formais, as segundas, pelo contrário, têm conteúdos concretos).
2. Pretender neutralidade a respeito daquilo que se analisa e – ao mesmo tempo – declarar que sempre falamos a partir de uma vontade de verdade, cujas regras não podemos conhecer e, portanto, não podemos neutralizar.
3. Pensar de maneira nominalista, materialista e empirista as práticas transcendentais que escapam a um todo inteligível.
4. Proceder de maneira "aplicada" e "positivista" para realizar uma historiografia "anticientífica".

Habermas considera que o estudo foucaultiano do poder sai ressentido por esses quatro paradoxos, mesmo que as contradições de Foucault, para Habermas, não deixem de ser "instrutivas".[24]

Responderei sucintamente a cada uma dessas quatro objeções formuladas por Habermas.

---

23 Habermas, "Foucault: desenmascaramiento de las ciencias humanas en términos de la crítica de la razón". In: _____, *El discurso de la modernidad*. [Na edição brasileira, p.333-72. – N. T.]
24 Habermas, *El discurso de la modernidad*, p.84-5. [Na edição brasileira, p.359-360. – N. T.] Habermas, em "As aporias de uma teoria do poder" (na mesma obra), produz outras críticas a Foucault, as quais não merecem ser levadas em consideração porque são realizadas a partir dos próprios pressupostos de Habermas. Já é notório que ambos os pensamentos são incomensuráveis.

1. As "operações sintéticas" em Foucault não são universais e necessárias, mas históricas; portanto, é coerente estudá-las a partir dos acontecimentos. Trata-se de um *a priori* histórico.
2. Essa crítica é válida para *A arqueologia do saber*. Mas as contradições desse livro foram advertidas pelo próprio Foucault, o qual tentou superá-las em seus livros seguintes (tal objeção foi formulada por Dreyfus e Rabinow em 1982, ou seja, antes de Habermas).
3. As práticas transcendentais analisadas por Foucault são "transcendentais" no sentido fraco do termo, quer dizer, transcendentais históricas (não formais). Não é paradoxal então pensá-las a partir da materialidade dos discursos e das manifestações empíricas.
4. O método de trabalho não tem por que determinar as conclusões do mesmo. Além disso, Foucault não faz "historiografia", mas filosofia; em função disso, não tem sentido catalogar seu trabalho como "científico" ou "anticientífico".

Habermas retoma a reflexão de Foucault sobre Kant e sua crítica do presente, e afirma que o homem deve empreender a tarefa sobre-humana de fabricar uma ordem das coisas desde o momento em que toma consciência de sua existência, ao mesmo tempo como autônoma e finita. Segundo Foucault, o homem que se levanta das ruínas da metafísica, da consciência de sua finitude, deve empreender a tarefa infinita do conhecimento; a grande aporia kantiana é que a faculdade de conhecimento, sendo finita, tenha condições transcendentais para abranger um conhecimento que progride infinitamente. Esse ser (o homem), a partir de sua finitude, pode ocupar o lugar de Deus.

Desde Kant, o sujeito finito transcende-se no infinito. O sujeito converte-se em objeto. Vai e vem nesse impulso alocado no qual, ao se autodescobrir limitado, descobre-se também com uma razão que o transcende. Quando já não tem mais elementos para perguntar-se com propriedade por Deus, os tem para perguntar-se por si mesmo. É finito, mas sua estrutura de conhecimento adquire formas universais e necessárias. Com esses elementos contraditórios começa o drama teórico da modernidade. A razão finita é capaz de conhecimento finito: portanto, conheçamos! Eis aqui a vontade de poder. Eis aqui a vontade de saber. Habermas resgata a análise que faz Foucault da *episteme* moderna, a qual se define mediante a dinâmica específica de uma vontade de verdade pela qual toda frustração é nada mais que o convite a uma renovação da produção de saber. Desse modo, a vontade de verdade é a chave da relação interna que há, para Foucault, entre saber e poder. As ciências humanas ocupam o terreno da autotematização aporética.

O sujeito empírico, na condição de possibilidade de conhecimento, é um objeto entre objetos e, enquanto sujeito transcendental, constitui-se como totalidade dos objetos da experiência. Desde Hegel até Merleau-Ponty desatam-se as utopias de um completo conhecimento de si. Até mesmo Freud está respondendo ao imperativo moderno do autoconhecimento. Essa "fuga para a frente" do sujeito assinala a vontade de verdade moderna e contemporânea. As ciências humanas, fruto desse sono antropológico do saber, permanecerão forçosamente como pseudociências, enquanto não advirtam o desdobramento autorreferencial do sujeito. Habermas celebra a reflexão foucaultiana sobre Kant, a partir da qual são reinterpretados os limites de nosso aparelho cognoscitivo em condições transcendentais para um conhecimento. Esse é o juízo de Habermas, que reprova Foucault por sua crítica da modernidade e sua crítica da razão, mas considera pertinente o desmascaramento realizado sobre as ciências humanas. Pensa que a crítica de Foucault, "paradoxal, cínica e autorreferencial", conseguiu perturbar a fachada de algumas ciências que alojam, em seu interior, um sujeito-objeto capturado em sua própria aporia: o sujeito da modernidade e objeto das ciências sociais.

IV
O SEXO E A ÉTICA

> *Essa oculta violentação de si mesmo, essa crueldade de artista, esse deleite em se dar uma forma, como uma matéria difícil, recalcitrante, sofrente [...].*
>
> Nietzsche, *Genealogia da moral*, II, 18.

O hiato entre o primeiro volume da *História da sexualidade* (*A vontade de saber*) e os outros dois volumes (*O uso dos prazeres* e *O cuidado de si*) indica reacomodações na investigação de Foucault e também em sua vida.

A descoberta dos Estados Unidos permitiu-lhe ter acesso a uma nova dimensão de sensibilidade social a respeito da homossexualidade. Foucault, depois de ter terminado seus estudos superiores de graduação, residiu em diferentes países: Suécia, Polônia, Alemanha, Tunísia. Além disso, viajou a outros lugares. Buscava, entre outras coisas, um espaço no qual a pressão negativa sobre sua opção sexual fosse menos sentida que na França. Em 1970, acreditou que esse lugar almejado eram os Estados Unidos. Desde então, até alguns meses antes de morrer, lá voltou várias vezes. Ali conheceu sucessos clamorosos e fortes rejeições. Por outra parte, desfrutou de uma liberdade pessoal desconhecida até aquele momento. Suas estadias em São Francisco, para dar cursos na Universidade da Califórnia-Berkeley, eram matizadas com visitas a locais de cultura gay em geral e de tendência "sodomasoquista", em particular. Paradoxalmente, no mesmo lugar em que encontrou a tranquilidade é muito provável que tenha encontrado também a doença.

Assim como Nietzsche, diante da iminência da loucura, sentiu-se impelido a publicar, Foucault, por sua vez, diante da iminência do fim, sentiu-se estimulado a complementar sua obra com uma reflexão ética. Dias antes de sua morte aparecem seus dois últimos textos. Trata-se dos volumes II e III de *História da sexualidade*. Ainda que tenha se esforçado, não conseguiu corrigir o que deveria ter sido o quarto volume, *As confissões da carne*. Expressou seu desejo de que não houvesse publicações póstumas.

Em seus últimos anos, Foucault dedicou-se a estudar as origens de nossa cultura. A partir desse lugar repensou sua própria vida. Fez sua a velha aspiração filosófico-existencial de tratar de fazer uma obra de arte consigo mesmo.

Em suas últimas aulas no Collège de France refletia sobre a morte de Sócrates. Analisava também as práticas do cuidado de si. Foucault considerava que, a partir da investigação sobre os pensamentos do passado, poderíamos chegar a descobrir a verdade sobre nós mesmos.

Os textos fundamentais do momento ético são *O uso dos prazeres*, *O cuidado de si* e *As confissões da carne* (este último, até o momento, não foi publicado).

A perspectiva ética

Não existe a categoria sociocultural "sexualidade" antes que sejam instaurados discursos sobre ela. Existe, obviamente, a genitalidade. Foucault pergunta-se por qual razão, em uma sociedade como a nossa, a sexualidade não seja simplesmente o fator que permite a reprodução da espécie, da família, dos indivíduos, mas também o lugar privilegiado a partir do qual se lê e se diz nossa "verdade" profunda sobre o homem. Desde o cristianismo o Ocidente não deixou de perscrutar no interior do desejo. O desejo, relacionado com o sexo, foi o núcleo no qual se abriga o devir de nossa espécie e nossa verdade de seres humanos. Nas sociedades cristãs, o sexo foi objeto de exame, de vigilância, de confissão. Trata-se, então, de retomar a história política da produção da verdade, mas relacionando-a agora ao sexo. A temática da *produção da verdade*, que marcou a obra de Foucault desde seus primeiros livros, mantém-se até o final de sua vida. Primeiro havia feito uma história da produção da verdade a partir do saber; em seguida, a partir do poder; e, finalmente, a partir do sexo, dos sentimentos, dos comportamentos e dos corpos.

Foucault diz que o sexo não é uma substância, mas com isso não quer dizer que o poder tenha inventado o sexo a partir do nada. Os comportamentos foram realmente extraídos do corpo dos homens e de seus prazeres, mas também foram nele solidificados mediante múltiplos dispositivos; foram trazidos à luz, isolados, intensificados, incorporados. O crescimento das perversões não é um assunto moralizador que teria obcecado os espíritos escrupulosos dos vitorianos. É o produto real da interferência de um tipo de poder sobre o corpo e seus prazeres.

Acrescentarei alguns elementos a essa concepção de Foucault. No Renascimento, intensificaram-se as regras gerais de "decência" e de "recato" em particular. Surgiu um gênero literário promotor do bom comportamento. Uma obra que, de certo modo, inicia o gênero no século XVI foi *O cortesão*, de Baltasar Castiglioni. Em 1530, foi publicado *Sobre os bons costumes das crianças*, de Erasmo de Rotterdam, texto que se refere especialmente à educação infantil. Esses livros constituem o estopim de uma proliferação de discursos sobre os "bons costumes" e seu correspondente efeito nas práticas.

A partir do século XVI, o corpo, suas ações e secreções convertem-se em alvo privilegiado de um complexo sistema de ritos e cerimônias destinados a legitimar determinados usos e costumes que apresentem variações de acordo com os países, os grupos sociais e os sexos. Trata-se de estabelecer uma série de comportamentos relacionados à distribuição do poder social. A princípio, os códigos constituíam-se para que a aristocracia cortesã se destacasse do resto da sociedade. Em seguida, a burguesia fez o mesmo. Mais tarde, as práticas estenderam-se à sociedade em geral. Obviamente, na intrincada rede de poderes, discursos e práticas pesava também o papel dos religiosos cristãos e a proliferação das instituições dirigidas por eles.

As classes sociais que começam a governar a Europa a partir do Renascimento "estreavam" no poder. Não se trata já do senhor feudal acostumado à guerra. Agora são os aristocratas cortesãos que monopolizam os governos. As regras de conduta social não serão, a princípio, para que o povo as cumpra. Trata-se de um *autocontrole de elite*. Manter um "estilo" fortalece as hierarquias e estabelece mais nitidamente as diferenças *dentro* de um mesmo nível social e *entre* os diferentes níveis. Assim como no Renascimento vai sendo instaurado um código para os bons costumes aristocráticos, na Idade Neoclássica se fará o mesmo para consolidar o estabelecimento da burguesia. Algumas das modificações que desde o começo da Idade Moderna afetam os comportamentos corporais das diferentes classes, como em suas formas de comer, defecar ou relacionar-se sexualmente, são parâmetros que nos permitem enfocar as profundas transformações que, desde então, afetam a sensibilidade e as atitudes humanas. O uso da faca, do garfo, dos copos individuais, não cuspir debaixo da mesa, não limpar o espirro com a toalha da mesa e adotar guardanapos e lenços de mão, tudo isso foi sendo instituído ao lado de reacomodações topológicas domésticas. Isolaram-se os lugares "íntimos". Reduziu-se o número de pessoas que dormiam em uma mesma cama. Também houve mudanças no cuidado pessoal: uso de perfumes para inibir os odores desagradáveis, perucas para esconder os piolhos e biombos ou outros tipos de recatos para não aparecer nu diante de pessoas de maior hierarquia. Trata-se de "tornar decentes" as aparências.

À medida que se consolida a ordem burguesa, as regras de "decoro" a respeito do sexual são assinaladas mais enfaticamente: não falar sobre certos assuntos diante das crianças, realizar o ato sexual em lugares reservados, prevenir-se da masturbação, evitar a promiscuidade. A criação do "pudor" atual percorreu um longo e tortuoso caminho e, obviamente, persiste em completa instabilidade. Ao confrontar tais considerações com a concepção de Foucault, encontra-se, de um lado, uma economia restritiva e, de outro, no âmbito dos discursos e seus domínios, o fenômeno quase inverso. Os discursos sobre o sexo não cessaram de se proliferar. Trata-se de uma fermentação discursiva que foi acelerada desde o século XVIII. As instâncias de poder falam de sexo e o fazem falar até o detalhe infinitesimal. Foucault considera que a instauração do assunto no discurso é recorrente também na pastoral cristã. No século XVII são ditadas as novas normas para a confissão; tem início uma pedagogia da "racionalidade" do sexo; é operacionalizada uma economia política preocupada com o controle da população; tem origem um discurso médico sobre as "doenças dos nervos" (excessos, onanismo, insatisfação, perversão); e, no âmbito da justiça penal, é constatada uma forte sensibilidade a respeito dos ultrajes sexuais secundários (ou de mínima magnitude).

Os novos dispositivos do desejo estão a caminho. São dispositivos de sexualidade. Trata-se da constituição da "sexualidade". Esses dispositivos pretendem atuar como retenção. Controlam o sujeito e adquirem poder sobre ele. Além disso, incita-se o desejo. São excluídas as sexualidades consideradas aberrantes. Realiza-se uma especificação dos indivíduos (normal-anormal) e adquire-se direito de julgá-los. É estabelecido o dispositivo de saturação sexual claramente delimitado: casal heterossexual, monogâmico e unido legalmente. O *objetivo* é de ordem da repressão (proibição da masturbação, das aberrações, da promiscuidade e das relações extraconjugais). O *efeito* é da ordem do poder: controlar, julgar, hierarquizar, legalizar. O poder que atua sobre o corpo e o sexo não estabelece barreiras, mas antes dispõe lugares de máxima saturação. Produz e fixa a disparidade sexual. "A sociedade moderna é perversa não a despeito de seu puritanismo ou como reação à sua hipocrisia: é perversa real e diretamente."[1]

---

1 Foucault, *La voluntad de saber*, p.65. [Na edição brasileira, p.47. – N. T.]

A temática da verdade, a partir do sexo, é considerada a partir de dois pontos de vista: *o sexo como conhecimento e o exame sobre o próprio sexo como autoprodução do sujeito*. O primeiro desenvolve-se segundo uma oposição estabelecida entre Oriente e Ocidente. Ali reinaria uma espécie de *arte erótica,* enquanto no Ocidente se imporia uma *ciência sexual.* Essa problemática será retomada por Foucault em reflexões posteriores, inclusive se autocriticando.[2]

A temática da autoprodução do sujeito se estenderá a outras investigações e será também motivo de uma reflexão partilhada com Richard Sennet.[3] Ambos os autores concordam com o fato de que, desde o século XIX, um dos recursos mais importantes para a definição de si mesmo é perceber a própria sexualidade, fundamentalmente a partir da análise da consciência e da confissão cristã. Pois bem, no século XX, a prática da confissão adquire *status* terapêutico, legitimado pela ciência. Desse modo, o homem contemporâneo encontra na psicanálise não somente a verdade a respeito de sua loucura como também a respeito de seu sexo. A psicanálise constitui dispositivos de sexualidade que multiplicam os efeitos de verdade a respeito de si mesmo a partir do próprio desejo.

A condição de possibilidade do poder, em geral, é o *poder de verdade* que permite tornar inteligível seu exercício. A análise dos discursos sobre o sexo ilumina algumas das estratégias do poder contemporâneo. A circulação dos discursos possibilita que estes, ao penetrarem em diferentes âmbitos, gerem novos espaços de poder. Foucault, em *A vontade de saber,* analisa os dispositivos de sexualidade como dispositivos de poder, os quais são acionados a partir da pedagogia, da religião, da tecnociência, da justiça, do governo e – finalmente – da psicanálise. Mas esse texto, que é o primeiro volume de *História da sexualidade,* é o último no qual Foucault enfatiza o poder.

Seria possível dizer que com as reflexões de *A vontade de saber* Foucault fixou um eixo temático que vinha trabalhando desde

---

2 Foucault, *Saber y verdad,* p.191.
3 Foucault; Sennett, Sexualidad e soledad, *El viejo topo,* 1982.

História da loucura: saber-poder. E em *O uso dos prazeres* abre-se a uma perspectiva que, até o momento, havia mantido em segundo plano: *a articulação corpo-ética*. Foucault mesmo oferece a explicação de seu novo campo de análise. Seu projeto original era fazer uma história da sexualidade como experiência, isto é, segundo a correlação que, em uma cultura, é estabelecida entre saber, poder e ética. Ao dedicar-se à temática ética, descobriu que, através dos séculos, não é a sexualidade que foi problematizada, mas o desejo.

Os dois primeiros âmbitos (saber-poder) já estavam trabalhados amplamente. Ao abordar o terceiro (sexo-ética), deparou-se com a seguinte dificuldade: tanto a teoria clássica da sexualidade (cujo modelo é a doutrina cristã) quanto a que se opõe a esta (cujo modelo é a teoria psicanalítica) identificam sexualidade e desejo. O desejo não é, para Foucault, uma invariante da sexualidade que assumiria diferentes formas históricas. Por causa disso, não considerou pertinente tomar a noção de *homem de desejo* sem submetê-la a um trabalho crítico. Produziu uma genealogia na qual analisa as práticas pelas quais os indivíduos foram levados a prestar atenção a eles mesmos, dando lugar a uma determinada relação que lhes permita descobrir no desejo a verdade de seu ser. Como se propõe uma história crítica do homem de desejo, Foucault abandona o projeto que havia apresentado em *A vontade de saber* e dedica-se ao que serão os restantes volumes de sua *História da sexualidade*. Estuda a formação, desde a Antiguidade, de uma hermenêutica de si. Se antes estudou mediante qual maneira alguém pode se pensar como louco, como doente ou como criminoso, agora se pergunta sobre quais jogos de verdade o homem de desejo se autorreconhece. Também se pergunta por que o comportamento sexual e seus prazeres foram objeto – desde a Antiguidade – de preocupação moral, levando, às vezes, a ser mais importantes que as dietas alimentares ou os deveres cívicos. Inclusive descobre a existência de preocupação moral sobre assuntos a respeito dos quais não há, oficialmente, proibição codificada.

Nas culturas gregas, clássica e helenística, e na romana imperial, a problematização moral encontrava-se ligada a um conjunto de práticas que Foucault chama "artes da existência", "técnicas de si" ou "tecnologias do eu". As mesmas foram perdendo seu valor estético quando foram incorporadas ao código cristão, mas continuam ressurgindo através da História, ainda quando adquirem outros sentidos.

Foucault faz uma arqueologia das problematizações e uma genealogia das práticas de si. Sua tarefa não é uma história da ética na qual se desdobram os diferentes sistemas de moral através do tempo, mas sim uma história das *problematizações* éticas. O projeto de realizar essa história leva-o a trabalhar sobre as condições de possibilidade de nossa moral. Remonta-se, assim, à Grécia e à Roma (pagã e cristã). Analisa a luta sempre aberta entre o que se diz e o que se faz, entre projeto e realização. É uma História das formas de subjetivação moral e das práticas de si que estão destinadas a assegurá-las. É a História das diferentes formas que, no Ocidente, adquiriu o que Foucault considera ser a ética: a relação consigo mesmo.

A relação consigo mesmo

Na análise de textos pagãos e cristãos encontram-se assuntos recorrentes. Os mesmos se estenderam por toda a cultura ocidental. Nas obras cristãs costuma-se encontrar normas de conduta transferidas de textos gregos e latinos. Foucault classificou ou agrupou segundo quatro temas fundamentais ou modelos essas preocupações comuns a pagãos e cristãos: o sexo como temor, a valorização da conjugalidade, a rejeição da homossexualidade e a valorização da continência.

Na Antiguidade existia uma inquietação pela perda de sêmen e certo temor de idiotizar-se ou enfraquecer-se pelo desregramento sexual. Desse temor, comum a pagãos e cristãos, foram tributárias a medicina e a pedagogia modernas. Além disso, a fidelidade conjugal era aconselhada por moralistas e filósofos. Também se desqualificava o "afeminado". E, finalmente, tendia-se valorizar a *continência*: a abstenção sexual foi um modelo de conduta próprio dos heróis e campeões na Grécia, de sábios em Roma, e de santos entre os cristãos. Mas a persistência de modelos morais entre pagãos e cristãos não significa uma igualdade de sentido. Não adquire o mesmo sentido a austeridade de um pitagórico, de um epicurista e de um estoico. Não partilham uma moral autônoma. Não obedecem a um mesmo código.

A Antiguidade gestou uma temática a respeito da moral que se conservou constante através das diversas instituições e de concepções diferentes, ainda que com práticas similares. Essa temática é certa *inquietação em torno da austeridade sexual*. A problematização da austeridade sexual expressou-se, segundo Foucault, em quatro eixos fundamentais: o corpo, a esposa, os rapazes e a verdade. Esses eixos são tratados em *O uso dos prazeres*. A "dietética" leva em conta o corpo; a "econômica", a esposa; a "erótica", os rapazes; e "o verdadeiro amor", o problema da verdade. Os mesmos assuntos, porém enfocados entre os romanos, são abordados em *O cuidado de si*. Os quatro eixos (corpo, esposa, rapazes e verdade) mantêm-se com matizes diferenciados.

Nos distintos grupos estudados destaca-se, além da *regra* de conduta e da *conduta* que se realiza e é mensurável pela regra, a disposição de cada indivíduo em *relação consigo mesmo*, isto é, a maneira pela qual alguém deve se constituir como sujeito moral que atua em referência aos elementos prescritivos que constituem o código. Diante de um código de ações, há diferentes maneiras de "conduzir-se" moralmente, diferentes maneiras para o indivíduo que busca agir não simplesmente como agente, senão também como sujeito moral da ação. Essa constituição do sujeito da ética, não de um sujeito universal, mas do sujeito que cada um de nós somos, tem a ver com diversas instâncias:

1. determinação da *substância ética;*
2. *modos de sujeição;*
3. elaboração do *trabalho ético;*
4. *teleologia* do sujeito moral.

1. A *determinação da substância ética* apoia-se na maneira pela qual o indivíduo, levando em consideração sua pertença a um grupo, atribui uma forma a si mesmo. Isso será a *matéria-prima* de sua conduta moral, surgida de um valor moral que o indivíduo aceita como tal. Por exemplo, a fidelidade, será praticada conforme aquilo que é considerado o essencial com respeito a esse valor (ser fiel com o pensamento, com o corpo, com os sentimentos, em determinadas condições, sempre, incondicionalmente etc.). A constituição da substância ética responderia à seguinte pergunta: que parte de mim mesmo ou de minha conduta diz respeito à conduta moral? Foucault reconhece diferentes substâncias éticas: os atos ligados ao prazer e ao desejo nos gregos, as experiências da carne nos cristãos, a sexualidade a partir do século XIX. Um filósofo grego tinha como problema ético tocar ou não o rapaz pelo qual estava apaixonado; sua substância ética estava ligada ao desejo, ao ato e ao prazer. Em contraposição, Santo Agostinho, no livro IV das *Confissões*, angustia-se porque não sabe exatamente que tipo de desejo sentia por um amigo aos 18 anos. Sua substância ética estava ligada à representação originária desse amor: provinha do espírito ou da carne? A partir de outra perspectiva, o homem contemporâneo atende ao sentimento como determinante de sua substância. Ouve-se dizer, por exemplo, "*sinto* que isto é bom (ou ruim)".

2. O *modo de sujeição* é a forma pela qual o indivíduo se reconhece ligado à regra e estabelece sua relação com ela. Esse aspecto da ética tem a ver com a maneira pela qual as pessoas são convidadas ou incitadas a reconhecer suas obrigações morais. Algumas de suas perguntas podem ser: devo obedecer à lei divina que se revelou em um texto? As leis da natureza regem, do mesmo modo, cada ser vivente? Há uma regra racional (kantiana universal)? Devo dar à existência a forma mais bela possível? Por exemplo, os estoicos foram passando lentamente de um modo de sujeição a outro: da ideia de fazer de sua vida uma estética da existência deslocaram-se à ideia de que se deve fazer certas coisas na medida em que somos seres racionais e pertencentes à comunidade humana.

3. O terceiro aspecto da relação consigo mesmo, na condição de sujeito ético, é o *trabalho* de transformação que realizamos em nós mesmos. Trata-se de uma *ascese* (ascetismo em sentido amplo) por meio da qual nos transformamos em sujeitos morais de nossas condutas. Trata-se de moderar nossos atos, ou de decifrar nossos desejos, ou de controlar-nos para realizar ou não determinadas ações, segundo as considerações valiosas ou negativas. Alguém pode se propor etapas para chegar a observar uma conduta desejável ou, pelo contrário, pode decidir-se bruscamente a romper com hábitos não valorizados e adquirir outros.

4. A *teleologia* do sujeito moral tem a ver com a inserção de cada ação no conjunto de nossas condutas. Uma ação moral tende à sua própria realização; mas, além disso, busca a constituição de uma conduta moral que leve o indivíduo não somente a ações sempre conformes a certos valores, mas também a certo modo de ser, que caracteriza cada sujeito moral. Quero ser uma alma bela? Quero salvar minha alma? Aspiro ser um bom cidadão? Busco o autodomínio? Essas seriam algumas das perguntas próprias do *telos* da ética, em cujo sentido são inseridas as condutas que realizamos.

Uma ação moral inscreve-se em:

– um *código* ao qual se refere (não depende do indivíduo);
– uma *conduta* (depende do indivíduo em relação ao código);
– uma determinada *relação consigo mesmo*, na qual o indivíduo se define a partir:
  • da *substância ética*;
  • dos *modos de sujeição*;
  • do *trabalho sobre si mesmo*;
  • da *teleologia* (depende do indivíduo em relação ao *seu* próprio código).

Tanto em *O uso dos prazeres* como em *O cuidado de si*, Foucault aponta uma diferença entre os elementos do código e os elementos ascéticos de uma moral. Interessam-lhe estes últimos na medida em que estabelecem uma relação consigo mesmo. O tipo de moral que estuda é propício para destacar o aspecto das práticas de si. Não obstante, a referência ao código sempre está presente, a qual lhe permite assinalar melhor a preocupação ética de tipo ascético. Por exemplo, em uma sociedade cujo código tolera as relações fora do casamento, a problemática a respeito dessa relação está inscrita em uma vontade de aperfeiçoamento e não no cumprimento de um sistema de leis que dependam de um código externo.

Os antigos não se propunham, como Kant, saber qual poderia ser o fundamento da moral: uma filosofia objetivava oferecer aos indivíduos um método de felicidade. Uma seita não era uma escola na qual se aprendiam ideias gerais; as pessoas aderiam a ela porque buscavam um método razoável de realização. Houve pessoas ou pequenos grupos de pessoas que se propuseram fazer de sua própria vida uma obra de arte. Isso requer uma ética-estética e uma especial relação consigo mesmo.

Foucault considera que o sujeito de conhecimento constitui-se segundo a *episteme* de sua época, e o sujeito configura-se às relações de poder conforme os dispositivos de força no qual está inserido. Algo similar ocorre com o sujeito da ética, no sentido de que não é um sujeito dado de uma vez por todas, senão que se constitui como tal a partir das práticas e discursos.

O domínio de si

Não há, então, História da sexualidade, mas História da ética entendida como relação consigo. *História dos meios pelos quais o indivíduo se converte em sujeito moral em relação ao desejo.* No caso do homem contemporâneo, é necessário estudar sua relação com a sexualidade. No cristão, é preciso analisar sua relação com as ataduras da carne; e entre os gregos e romanos, trata-se do uso dos prazeres.

Esquematicamente, poderia ser dito: para a psicanálise, se sei (se conheço) acerca de meu desejo, de minha sexualidade, do erotismo de meu corpo, estou esclarecendo minha situação existencial; para o cristianismo, se sei sobre minha concupiscência, minha carne, minhas inclinações libidinosas, posso avançar no caminho de minha perfeição; para o paganismo, se sei a respeito de minha relação com os prazeres, do uso e controle dos prazeres, posso chegar a fazer de minha vida uma obra de arte. Em todos os casos, há implicações morais.

Se a conduta sexual for considerada pelos três elementos – *ato, prazer, desejo* –, vemos que há um deslocamento da importância que lhes é atribuída, segundo se trate dos gregos, dos estoicos tardios, dos cristãos ou do homem contemporâneo. O grego enfatiza o *ato* (quando fazê-lo, onde, com quem, em atitude ativa ou passiva) e o *prazer* (natureza animal ou racional dos diferentes tipos de prazeres), sem descuidar do desejo. Nos estoicos há uma tendência a aniquilar o desejo e chegar à apatia. No cristão, o *ato* e o *prazer* são colocados em segundo plano (o primeiro será permitido somente dentro do casamento e, preferivelmente, para a reprodução; o segundo tende a ser excluído). Adquire primazia o *desejo*, se bem é verdade que há similitude com o estoico do ponto de vista de "acabar com o desejo"; a diferença apoia-se em que o cristão deve perguntar ao seu desejo. Deve-se investigar se o que o motiva é o amor a Deus ou as inclinações da carne. Ao contrário, o estoico deve despotencializar o desejo. O ideal é a indiferença.

Essas problemáticas revelam que não basta que exista um código – mais ou menos rígido – para que os indivíduos saibam com certeza o que devem fazer para serem morais. Em todas as épocas houve pensadores, moralistas, filósofos e médicos que determinavam que aquilo tolerado ou rejeitado pelo costume geral não podia regulamentar suficientemente e, como convinha, a conduta sexual de um homem preocupado consigo mesmo; reconheciam, na forma de considerar esse prazer, um problema moral. Para estudar o que estrutura a experiência moral do homem de desejo, Foucault analisará sua:

1. ontologia;
2. deontologia;

3. ascética;
4. teleologia.

Poder-se-ia dizer que cada uma dessas instâncias responde aproximadamente as seguintes perguntas:

1. O que é o moral em mim? Qual é a matéria-prima sobre a qual me formo, como sujeito moral?
2. A que princípio devo responder para ser moral (natureza, lei divina, regra racional, regra estética, regras derivadas da verdade científica)?
3. Como devo proceder para ser moral? Que práticas devo realizar (exame, continências, jejuns, confissões, abstinências)?
4. Que aspiro, ao ser moral? Que fim persigo (a liberdade, a imortalidade, a tranquilidade de ânimo, a indiferença)?

1. *Ontologia*. Os gregos não tinham um termo exatamente equivalente ao que para nós é a sexualidade, ou ao que, para os cristãos, era a *carne*. Ainda que sem delimitar com precisão, o conjunto de práticas que tinha a ver com o prazer em geral e com o prazer sexual em particular denominava-se *aphrodisia*. Sua preocupação parece recair sobre o uso (*chresis*) que se fazia dos prazeres (*aphrodision*). A respeito do desejo (*epithumia*), aconselhava-se tomar medidas de autocontrole, quando resultasse desregrado. Mas não se suspeitava, como ocorrerá entre os cristãos, que o desejo pode chegar a ser uma máscara que, na verdade, está escondendo algo ignominioso (ou algo ainda mais ignominioso que ele mesmo). Entre os gregos importava mais a *dinâmica* dos prazeres que sua morfologia ou seu sentido profundo. Nessa dinâmica estavam envolvidos o movimento que leva ao prazer, o desejo que esse suscita e o ato a partir do qual os prazeres são constituídos. Na ética cristã da carne e no conceito contemporâneo de sexualidade será produzida uma *dissociação*. O prazer, de certo modo, é elidido, seja pela desvalorização teórica na concepção da sexualidade ou pela dificuldade, na psicanálise, para dar estatuto conceitual ao prazer; seja pela desvalorização moral no

cristianismo. Em geral, nas concepções pós-gregas há uma espécie de divórcio entre prazer, desejo e ato.

O desejo, no estoico, será motivo de perturbação do ânimo; no cristão, sinal da queda original; e, na psicanálise, sintoma de que nos constituímos na carência. Não obstante, a importância do desejo, longe de decrescer, é incrementada: para tratar de anulá-lo (estoicos), para reprimi-lo (cristãos), para liberá-lo (psicanálise). Para esta última teoria, o ato não adquire maior importância, e para o cristianismo importa somente quando deslocado ou acurralado em um processo de "naturalização" (fazê-lo sem sofisticações, somente para procriar; portanto, somente com o sexo oposto, sempre com a mesma pessoa e dentro dos limites conjugais).

Em geral, a dinâmica dos prazeres entre os gregos seguia o modelo diagramado por Platão no *Filebo*, segundo o qual não há desejo sem carência da coisa desejada. Porém, o apetite não é provocado pelo corpo, mas pela alma. Ela suscita a representação do que proporciona prazer; portanto, somente há desejo na alma. Se há carência no corpo, é a alma que torna presente a falta por meio da recordação. A alma produz a *epithumia*, o movimento dirigido ao que propicia prazer. Aí está, para Foucault, o ponto principal da reflexão moral: o ato, o desejo e o prazer estão inscritos em uma dinâmica que, em definitivo, tem a ver com a alma.

A questão ética que se propõe não é: que desejos, que atos, que prazeres? Mas com que força nos deixamos conduzir "pelos prazeres e desejos"? A ontologia à qual se refere essa ética do comportamento sexual, pelo menos em sua forma geral, não é uma ontologia da carência e do desejo; não é a de uma natureza que fixa a norma dos atos; é a de uma força que associa entre si atos, prazeres e desejos. Ao contrário da experiência cristã da carne, para os gregos a experiência das *aphrodisia* não estava associada ao mal, mesmo que para o grego os prazeres relacionados com o corpo, qualitativamente, adquirem certa inferioridade ontológica. Esse tipo de prazer é próprio dos animais, ou é comum com eles. A atividade sexual aparece como um jogo de forças de natureza que pode se prestar a abusos. Esse é o motivo pelo qual os prazeres eróticos, semelhantemente aos da mesa, são motivos de problematização não somente de tipo médico e filosófico, mas também moral. A moderação a respeito desse tipo de prazer envolverá um tríplice domínio: temperança na *bebida*, na *comida* e no *amor*. Na transição da ética grega para a cristã será diminuída a importância dos dois primeiros e será reforçada a do terceiro.

Nos primeiros séculos de nossa era, a reflexão sobre a moral dos prazeres começa a apresentar um acentuado rigor. Foucault considera que isso não deve ser interpretado como um estreitamento do proibido. Do ponto de vista dos códigos, não se produziu um sensível reforço do autoritarismo, nem se tornou mais eficaz o sistema punitivo. A mudança é relativa à constituição do sujeito moral. O desenvolvimento do cuidado de si produziu seu efeito não no reforço do que pode suprimir o desejo, mas em certas modificações que dizem respeito aos elementos constitutivos da subjetivação moral.

2. *Deontologia*. Para os gregos, o uso dos prazeres realizava-se de acordo com o princípio regulador da atividade moral. Foucault afirma que no uso dos prazeres – embora seja verdade que se deve respeitar as leis e costumes do país, não ofender os deuses e remeter--se ao que quer a natureza –, as regras morais às quais alguém se submete estão muito distantes do que pode constituir uma sujeição a um código bem definido. Trata-se, muito mais, de um ajuste que vai mudando e no qual devem ser levados em consideração diferentes elementos.[4] A estratégia que dá forma ao uso dos prazeres provém:

a. do necessário, segundo a natureza;
b. da oportunidade temporal e circunstancial;
c. do estatuto do indivíduo que é sujeito da moral.

a. A *necessidade* é um princípio regulador da moral. As *aphrodisia* são algo natural. Os cínicos diziam que não devia envergonhar-se

---

[4] Foucault, *El uso de los placeres. Historia de la sexualidad*, v.II, p.52. [Na edição brasileira, p.52. – N. T.]

delas, posto que surgiam da satisfação de necessidades. Diógenes masturbava-se em praça pública e dizia que quem dera o homem tivesse algo equivalente à masturbação quando se tratasse da fome, de modo que ela fosse aplacada somente com a massagem do estômago. Mas nem sempre os prazeres do corpo são apresentados dessa maneira. Sócrates aconselha afastar do olhar o objeto desejado se não se está bem preparado para autocontrolar-se. Platão propõe, a respeito dos rapazes, uma espécie de "abstenção infinita". Não obstante, a maioria dos autores não apresenta uma abstenção total, definitiva e incondicional, como em seguida proporão e exigirão algumas seitas cristãs.

A necessidade é regulada por práticas morais. O prudente é não excitar desejos que vão além delas. Deve-se buscar o equilíbrio no jogo entre prazer e necessidade. Esse equilíbrio não está determinado casuisticamente. Cada indivíduo deve se moderar para não cair na incontinência, que é contrária à necessidade. Assim, a prática regulada dos prazeres converte-se em uma arte. A arte da *temperança*, valorizada positivamente por gregos e romanos, passará a ser, em seguida, uma das virtudes cristãs.

b. Outro princípio regulador analisado em *O uso dos prazeres* é o *momento propício (kairos)*. Fazer uso dos prazeres quando é devido converte a moral em uma arte enraizada na oportunidade, no tempo, no momento. Os textos médicos e filosóficos são escassos quando se trata de determinar o ato sexual. Com exceção das referências à "passividade" vergonhosa e à "atividade" honrosa, é pouco o que se encontra sobre o ato em si. Ser ativo é próprio de varões; ser passivo, de seres inferiores (mulheres e escravos). Os rapazes são motivo de problematização especial, porque se trata de futuros cidadãos. Deve-se tomar as precauções suficientes para que, por um lado, a passividade não os desagrade e, por outro, estejam em condições de ser ativos tão logo sejam homens.

Embora o ato em si não apresente mais problemas que os indicados, não ocorre o mesmo com o momento em que deve realizar-se. Os diferentes autores estendem-se a respeito do momento oportuno: a que hora do dia ou da noite, em que estação do ano, acompanhado de determinado regime alimentício, em que idade, depois ou antes de certos trabalhos. O momento oportuno é tão importante que um dos fundamentos dos inconvenientes do incesto é o "descompasso do tempo" que diz respeito às idades do casal, no caso de pais e filhos.

c. O *estatuto* do indivíduo é levado em conta para a regulação moral. À diferença da moral cristã, que universaliza as leis e somente apresenta diferenças entre leigos e professos, os pagãos estabelecem diferenciações entre os indivíduos morais. Foucault enfatiza que os gregos e os romanos regiam-se por diferentes valores conforme se trate de mulheres, escravos ou homens. Entre estes últimos, também se estabelecem diferenças segundo sua posição social, hierarquia e idade. A exigência é maior para aqueles que têm mais autoridade, *status* ou responsabilidade. Eles são os que devem se auto-obrigar para dar exemplo de temperança no uso dos prazeres: não somente por princípios, mas também por consequências práticas. Quem não oferece um modelo de temperança não está em condições de exigi-la a seus inferiores, ou não é eficaz ao fazê-lo. O pensamento prático pagão avalia o que se deve fazer segundo o estatuto, quer dizer, o nível familiar, social e político. Não tem necessidade de algo assim como um texto que imponha uma lei, senão de uma *techné* ou de uma "prática", uma habilidade que, ao levar em conta princípios gerais, guie a ação em seu momento, segundo seu contexto e em função de seus fins. Não é, portanto, universalizando a regra de sua ação que, nessa forma de moral, o indivíduo constitui-se como sujeito ético. Pelo contrário, é mediante uma atitude que individualiza sua ação e pode inclusive lhe dar brilho singular.

Se for levada em consideração a análise de *O cuidado de si*, pode--se concluir que entre os estoicos tardios a substância ética seguirá sendo o prazer, porém mais enfaticamente regulado. O sujeito deve assegurar o domínio sobre si, mas já não é tão valorizado em sua posição (em seu estatuto). Ser "humano" significa pertencer à natureza, portanto, estar em condições – lhe é proposto – de viver em harmonia com ela. A ênfase será colocada na fragilidade do ser humano e na necessidade de manter-se ao abrigo dos desregramentos. A aristocracia (nesses grupos) não dependerá mais do *status* ao qual se pertence, mas daquele que se alcança por amor à sabedoria. Diz Sêneca:

> Não temos inveja dos que ocupam elevados lugares, porque o que nos parece altura é precipício; e, pelo contrário, aqueles aos quais a sorte adversa colocou em estado de mediania, estarão mais seguros se destituírem a soberba dos ministérios que, em si mesmos, são soberbos, diminuindo, o quanto possível, sua fortuna ao razoável.[5]

A moral estoica primitiva exigia que cada um se submetesse a uma arte da existência. Mas, nos estoicos tardios, essa arte vai se referir a princípios universais da natureza ou da razão.

Foucault não o destaca, mas merece ser assinalado que a atitude do estoico tardio, no que concerne à *intenção*, está mais próxima do cristianismo e de certos aspectos da ética kantiana que dos gregos. Para um grego arcaico não importava a intenção, o que contava era a ação. Édipo é culpável mesmo quando não queria ser nem parricida nem incestuoso. Por outro lado, em uma ética cristã ou kantiana – *mutatis mutandis* – a intenção de não matar seu pai, ou de casar-se com sua mãe, teria sido considerada. Também nos estoicos a noção de intenção é considerada: "Se alguém casado deita-se com sua mulher julgando que é alheia, será adúltero, sem que o seja sua mulher. Se alguém me dá algum veneno que, misturado à comida, perdeu a força, ainda que não me prejudique, tornou-se sujeito à culpa; e não deixa de ser criminoso aquele cujo punhal permaneceu preso à roupa". Assim refletia Sêneca.

3. *Ascética*. A *enkrateia* é o bom uso dos prazeres. É a "atitude" necessária para relacionar-se consigo mesmo por meio de um

---

5 Zambrano, *El pensamiento vivo de Séneca*, p.71.

trabalho autoimposto. Se alguém quisesse ser moral, teria de realizar a *enkrateia* sobre si. Foucault encontra essa noção com diferentes características nos gregos, romanos e cristãos. A evolução que se produzirá, por sinal com muita lentidão, entre paganismo e cristianismo, não consistirá em uma interiorização progressiva da regra, do ato e da falta; atuará antes pela reestruturação das formas de relação consigo mesmo e a transformação das práticas e técnicas sobre as quais essa relação apoia-se.

Os gregos atribuíam à *sophrosyne* (moderação) o mesmo alcance da temperança, da piedade, da justiça e do valor. Em troca, a *enkrateia* (continência) remetia à forma ativa do domínio de si mesmo no campo do desejo e dos prazeres. A primeira tem a ver com o domínio da razão que nos indica o "justo meio" para conseguir a "temperança". A segunda está situada no eixo da luta para atingir esse bom-senso. A *enkrateia* é luta, resistência, combate pela continência. À diferença do homem "temperante", o "continente" experimenta outros prazeres não conformes à razão; mas não se deixa arrastar por eles, e seu mérito será tanto maior quanto mais fortes forem seus desejos.

A *enkrateia* é a condição de possibilidade de *sophrosyne*. É da ordem do domínio de si. Envolve uma relação agonística entre o desejo e nós mesmos. A longa tradição do combate espiritual, que haveria de tomar tantas formas diferentes, teria se articulado claramente já no pensamento grego clássico. As forças selvagens do desejo, a não ser que sejam bem controladas, chegam, inclusive, a invadir-nos durante o sonho. Essa ideia, expressa por Platão na *República*, IX 571d, reaparece profusamente nos cristãos. Santo Agostinho aspirava progredir tanto no caminho da perfeição quanto na erradicação dos maus pensamentos, inclusive no sonho.

Lutar contra os desejos e prazeres significa medir-se consigo mesmo. As "partes da alma" e o "vencer-se a si mesmo" é um assunto reincidente nos clássicos greco-romanos e nos cristãos. A vitória total seria a extirpação dos desejos. Nisso insistiram os estoicos e houve cristãos que, levando-o a suas últimas consequências, mutilaram seus membros sexuais. Já para os gregos a ideia não era acabar definitivamente com a tentação ou com o órgão com o qual podemos ter acesso ao prazer, mas dominar os desejos. O temperante equilibrado não é o que carece totalmente de desejo, mas o que deseja *quando* e *como* se deve. Esquematicamente seria assim:

RELAÇÃO CONSIGO MESMO	
Gregos e romanos: • dominação – obediência • mando – submissão • senhorio – fraqueza	*Cristãos:* • elucidação – renúncia • decifração – purificação • interrogação – rejeição
PRÁTICAS	
• Luta espiritual, confissão com amigos ou mestres, caderno de notas, atenção, renúncia temporal.	• atenção, receio, caderno de notas, confissão canônica, autoacusação, luta espiritual.
Estoicos tardios e cristãos partilham a aspiração de aniquilar o desejo (com matizes diferentes)	

4. *Teleologia.* Aquele que alcança a *sophrosyne* é livre. A liberdade é o bem ao qual se tende no exercício do senhorio de si e do uso dos prazeres. A aposta moral dos gregos é a *liberdade*. Não se trata somente da liberdade da cidade inteira. Trata-se também da liberdade de cada cidadão em sua relação consigo mesmo. Para Foucault, o grego não carecia de individualidade nem de interioridade. Para desenvolver essa afirmação, ele se refere a textos médicos e filosóficos que apontam a importância de manter-se livre a respeito dos desejos. A partir disso se constitui a felicidade individual e a boa ordem da cidade. Ser livre em relação aos prazeres é não estar a seu serviço, é não ser seu escravo. Muito mais que a mancha, o perigo que trazem consigo os *aphrodisias* é a servidão.

O cidadão deve buscar governar a si mesmo como condição de possibilidade para governar os demais. As desordens de sua conduta afetam a vida da cidade. O exercício do poder político envolve uma regulação interna de cada indivíduo. O domínio de si, longe de convertê-lo em um tirano, possibilita-o ser moderado com os demais. Nos textos de maior intimidade – os que se referem à fidelidade conjugal ou à relação com os rapazes –, o que se privilegia é como deve conduzir-se dignamente quem dirige (ou dirigirá) os demais.

O domínio como liberdade ativa assinala o caráter viril da temperança. Assim como é vergonhoso ser passivo na relação sexual, é degradante ser passivo a respeito dos prazeres e deixar-se penetrar por eles. A intemperança é "feminina", quer dizer, própria de seres inferiores. Quando se quer elogiar uma mulher, diz-se que ela possui virtudes viris. Devem ser ainda mais viris as virtudes daqueles que governam os demais. Assim, a individualidade é concebida em função da harmonia da cidade.

O temperante é livre e por ser temperante somente deseja o que lhe dita a reta razão. A *liberdade* está, desse modo, em estreita relação com a *verdade*. Liberdade e verdade constituem o *telos* para o qual está orientada a reflexão ética do grego clássico. Desde Sócrates, a virtude é assemelhada ao conhecimento. Quem conhece o bem não pode desejar o mal; e o bem é belo e nos faz livres, à medida que formos virtuosos. Verdade, beleza, bem e liberdade inscrevem-se em uma mesma corrente moral que aspira fazer da vida uma obra de arte. Não podemos constituir-nos como sujeitos morais no uso dos prazeres sem, ao mesmo tempo, constituir-nos como sujeitos de conhecimento. A relação prazer-*logos* analisada em *O uso dos prazeres* adquire diferentes formas:

a. forma estrutural;
b. forma instrumental;
c. forma ontológica.

a. *Forma estrutural.* A *sophrosyne* responde ao *logos* e graças a isso se alcança a harmonia entre todas as partes da alma. Desse modo, a faculdade apetitiva responderá ao governo da razão. Esta é soberana na hierarquia humana. O racional deve mandar e organizar as demais potências que estruturam o ser.

b. *Forma instrumental.* O domínio dos prazeres exige lidar com as noções de apetite, momento adequado e circunstâncias convenientes; portanto, é necessária uma razão prática que determine e trabalhe adequadamente os prazeres. A razão prática, ou seja, moral, lida com o uso dos prazeres para poder escolher que coisas são as melhores para cada um e agir de modo correspondente.

c. *Forma ontológica*. O reconhecimento ontológico de si mesmo se produz na luta para conhecer a verdade. Esse reconhecimento forja paulatinamente a prática da virtude, a qual não se alcança de uma vez por todas, mas na constante busca da alma que quer se superar.

Esse forte elemento grego da moral como busca da verdade é o antecedente da longa tradição – estoica e cristã – do "combate espiritual" inerente à sabedoria ou à santidade. Nos gregos, o conhecimento ontológico de si mesmo não apresenta a alma como um domínio de conhecimento possível no qual se deve *desentranhar os rastros do desejo*. Pois bem, se nos gregos a meta não é decifrar a verdade sobre si mesmo, nem interrogar o desejo, em troca abre-se outra possibilidade: propor-se uma *estética da existência*, a qual não obedece a um código de comportamento e não envolve um trabalho de purificação, senão que responde, antes, a princípios formais gerais no uso dos prazeres. São eles:

– a *distribuição* que se faz dos prazeres;
– os *limites* que se observam;
– as *hierarquias* que se respeitam.

Ao reger-se pelo *logos* e ter relação com a *verdade* (isso não é o mesmo que "dizer a verdade sobre si mesmo"), uma vida inscreve-se na manutenção ou na reprodução de uma ordem ontológica e recebe o resplendor da *beleza*. Esse é o motivo pelo qual uma ética fundada na verdade adquire conotações estéticas. Por outra parte, quando se respeita uma ordem conveniente à alma – a temperança, a sabedoria –, alcança-se a beleza e, com isso, também a felicidade. Nenhuma violência da alma ou do corpo deve perturbar o indivíduo cuja conduta importa para ele mesmo, assim como para o olhar e a recordação dos demais. A seguinte consideração sobre os estoicos pertence ao *O cuidado de si*:

O ponto de chegada dessa elaboração é ainda e sempre definido pela soberania do indivíduo sobre si mesmo; mas essa soberania amplia-se numa experiência na qual a relação consigo assume a forma não somente de uma dominação, mas de um gozo sem desejo e sem perturbação. Ainda se está longe de uma experiência dos prazeres sexuais em que estes serão associados ao mal, em que o comportamento deverá se submeter à forma universal da lei e em que a decifração do desejo será uma condição indispensável para aceder a uma existência purificada.[6]

Não obstante, uma nova disposição começa a ser delineada. Esquematicamente, poderia ser representada conforme o quadro situado imediatamente na sequência.

Deleuze compara as quatro instâncias da constituição do sujeito ético em Foucault com as quatro causas aristotélicas.[7] As instâncias ou elementos constitutivos da subjetividade moral são como *dobras* do fora que se introduzem no dentro. Constituem a subjetividade.

	GREGOS	ESTOICOS E ROMANOS	CRISTÃOS
Substância ética:	• *Força* que conduz o uso dos prazeres	• A mesma *força*, mas se indica sua *fragilidade*	• Desejo, concupiscência, carne
Sujeição:	• *Estética* e *comunitária*	• *Natureza, lei racional*	• *Lei divina*
Trabalho:	• *Ascética*, relações políticas	• *Ascética*, autodomínio	• *Ascética*, auto-decifração
Telos:	• *Liberdade e verdade*	• *Imperturbabilidade do ânimo*	• *Salvação da alma*

A primeira dobra corresponde à causa material. É a matéria-prima da moral, que nos gregos e romanos corresponde aos *aphrodisia*, nos cristãos, à carne, e em nós, à sexualidade.

---

6 Foucault, *La inquietud de si. Historia de la sexualidad*, v.III, p.184. [Na edição brasileira, p.72. – N. T.]
7 Deleuze, *Foucault*, p.137. [Na edição brasileira, p.111-2 – N. T.]

A segunda dobra, as formas de sujeição, é composta de verdadeiras relações de forças que corresponderiam à *causa eficiente*. São as forças que alimentam a disposição para agir de maneira moral (estética, natural-racional, divina, segundo o "sentimento").

A terceira dobra, a do *trabalho*, evoca a *causa formal*. Trata-se do lugar no qual se configura a relação entre conhecimento e moral. A verdade serviria de condição formal a todo saber, a todo conhecimento: subjetivação do saber que não se realiza, de modo algum, da mesma maneira entre os gregos, entre os cristãos, em Platão, em Descartes ou em Kant.

A quarta dobra, a teleológica, corresponderia à *causa final*. A despeito de "dobrar-se", já que contribui para a constituição da subjetividade, apesar de que nem sempre o que se dobra é o fora, este é o mais externo. Nele se tende a algo que o sujeito aspira alcançar: liberdade, verdade, indiferença, eternidade, saúde.

Foucault pergunta-se por que, em nossas sociedades, foi se acentuando, cada vez mais, a relação entre temáticas próprias da moral e o privilégio atribuído ao ato sexual. Considera que a resposta deverá ser buscada na ideia de que no ato sexual conjugam-se *a vida e a morte*. A *morte* encontra-se presente no discurso de médicos, filósofos e moralistas, no sentido de gasto (perda, fraqueza) que envolve, para o corpo, fundamentalmente do homem, o ato sexual. A *vida* está presente nesse ato porque dele depende a continuação da espécie. É a partir do jogo entre vida e morte que o ato sexual torna-se um lugar de privilégio na reflexão moral.

Com o decorrer do tempo, as inquietações em torno do ato sexual serão absorvidas pela austeridade do código. Entre os pagãos, o código não tinha ainda a força da proibição que alcançará mais tarde. A preocupação, então, tinha a ver com o equilíbrio do cidadão e da cidade; logo se enraizará com a culpa e a condenação. Os pagãos, segundo Foucault, dividiam suas inquietações morais a respeito do uso dos prazeres em três grandes grupos de problemáticas: aquelas relacionadas à saúde do corpo (dietética), à casa e à mulher (econômica) e à erótica (amor pelos rapazes). A partir das três perspectivas, é que se reflete sobre as relações sexuais como mais um elemento de estruturas que deveriam ser harmônicas. Esses três eixos de preocupações, verdadeiros núcleos de moralidade, foram variando e recompondo-se de tal maneira que alguns desapareceram como temática de reflexão moral e outros intensificaram sua importância. Entre os gregos, em nenhum caso importavam as práticas de controle em si mesmas, mas na sua relação com o governo da cidade. Nos estoicos tardios, elas somente serão importantes na relação com o governo de si mesmo. Nos cristãos, ainda que interessem como autodecifração, estão carregadas de outras conotações. São absorvidas pelo código, não se trata de "preocupações". São práticas que devem ser cumpridas ou não, conforme estejam autorizadas (recomendadas) ou proibidas, porque nisso se joga a própria salvação. Essa concepção, ao lado da teoria da sexualidade, teria contribuído para unir tão fortemente – como ocorre em nossas sociedades – a relação entre sexo e moral.

Desconfiança diante dos prazeres, insistência sobre os efeitos de seu abuso para o corpo e para a alma, valorização do casamento e das obrigações conjugais, desafeição com relação às significações espirituais atribuídas ao amor pelos rapazes.[8]

Essas são as obrigações daqueles que se preocupam com o governo do desejo nos primeiros séculos de nossa era. Segundo Foucault, a severidade não se deve a uma maior austeridade dos códigos, mas à insistência na atenção que se deve prestar a si mesmo.

Algumas das práticas comuns dos que se inquietavam pela relação consigo eram as leituras, as meditações, as restrições sexuais ou de outro tipo, o cuidado do corpo, os regimes de saúde, a satisfação comedida das necessidades, o dar e receber conselhos, a correspondência com mestres, amigos ou discípulos, as confissões, a direção de consciência, a vida comunitária (temporal ou definitiva), o "trabalho" de conversão e as anotações periódicas em diários pessoais.

---

8 Foucault, *La inquietud de sí*, p.53. [Na edição brasileira, p.45. – N. T.]

As práticas romanas, a partir do ponto de vista da variedade, excedem as mencionadas pelos gregos; mais tarde, foram reatualizadas pelos cristãos com diferente sentido. O estoico busca uma existência estética. O cristão busca a purificação da alma. Para os pagãos tardios, o "eu" é algo que se pode dominar. Essa concepção será retomada pelos cristãos. Porém, enquanto o pagão autoimpunha-se sua disciplina, o cristão, na medida em que se institucionalize, dependerá de um código exterior a ele.

Uma das condições de possibilidade da psicanálise: o cristianismo

A constituição do sujeito ético, na Grécia, é apresentada como uma questão de domínio: domínio sobre si mesmo, segundo um equilíbrio dietético; domínio sobre sua casa, segundo uma hierarquia estabelecida; e domínio do erótico, em razão do caráter conflituoso da relação com o amor em geral e com o verdadeiro amor em particular. Trata-se de uma sociedade agonística. Luta para dominar-se, luta para governar a casa, luta para governar o erótico. Tudo em função do governo da cidade.

No Império Romano, principalmente a partir do século II, as relações são reestruturadas. A superioridade da razão no domínio de si mesmo segue vigente. Mas agora a ênfase recai na *fragilidade* da condição humana. No lar a superioridade masculina persiste, ainda que as relações domésticas comecem a se medir segundo uma *reciprocidade* entre os cônjuges. O erótico é absorvido pela relação com o *feminino*, melhor dito, com a esposa. Durante o Império estendeu-se o costume de tomar um escravo como o amado adolescente. Isso simplificava o conflito ético; se bem não o tenha anulado, chegará um momento em que os códigos proibirão a violação de escravos. O campo político adquiriu outro diagrama de forças. O interesse pelo social não desaparece, tampouco desaparece o interesse por certo tipo de governo. Não obstante, a democracia deu lugar ao Império. Nele há muitos cargos a preencher, candidaturas a ganhar, lutas a evitar. Mas o ideal não é – ou não é somente – o Estado. Inclusive no pensamento estoico, considera-se que chega um momento no qual convém *distanciar-se dos cargos públicos para ocupar-se de si mesmo*. Instaura-se certa dissociação entre poder sobre si e poder sobre os demais. Levando em consideração os quatro elementos que constituíam a relação consigo mesmo (substância ética, modos de sujeição, trabalho sobre si e teleologia), pode-se dizer que o único no qual não são registradas mudanças é no primeiro. Mas há variação nos outros três. Esquematicamente seria assim:

	GREGOS	HELENÍSTICOS E IMPERIAIS
Substância ética:	• Uso dos prazeres	• Uso dos prazeres
Modo de sujeição:	• Dominar-se para poder dominar os demais	• Autoconstituir-se como seres universais
Trabalho sobre si:	• Ascese em função da virtude da cidadania	• Ascese para a perfeição pessoal
Teleologia:	• Ser livre em uma cidade livre	• Conseguir a tranquilidade do ânimo

Essas mudanças, segundo Foucault, não obedecem ao crescimento das restrições públicas nem às proibições codificadas (ainda que, às vezes, sobretudo na época de Augusto, essas proibições tivessem aumentado). Tampouco elas respondem a uma retração individualista que teria sucedido como réplica a uma revalorização da vida privada. Deve-se pensar, antes, em uma crise do sujeito ou da subjetivação: em uma dificuldade na maneira pela qual o indivíduo pode constituir-se como sujeito moral de suas condutas e nos esforços por encontrar na aplicação a si mesmo o que possa permitir a ele submeter-se a algumas regras e atribuir uma finalidade à sua existência. Essas reestruturações na conflituosidade moral não podem deixar de ser lidas quando confrontadas ao movimento que, desde as origens do Império, vinha pressionando do Oriente e que, em poucos anos, adquiriria destaque no poder e na moral: o *cristianismo*. Até o momento não foi publicado o livro de

Foucault sobre o cristianismo (*As confissões da carne*); tentarei um tratamento esquemático próprio sobre o assunto.

Nos séculos II e III a figura-personagem do filósofo já não adquire a independência de um Sócrates ou de um Diógenes cínico filosofando por ruas, praças e ginásios; tampouco a de um Platão ou de um Aristóteles forjando discípulos e escolas. Isso não quer dizer que tais formas de transmitir a filosofia tivessem desaparecido totalmente. Epiteto é um bom modelo de mestre da filosofia. Mas a figura do filósofo do Império tardio está mais bem representada por Sêneca, o filósofo cortesão.

Os senhores importantes costumavam manter filósofos em suas casas ou os recebiam em seus banquetes. As ideias morais em discussão representavam um projeto surgido das classes superiores: necessidade de solidariedade e equilíbrio entre natureza e humanidade. O filósofo atuava como "o missionário moral", que guia os homens de acordo com a natureza. Na verdade, era o representante de uma "contracultura" prestigiada no interior de uma elite, e é aos membros dessa elite que dirige sua edificante mensagem.[9]

A pregação estoica estimula o homem de classe superior a viver de acordo com uma lei universal da natureza, superando as vicissitudes da fragilidade humana. Aquele que almeje governar suas paixões de tal modo que não seja manipulado por elas, além de cumprir com as regras morais vigentes na sociedade, terá de se ater a certas práticas e normas. Estas poderão não ser cumpridas. Mas, na condição de ser universal, é conveniente que o homem as cumpra. Por exemplo, o amo de casa tem direito sobre seus escravos e suas serventes, mas será conveniente que seja fiel à sua esposa. Ainda mais porque ele possui uma consciência guardiã que se dá conta de todos seus atos e é mais próprio de alguém dono de si mesmo preservar fidelidade que não fazê-lo.

Essa "experiência" moral proposta pelos filósofos a uma elite foi retomada pelos mestres cristãos e estendida a toda a sociedade. Se nos

---

9 Cf. Duby; Ariés (orgs.), *História da vida privada: do Império Romano ao ano mil*, t.I.

estoicos "convinha" seguir certas regras de moral por considerar-se que respondiam a leis universais da natureza, nos cristãos "deve--se" necessariamente cumprir as leis, pois essa universalidade vê-se referendada por tratar-se de um mandato divino, e não somente natural. Os primeiros distinguiam-se seguindo-as e tornavam-se donos de si mesmos (aristocracia moral). Os segundos purificavam--se cumprindo-as. Podiam, assim, entrar na comunidade dos santos.

As regras morais próprias das minorias ilustradas (senhores romanos), e que remetiam a uma lei universal, passam a ser realmente universais, posto que se estendem a todo o Império sem diferença de classes (cristãos). Se for considerada a magnitude do fenômeno, o processo foi realmente acelerado: Jesus morre em 33 e no ano 312 o imperador Constantino converte-se ao cristianismo. O paganismo ofereceu condições que possibilitaram tal conversão: por uma parte, por causa das profundas mudanças nas relações políticas e sociais e, por outra, em razão das novas problematizações morais. Não se deveria esquecer, tampouco, que enquanto a Grécia decompunha-se e passava a ser domínio romano e este, por sua vez, estendia sua hegemonia por todo o Ocidente, do mesmo modo a Palestina tornava-se um fervedouro de mudanças. Essa confluência de conflitos coincidiu para formar a argamassa de um novo e persistente edifício moral.

O judaísmo tardio, a partir do século II a.C., debatia suas problemáticas morais em bases sociais e políticas instáveis. Diferentemente, os romanos debatiam-nas a partir de fortes pilares. A ansiedade moral dos judeus manifesta-se durante uma situação incerta. Estavam em jogo a estabilidade e a sobrevivência da totalidade do povo. Raramente se encontra na História do mundo antigo um sentimento tão explícito da necessidade de mobilizar a totalidade do eu a serviço de uma lei religiosa. O trabalho dos moralistas judeus desde o avanço romano até a destruição de Jerusalém por Tito, no ano 70, era similar ao de um engenheiro que vislumbrasse minuciosamente cada fissura de uma construção ameaçada de cair. Todavia, nesse caso, não somente está alerta às fraturas, mas produz outras, em seu afã de preservar as bases originárias de seus costumes, de suas leis, de sua fé. Dá-se uma relação proporcional entre o avanço do poder central do dominador romano e a digressão da unidade judaica: proliferam-se as seitas.

Mas a proliferação de seitas não significava que os judeus não partilhassem obsessões comuns. Além da reflexão sobre os postulados básicos do judaísmo, produz-se, nessa época, uma preocupante atenção pela noção de "coração puro". Uma dessas seitas, a cristã, conservará essa herança inclusive quando deixe de ser mais um grupo entre outros e universalize-se. A noção de "coração puro" tem seu antecedente no judaísmo tardio. Logo, regeu os ideais das catacumbas e hoje está integrado ao ideário da Igreja.

Os grupos judeus ameaçados alimentavam um sentimento negativo em relação à privacidade do indivíduo. O coração humano ideal deve ser transparente a Deus e a seus companheiros de grupo. Os conquistadores romanos são de duplo coração. Afastam-se dos ideais próprios de um coração puro. Retiram-se às pérfidas zonas de sua intimidade. Realizam suas reuniões religiosas, ocultando-se. Os sexos são separados para adorar a divindade. Fazem festins na intimidade de suas residências. Em troca, para o judeu tudo deve ser público. Uma relativa "intimidade" na vida de relação dos romanos é julgada negativamente pelos judeus. Significa uma rejeição da onipresença de Deus. Viviam-se tempos de "corações duplos". Essa época nefasta seria superada quando chegasse o Messias. Ele os salvaria. Viria um tempo quando somente os puros de coração reinariam sobre a face da Terra. Esses ideais não somente foram a condição imprescindível para que fosse aceito o legado defendido por Jesus de Nazaré como também para a difusão de seitas milenaristas, as quais não deixarão de surgir até o fim da Idade Média.

Enquanto a elite moral romana exumava velhas continências a respeito do uso dos prazeres e inventava ou reafirmava outras, as seitas judaicas, como os essênios, os seguidores de João Batista, os saduceus, os fariseus, os zelotes, os eloístas e os cristãos (estes foram assim chamados recentemente, na época de Nero), atualizavam suas próprias práticas. Essas práticas estavam baseadas em princípios religiosos e morais. Iam desde a abstinência sexual (essênios) até a militância armada (zelotes), passando por uma variadíssima gama de condutas. Todas apontavam a fusão do grupo (judaísmo em geral, seita em especial). A finalidade comum era se preparar para os tempos vindouros. A submissão e a humilhação somente podiam ser suportadas ao vislumbrar um amanhã melhor. O tempo da salvação estava próximo.

Nas seitas existia uma forte ligação comunitária. Em troca, os romanos permitiam-se cultivar "morais privadas". A característica que mais irritava a sensibilidade judaica era a valorização positiva do suicídio. O romano "bem nascido" tinha direito a dispor de sua própria vida. A rejeição dessa prática, inclusive sua condenação absoluta, será um traço próprio dos cristãos. Estes, contudo, assimilarão ou copiarão grande quantidade de regras e práticas romanas: desconfiança das relações sexuais, fidelidade conjugal, jejum, diretores de consciência, virgindade das mulheres consagradas (o cristão fará essa prática extensiva também aos homens consagrados), rituais litúrgicos, assistência aos pobres.

Entre as práticas rejeitadas encontram-se, fundamentalmente, aquelas que atentarem contra a noção comunitária. O modelo por excelência rejeitado seria o de que cada um pudesse dispor da forma moral que daria à sua vida, como se constituiria em sujeito moral. Essa constituição no cristianismo deve se fazer em relação ao código. Já não se trata de moral de elites: homens livres na Grécia, aristocratas morais em Roma. Agora são incluídos não somente todos os homens livres ou não livres, mas também as mulheres. O temor do juízo divino é igual para todos. Mas cada um, na medida em que cumpra o código, terá sua recompensa pessoal, assim como seu castigo, se for negligente no cumprimento.

Foram apontadas as adesões e as rejeições dos cristãos à moral. É digno destacar, do mesmo modo, que algumas rejeições voltavam travestidas; por exemplo, o suicídio, proibido entre os cristãos. Não obstante, em épocas de perseguição havia grupos cristãos que se expunham desnecessariamente à morte. Isso, em algum momento, foi tão notório que houve bispos que admoestavam seu rebanho para que não se entregassem voluntariamente ao tormento.

Uma novidade entre os cristãos foi a rejeição do divórcio. Esse logo se converteu em proibição. Também foram depreciadas, ainda que não proibidas, as segundas núpcias de viúvos e viúvas. A impugnação do divórcio fazia-se em nome da unicidade do coração. No que concerne ao desprezo das novas núpcias, o fundamento será buscado no benefício da comunidade. A pessoa viúva podia dedicar seu tempo – e seu dinheiro, se tivesse – às necessidades do grupo. Desse modo, contribuía com valiosos elementos para a coação comunitária. Nas reuniões religiosas, as viúvas castas e as virgens ocupavam um lugar preponderante, depois do bispo. Isso reflete a hierarquia preferencial da viúva. Houve bispos que acrescentaram ou fortaleceram seu poder graças ao apoio oferecido por prestigiadas viúvas. As viúvas pobres, assim como os pobres em geral, eram, por sua vez, protegidas pelos bispos (o prelado cristão precisava de pobres para ser caritativo, do mesmo modo que o senhor romano necessitava de clientes para ser influente). A falta de discriminação sexual, de idade e de condição civil (livres, escravos, cidadãos, estrangeiros) nas reuniões cristãs escandalizava os pagãos. Essa deve ter sido a fonte de algumas das grotescas acusações que receberam essas comunidades no seu início. Em seguida, quando os cristãos detiveram o poder, utilizaram as mesmas acusações contra outros grupos (judeus, hereges, bruxos).[10]

Outra novidade do cristianismo (tampouco absoluta) foi o celibato de seus ministros. Isso, na medida em que foi exercido em meio a uma cultura que valorizava a abstinência sexual (ainda que não a praticasse), foi uma pressão social positiva. Os cristãos, com essa medida, não somente se diferenciavam dos pagãos como também dos judeus. Estes haviam decidido a conveniência da conjugalidade para seus ministros, como medida de prudência. Talvez o afã de diferenciar-se uns dos outros pesou na aquisição desse costume cristão. Independentemente de quais tenham sido os desencadeadores, as consequências podem ser medidas: o corpo e o que hoje chamamos sexualidade, que era considerado um

---

10 Cf. Cohn, *En pos del milenio* e *Los demonios familiares en Europa*.

complemento da personalidade entre os rabinos e possível fonte de perigo entre os pagãos, foi (e é) um poderoso absorvente de significações entre os cristãos. As relações sexuais convertem-se em um forte sinal de carga simbólica precisamente porque seu desaparecimento é necessário para a condução religiosa. A supressão da atividade genital significa um estado de disponibilidade com respeito a Deus e aos demais, ligado ao ideal da pessoa "de coração simples".

Com o triunfo do cristianismo é criado um novo espaço público, não somente no nível das obras públicas, mas também no corporal. Isso se produz pela mudança de valores efetuada a respeito do "recato", da ginástica, da higiene e dos cosméticos. As mostras de pureza são medidas pela evidente abstenção sexual de ministros, viúvas e virgens, pela castidade dos casados e pela rejeição dos banhos públicos – forte instituição romana –, assim como pelo desprezo em relação ao asseio, ao cuidado exagerado do corpo e às vestimentas. Há testemunhos pagãos da perplexidade que sentiam os romanos diante dessa seita que tinha grande apreço pelo gesto de não tomar banho, considerando-o uma virtude.

Claudio Rutilio Namaciano, conhecido como o último poeta pagão, opunha-se ao cristianismo com a veemência de um romano convencido dos altos ideais latinos. Não aprovava que fossem abandonados os veneráveis costumes ancestrais. O cristão desligava-se das coisas públicas, tomava distância dos lugares populosos, não cuidava de seu aspecto corporal, não tomava banho. Rutilio não compreendia como, com tais atitudes, poderia satisfazer os deuses. Ainda mais que os cristãos eram tão ímpios e pobres de espírito que dispunham somente de um deus.

No ano 410, os bárbaros assolaram o Império. Devastaram as províncias. Penetraram em Roma terminando de acelerar a queda do Império Romano. Rutilio foi obrigado a exilar-se. Na viagem, veria ruínas antigas e recentes, campos ermos, monumentos abatidos, cidades desgovernadas, caminhos infestados de assaltantes. Seu único consolo era a poesia. Nela depositou sua amargura. Sua indignação surgiu quando, entre a paisagem, espreitou Capreia, um abrolho rupestre escolhido por monges cristãos para isolar-se. Rutilio escreve:

> Capreia, terra asquerosa de pessoas inimigas da luz. Os cristãos acreditam que os pensamentos celestiais se nutrem da sujeira. Eles mesmos se nomeiam solitários, pois querem viver afastados dos olhares humanos. Por temerem as injúrias da fortuna, evitam seus dons; por medo dos males, tornam-se escravos deles. Não é mais temível essa seita que os venenos de Circe? Circe embrutecia os corpos, a seita cristã embrutece as almas.[11]

Nessa reprimenda de Rutilio encontramos não somente a acusação à nova valorização do corpo, incompreensível para um romano imperial, mas também, paradoxalmente, uma acusação que os cristãos – e outras seitas judaicas – faziam aos pagãos: afastar-se da sociedade. Os pagãos veem nos cristãos uma indiferença pela coisa pública. Por sua vez, as seitas achavam que os romanos, em suas reuniões privadas, demonstravam sua "duplicidade de coração".

O ermitão coincide com o renovado ideal da "simplicidade de coração". Em geral, o solitário que se instalava em algum lugar isolado, como anacoreta, era respeitado pelos cristãos e venerado como sábio. Muitos deles chegaram a dirigir comunidades. Isso ocorreu até a baixa Idade Média. Várias congregações religiosas tiveram como origem o isolamento voluntário de seu fundador. O paradigma monástico não é novo. Engloba os aspectos mais radicais da contracultura filosófica pagã (particularmente, o estilo de vida antissocial dos cínicos) e o longo passado judaico-cristão.

Para os cristãos, o distanciamento do mundo estava ligado à esperança na proximidade dos últimos tempos e do reinado absoluto da paz de Deus. Para alguns – logo declarados heréticos –, essa paz chegaria logo e *neste* mundo. Para outros, chegaria depois da morte. O corolário é o mesmo: "Melhor abandonar as preocupações desta vida e dedicar-se à purificação esperando a volta do Salvador".

---

11 Cf. Bignone, *Historia de la literatura latina*, p. 593.

Houve outras seitas, na Antiguidade e na Idade Média, que das mesmas premissas extraíam diferentes consequências: "Já que vem o fim do mundo, melhor é não se ater a qualquer regra moral". Esses grupos não somente foram perseguidos pelo poder canônico, mas também pelo civil.

Entre os primeiros padres da Igreja foram os apologistas que mais claramente viram a conveniência de resgatar o legado pagão sobre tudo aquilo que, ao concordar com os princípios cristãos, permitisse o encontro com a poderosa tradição do mundo antigo ocidental. Aceitaram o chamado à razão e à moral dos filósofos, porém insultaram o inadmissível (para eles) de seus costumes e doutrinas. Esquematicamente seria assim:

Os apologistas, a respeito dos antigos:	
Denunciam: • a mitologia • os mistérios • o culto ao imperador • os costumes pagãos	Exaltam:- • o monoteísmo • a revelação • a igualdade entre os homens • os costumes cristãos
Aceitam: • o apelo à razão • as regras de moral (*mutatis mutandis*) • ser herdeiros do Império Romano • várias práticas pagãs (cristianizando-as) • a unicidade da verdade	Exigem: • a aliança entre cristianismo e filosofia • a *ressignificação* dos postulados do Império à luz dos postulados da Igreja.

A postura dos apologistas poderia ser resumida desta maneira: a verdade é una, e foi comunicada primeiramente aos bárbaros, ou seja, aos judeus. Essa verdade foi deformada pelos gregos por influência dos demônios. Estes, fizeram-se adorar em lugar do verdadeiro Deus; apropriaram-se dos mistérios anunciados pelos profetas e converteram-nos nas fábulas da mitologia. Contudo, o *logos* sempre esteve presente entre os homens: um Sócrates ou um Heráclito foram-lhe dóceis; por isso condenaram certos aspectos do paganismo. Esse mesmo *logos* foi o que, na pessoa de Cristo, manifestou-se plenamente. Até então os homens não haviam tido dele senão um conhecimento parcial. Os apologistas não se limitavam a exigir tolerância, mas também a aliança entre cristianismo e filosofia, Igreja e Império.[12]

De qualquer maneira, a única escola filosófica que pôde ser assimilada pelos cristãos cultos foi o platonismo médio e alguns dos princípios e das práticas dos estoicos. A filosofia pagã serviu a alguns apologistas – como Justino – como alvo de suas exaltadas "diatribes". No século XIII, São Tomás teve de enfrentar toda a hierarquia eclesiástica para tratar de impor Aristóteles, objetivo somente alcançado vários anos depois da morte de Tomás. Algo similar ocorria com a literatura pagã. Enquanto Virgílio era considerado um cristão *avant la lettre*, Ovídio era desqualificado, ainda no século XII.

A respeito das relações entre paganismo e cristianismo (entre culturas não europeias e cultura europeia, entre mundo antigo e começo de um novo mundo), há uma figura paradigmática: a de Santo Agostinho, pois:

– reuniu em si a filosofia pagã (neoplatônica) e o dogma católico;
– viveu no fim do Império Romano e no começo do poder cristão;
– experimentou o paganismo, logo a heresia e, finalmente, o cristianismo;
– era africano e romano ao mesmo tempo.

Agostinho teria de encarar a perspectiva de renúncias amargas, ao querer ser, ao mesmo tempo, católico batizado e filósofo. O ideal de retiro filosófico era tão rigoroso quanto qualquer valorização da vida monástica: significava romper com carreira, casamento e relações sexuais. As renúncias que a Igreja católica exigia em seus mistérios batismais eram também consideradas heroicas. A partir desse ponto de vista, ambos ideais de vida complementavam-se.

---

12 Cf. Daniélou; Marrou, *Nova história da Igreja: dos primórdios a São Gregório Magno.*

Nisso, Santo Agostinho, ainda que não fosse pioneiro, foi quem colocou bases firmes: filosofia e cristianismo podiam integrar-se. Inclusive, um bispo tão culto como Ambrósio admirava-se por essa disposição de Agostinho. Ambrósio considerava que se dedicar à filosofia levava ao afastamento do cristianismo. Em troca, Agostinho, sem ter a rigorosa educação clássica de Santo Ambrósio, lançou-se, com a paixão própria de sua personalidade, à *liaison* entre filosofia e cristianismo, revivendo, paradoxalmente, o espírito cristão dos primeiros tempos.

Não é esse aspecto da obra de Agostinho o que interessa destacar aqui, mas sua indagação sobre o *desejo*. Sua elaboração de uma hermenêutica do desejo marca uma das facetas da constituição do sujeito ético no Ocidente. Agostinho não é o primeiro que propôs e levou à prática essa pesquisa sobre si mesmo, mas, pela claridade com que expressa essa hermenêutica e pelo peso que sua obra exerceu na cultura ocidental, pode ser tomado como modelo. Nele se produz, paradigmaticamente, a mudança de uma substância ética que se preocupa com o uso dos prazeres por outra que se inquieta pelos desejos da carne, na condição de concupiscente. Talvez um exemplo mais acabado da hermenêutica do desejo e do desprezo pela carne seria encontrado nos cenobitas egípcios, mas elas desprezavam a cultura clássica; em contraposição, Santo Agostinho integrou-a conscientemente ao cristianismo. À luz dessa "fronteira" cultural representada por Agostinho, é reformulado o esquema das relações de subjetivação ética:

	PAGÃOS IMPERIAIS	CRISTÃOS
Substância ética:	• Uso dos prazeres	• Desejo-carne-concupiscência
Modo de sujeição:	• Ser moral, enquanto ser universal	• Ser moral, com respeito à lei divina
Trabalho:	• Ascese para a perfeição individual	• Ascese purificadora para salvar a alma
Teleologia:	• Tranquilidade de ânimo	• Transcendência

A moral agostiniana levava em si a exacerbação da culpa implícita em tudo o que tem a ver com a carne. Quando Santo Agostinho, disposto a ser "puro", abandonou a mulher que o acompanhara durantes vários anos de sua vida, não lhe ofereceu nem uma mínima mostra de caridade. Apesar de terem se amado mutuamente, ela, por ter passado a representar o pecado, pôde ser abandonada – justamente – como um pedaço de "carne".

Suspendo aqui minha própria análise do cristianismo e retomo a análise de Foucault a partir do que chegou a ser publicado a respeito. Foucault parte de uma sugestão de Habermas sobre diferentes *técnicas* que são registradas em nossas sociedades:

a. as que permitem produzir ou transformar coisas: *técnicas de produção*;
b. as que permitem usar sistemas de signos: *técnicas de comunicação*;
c. as que permitem determinar condutas: *técnicas de dominação*.

Foucault agrega uma quarta:

d. as que permitem transformar a nós mesmos: *técnicas de si*.

As *técnicas de si* são aquelas exercidas sobre si mesmo e que permitem aos indivíduos realizarem, por seus próprios meios, um número de operações sobre seus *corpos*, suas *almas*, seus *pensamentos* e suas *condutas*. O indivíduo transforma-se modificando a si mesmo para alcançar diferentes objetivos, alguns dos quais podem ser: certo grau de perfeição, de felicidade, de pureza ou de poder sobrenatural.

As três técnicas propostas por Habermas e a acrescentada por Foucault têm sido representadas nas diferentes etapas foucaultianas de estudo: as de comunicação na *arqueologia*, as de dominação na *genealogia*, as de si mesmo na *ética*, e as de *produção* nas três etapas na medida em que têm a ver com capacidades transformadoras, além de produtivas. Mas há um sentido diferente daquele atribuído por Habermas. As técnicas de comunicação, enquanto comunicam, não interessam Foucault em uma primeira instância, mas sim quando o discursivo, junto com o não discursivo, constituem domínios de saber. Quanto à dominação, trata-se somente de um aspecto do poder e, justamente, não é o que mais preocupa Foucault, porque no domínio não existe relação de poder com exercício de liberdade em ambos os polos da relação.

As técnicas de si são estudadas por Foucault como "estética" nos gregos, "cuidado de si" nos estoicos e "hermenêutica de si" nos cristãos, assim como em possíveis formas atuais (sobre as quais voltaremos). O que merece ser destacado é que em Foucault nenhuma dessas técnicas pode ser entendida isoladamente ou por si mesma. No caso do cristianismo, a relação com a verdade é muito complexa. Trata-se de:

- acreditar na verdade do dogma;
- considerar certos livros como fonte de verdade;
- aceitar certas decisões de autoridades como verdadeiras;
- confessar a verdade.

Há uma estreita relação entre o tipo de verdade que vem do exterior e a que emana do interior do homem. Elas seriam:

Quadro 7

Verdade exterior	Verdade interior
• fé estabelecida • textos • dogmas	• eu • alma • coração

Um cristão precisa da luz da verdade quando quer explorar a si mesmo. Inversamente, seu acesso à verdade não pode ser concebido sem a purificação da alma. Com essa tecnologia – exemplificada em Santo Agostinho – ocorreu algo similar em várias práticas ocidentais que persistem em diferentes sentidos. São encontradas na Antiguidade e ressurgem em outras épocas – por exemplo, a análise dos sonhos em Artemidoro e a análise dos sonhos em Freud; a busca do eu profundo nos cristãos e uma busca similar em algumas formas de psicanálise; o cuidado do corpo nos greco-romanos e certos cuidados corporais atuais.

Em um estudo que Foucault realiza sobre Cassiano,[13] analisa o papel preponderante que adquiriu a hermenêutica de si entre os cristãos. Cassiano refere-se especificamente à vida do monge, mas seu modelo pode ser extensivo a todo cristão. O eixo fundamental é a problemática do *combate da castidade* e o avanço no caminho em direção à *pureza*. Ambos se sustentam em um exame minucioso – e jamais concluído – do próprio desejo e dos enganos que a carne e a concupiscência podem nos conduzir.

Segundo Cassiano, há um encadeamento *causal* entre os pecados. O desencadeador de todas as calamidades pecaminosas é a dupla *gula-fornicação*. A gula leva à fornicação e a fornicação desata todas as calamidades do espírito: orgulho, vaidade, preguiça, desleixo, avareza, cólera. Pois bem: não se pode deixar de comer. Isso nos levaria à morte, e somente Deus pode dispor de nossa vida; portanto, não podemos deixar de comer. Temos de tratar de ser comedidos com a comida. Mas, pelo contrário, nenhum princípio vital nem divino nos impede deixar de fornicar. Isso é, então, o que temos de deixar de fazer. Assim não somente evitaremos um pecado desprezível como o da fornicação, mas, além disso, também estaremos fortes para combater todos os demais pecados, incluído o da gula.

Mas a tarefa não é nada fácil, já que, mesmo no caso de que sejamos capazes de tomarmos distância do ato sexual, teremos de seguir lutando. Trata-se também de não agradar os sentidos com a concupiscência, de afastar os maus pensamentos e – no cúmulo requintado do autocontrole – não ter sonhos libidinosos e poluções noturnas (isso já se encontra em alguns autores da época clássica greco-romana). Trata-se de uma luta sempre renovada que o cristão deve empreender e continuar. Assim, no ciclo do combate contra os pecados, no momento em que a alma tem somente de lutar contra si mesma, novamente se começa a sentir os aguilhões da carne,

---

13 Foucault, La lucha por la castidad. In: Ariès (org.), *Sexualidades occidentales*.

manifestando claramente o necessário inacabamento dessa luta, na qual a alma vê-se ameaçada de recomeçar sua permanente busca.

O privilégio *ontológico* da fornicação na hierarquia dos pecados, junto com o da gula, fundamenta-se em suas raízes corporais. É impossível submetê-las sem submeter, ao mesmo tempo, o próprio corpo. Isso não quer dizer que não comprometa a alma. Mas agora, no sentido inverso de como concebiam os gregos, as *epithumias* (os desejos) eram os movimentos que nos arrastavam para os prazeres do corpo, porque a alma nos excita com a representação (a recordação) do objeto de desejo. Nos cristãos produziu-se uma inversão na relação: os desejos da carne arrastam a alma à impureza.

À medida que se avança na consideração dos textos cristãos e sua comparação com os textos pagãos, são esclarecidas as similitudes e as diferenças. Por exemplo, ambos dão importância à continência sexual. Mas nos cristãos é taxativa. Algo parecido poderia ser dito sobre a comparação entre certos textos cristãos e concepções atuais que incidem sobre nossa autoconstituição ética, tal como a psicanálise. Encontram-se algumas similitudes nos termos e conceitos. Cassiano, citado por Foucault, diz:

> Enfim, o último estágio [no combate à castidade] é alcançado quando a sedução do *fantasma* feminino não causa nenhuma ilusão durante o sonho. Ainda que não consideremos essa fantasmagoria culpável de pecado, contudo é indicativa de um desejo que ainda se oculta em nossas entranhas.[14]

É um lugar comum na psicanálise lacaniana dizer que não existe cura. No máximo, o paciente pode chegar a "atravessar o fantasma". Aqui também a tarefa é infinita, já que os cristãos nunca chegam à pureza absoluta e os lacanianos nunca encontram a cura.

Uma mudança notável, do ponto de vista estrutural, é a relação com o código: se para os pagãos não é fundamental, para os cristãos é determinante. Além disso, nos cristãos aparece a noção de *pecado*

---

14 Ibid., p.23.

como culpa. Essa noção nos pagãos associava-se com a *falta de algo* (falta de virtude, de continência, de conhecimento); a partir do cristianismo essa falta envolve culpabilidade e castigo. A psicanálise, em seu aspecto analítico, é cristianismo dessacralizado, a "falta" é carência, não pecado. Unicamente uma cultura amplamente curtida na procura pela verdade de si mesmo na interioridade do desejo pôde assumir, como relativamente normal, a indagação no próprio eu para produzir mudanças libertadoras.

As subjetividades éticas contemporâneas

A filosofia, entendida como *éthos*, exige ocupar-se sobre a questão da ética para responder criticamente à situação atual. Foucault considera que o problema atual da filosofia não é tanto conhecer o que somos, mas *rejeitar* o que somos; quer dizer, o problema é imaginar e tratar de construir o que poderíamos chegar a ser. Seria necessário, consequentemente, promover *novas formas de subjetividade*. Trata-se de propor novamente os modos de subjetivação para tentar novas relações de poder e dar conta de um tipo de resistência não reativa que satisfizesse a possibilidade de promover vínculos não coercitivos. Considera-se que a obra de Foucault não oferece diretrizes para a ação ou respostas à pergunta "o que fazer?". Mas a omissão é uma consequência lógica do método de Foucault e do correspondente foco analítico, antes que um signo de insensibilidade política. A arqueologia e a genealogia opõem-se a corpos teóricos unitários ou discursos totalizadores que trataram de integrar diversos acontecimentos "locais" dentro de um marco único para prescrever práticas particulares e, dessa maneira, alcançar efeitos específicos. É o caráter problemático entre as práticas sociais e institucionais e seus efeitos "não intencionais" o que constituiu o foco de boa parte da obra de Foucault. Não se deduz disso que Foucault seja somente um observador insensível, mas antes um "crítico preocupado" com a ordem existente. A resistência não se torna impossível, se seguirmos os termos de suas análises. Seus estudos e seus textos constituem uma História genealógica do presente, cuja forma futura será uma consequência complexa das ações de sujeitos por meio das quais se transforma o real.

Para Foucault, que acreditava ser imoral falar em nome dos outros, a função do filósofo não consiste em fazer propostas a partir de uma suposta "clarividência" intelectual da realidade. Isso não significa que a teoria não possa produzir efeitos. À medida que a teoria é como uma "caixa de ferramentas", pode-se recorrer a ela para a compreensão do que somos e, assim, abrir-nos o caminho em direção ao que aspiramos ser. Foucault não acredita que possamos encontrar nossas respostas em "modelos" do passado, mas sim contextualizar o passado na reflexão de nosso presente. A partir de suas indagações sobre as formas de subjetivação ética de diferentes grupos ocidentais considera que existe uma distinção fundamental entre nossa maneira de conceber a ética e a concepção ética grega. Por exemplo, a respeito do prazer, os clássicos baseavam-se na assimetria. O prazer do outro não era levado em consideração: no caso da mulher, ele era desconsiderado; no caso do *partenaire masculino*, era vergonhoso que ele gozasse. Chega a ser desnecessário mencionar que o prazer dos escravos não contava. Havia, além disso, a ameaça constante de se ver privado da própria energia, o temor de não poder dominar os demais se o indivíduo não sabe administrar seu prazer, a consideração da falta de continência como carência e não como algo culpável (ou doentio). Em definitivo, Foucault pensa que *não existe para nós um valor exemplar em um período que não seja o nosso*, que não há como voltar no tempo. Isso não significa que a comparação de nossas noções com as deles (por exemplo, comparar nosso desejo com o uso dos prazeres pagãos) não possa servir para esclarecer algo muito importante: *a forma de assumir a ética responde a acontecimentos históricos, não é algo que esteja envolvido em uma "natureza humana"*.

A partir da concepção grega da ética como estética (no sentido de fazer de sua própria vida uma obra de arte), alguém poderia se perguntar: por que não poderíamos fazer de nossa própria vida uma obra de arte? Por que esta lâmpada, esta casa, este objeto podem ser obra de arte e não minha vida? Essas são perguntas sugeridas, porém não desenvolvidas por Foucault.

Diante das interrogações que alguns autores propõem a respeito da coerência ou vigência dos estudos de Foucault, inclusive – diante do que ele mesmo, Foucault, considera improcedente – querer transferir à nossa maneira de conceber a ética uma concepção antiga, demanda alguns esclarecimentos. Foucault não propõe uma "solução" ética. Ele busca realizar uma "genealogia do sujeito da ética" e, até onde a vida permitiu-lhe, cumpriu com esse plano. Para Deleuze, um elemento fundamental no pensamento de Foucault é ter enfatizado como na Grécia clássica começa a se constituir a subjetividade ao modo de uma interiorização do fora; como a constituição do sujeito se produz por uma dobra da exterioridade. A subjetividade não é uma relação surgida a partir do indivíduo em direção do mundo, mas uma relação a partir dos saberes e poderes que o indivíduo "encontra" no mundo, que se dobram ou produzem uma dobradura gerando "zonas de subjetivação".

Foucault toma como modelo do ideal ético correspondente à época anterior à Grécia democrática a descrição que Xenofonte faz de Ciro. Esse soberano, modelo de virtude e exemplo da moral das velhas formas imperiais, assegurava a condução de si mesmo, exercia a direção de sua casa e governava seus súditos como quem exerce três artes sem descontinuidade entre si. As três práticas conservavam um isomorfismo tal, além de uma correlação com a existência total do indivíduo que as exerce. Esse ideal de vida sofrerá uma ruptura em sua passagem ao ideal vigente no período democrático. A relação consigo mesmo adquire independência em uma espécie de "caverna", de "vazio", de "cavidade" ou de "dobra" que o exterior produz constituindo o dentro. A relação consigo será, por sua vez, um *princípio regulador interno* a respeito da própria virtude e da relação com os outros (governo da cidade, da casa, da eloquência e dos jogos). O grego desprendeu-se a respeito da totalidade. O indivíduo debate-se entre o que é e o que deve ser. Constituem-se assim as condições de possibilidade da subjetividade ocidental.

Essa dobra não se realiza pelo advento de uma espécie de "milagre grego", mas com exercícios práticos e problemáticas teóricas. O fora é relação de forças, é o poder; as forças que afetam (espontaneidade) podem, por sua vez, ser afetadas por outras forças (receptividade). Trata-se de relações agonísticas entre homens livres. Esse diagrama é o "duplo" da agonística que também se realiza no dentro. Dominar-se a si mesmo para poder dominar os outros.

Deleuze, ao refletir sobre a obra de Foucault, considera necessário que a partir dos códigos morais que compõem o diagrama seja liberado um "sujeito" que não dependa do código em sua parte interior. Isso é o que fizeram os gregos: desdobraram a força sem que deixe de ser força. Relacionaram-na consigo mesma. Não ignoraram a interioridade, inventaram o sujeito, mas como uma derivada, como o produto de uma "subjetivação". Descobriram a "existência estética", quer dizer, a dobradura, a relação consigo.

Foucault, para desdobrar a análise da subjetividade grega, em função das novas relações de poder que surgem no século V, utilizou textos clássicos e contemporâneos. Entre estes últimos contam-se as investigações de Vernant e Detienne.[15] Este último estuda o desenvolvimento do acontecer do *logos* na Grécia. Trata de desmistificar o pretenso "milagre grego" promovido pelos historiadores do século XIX. Analisa o estatuto da palavra no sistema do pensamento, no qual a palavra-potência na boca dos donos (*maîtres*) da verdade instaurava a realidade. Logo estuda o estatuto da palavra no novo marco mental. Nele, a palavra é objeto de reflexão. O processo de secularização, quer dizer, a passagem da palavra mágico-religiosa à palavra-diálogo, é vista como consequência de mudanças em diversas práticas; por exemplo, as guerreiras. Com a reforma hoplita[16] se produzirá um novo estatuto de guerreiro (já não importa

---

15 Cf. Vernant, *As origens do pensamento grego*; e Detienne, *Os mestres da verdade na Grécia Arcaica*.
16 Reforma que ocorreu quando os exércitos deixaram de se fundamentar na cavalaria e passaram a utilizar o *hoplita*, ou seja, um soldado de infantaria munido de uma panóplia ou *hoplón* (armadura, grevas ou cnêmides, escudo, elmo, lança). (N. T.)

o temerário, mas o disciplinado), a noção de centro como equidistância, a comunidade de bens, a publicidade dos fatos e dos saberes. Essas práticas, dentro de um grupo fechado como o dos guerreiros, desembocarão ou se tornarão abertas: a ágora como centro, a noção de isonomia, a nova arquitetura física e mental, a secularização do pensamento, um novo marco conceitual e o nascimento da cidade. A análise de Detienne estende-se e aprofunda no logos mítico, literário e filosófico. Ela é aproveitada por Foucault para realizar sua própria reflexão sobre o domínio de si.

Dos estudos de Vernant, Foucault se interessa, fundamentalmente, pela análise da crise de soberania registrada na mudança de práticas próprias da monarquia micênica às características da *polis*. Vernant, como Foucault, trabalhou com práticas discursivas (poesia, retórica, sofística, filosofia, política) e não discursivas (reuniões, repartição de pilhagem, moeda, comércio). Ocupou-se também da estruturação de um novo espaço público (no que concerne ao topos e ao humano). A imagem do mundo que na época imperial estava baseada nos mitos de soberania, na *polis* se constituirá como relações de forças. Trata-se de uma agonística, primeiro guerreira, depois cidadã. A visão arqueológico-genealógica permite analisar as condições de possibilidade de diferentes formas de subjetivações ocidentais. As morais grega e romana se constituem a partir da atribuição de um maior peso às técnicas de si nas formas de subjetivação, enquanto na moral cristã pesa preponderantemente o código. O mesmo adquire uma forma jurídica relacionada com recompensas e castigos. Os gregos, por sua vez, acionaram o princípio regulador da moral como existência estética do homem livre. Se não for entendida essa derivada como uma nova dimensão, poder-se-á dizer que a subjetivação não existe entre os gregos. A ideia fundamental de Foucault é a de uma dimensão da subjetividade que deriva do poder e do saber, mas que não depende deles.

O diagrama de poder torna-se recodificado na relação consigo mesmo. A subjetivação é da ordem da sujeição. A problemática do sujeito, que inquieta Foucault desde suas primeiras pesquisas, parece "arredondar-se" quando assume a perspectiva ética.

A partir da concepção foucaultiana da constituição das subjetividades morais no elemento da relação consigo mesmo, poderíamos nos perguntar como nos constituímos – nós, contemporâneos – como sujeitos éticos. Também podemos perguntar-nos pelas condutas e pelos códigos. Com respeito a estes, fica claro que nossos códigos não estão fortemente predeterminados como os dos cristãos institucionalizados. Tampouco podemos tomar as leis civis como código de moral. Alguém pode considerar-se muito moral ainda que não cumpra com certos códigos legais civis: por exemplo, se uma pessoa vive em um país no qual não existe o divórcio e o aborto é proibido, e as convicções de uma pessoa são contrárias a essas disposições, essa pessoa não se sentirá imoral por não coincidir com as leis desse país. É válido, também, o caso contrário: podem-se cumprir todas as leis de um sistema jurídico e manifestar certa crueldade cotidiana qualificável de imoral, ainda que nenhuma instância legal nos possa julgar por elas.

A respeito das *condutas* do homem contemporâneo, ocorreria algo tão inapreensível quanto com os códigos. A multiplicidade de papéis em nossas complexas sociedades não nos permite estabelecer um parâmetro mediano de condutas ou um tipo predominante das mesmas.

As *relações consigo mesmo* entranham uma dificuldade similar às anteriores. Não é casual que Foucault, para estabelecer as possibilidades da relação consigo mesmo, tenha se referido a grupos pouco numerosos e com objetivos comuns claros: filósofos, médicos, moralistas clássicos e helenísticos, estoicos imperiais e primeiros cristãos. Não obstante, e com os riscos que isso envolve, tentarei estabelecer certas características comuns que "pesariam" em nossa constituição como sujeitos éticos, assumindo o alto grau de imprecisão que uma análise dessa natureza envolve.

Considero que um parâmetro válido para esse esboço é a incidência que tem a psicanálise no homem contemporâneo, seja por contato direito, seja por "contaminação" através da circulação de seus discursos e de suas práticas. Além disso, embora a psicanálise não tenha um forte perfil epistemológico, é um saber que, a despeito de seus detratores, pertence à *episteme* de nossa época e, como tal, não se pode negar sua relação com a ciência. Por causa disso, atua como ponto de enlace entre o científico e os problemas humanos para os quais o científico não tem respostas. Agora bem, por uma parte, a psicanálise tenta dar respostas a esses problemas e, por outra, a filosofia, as religiões e as práticas esotéricas também tentam (cada uma com suas óbvias diferenças de níveis). Mas nenhuma dessas últimas pode competir com a auréola de "verdade" emanada da ciência. De tal modo que das possibilidades nomeadas, por "vizinhança" e por tradição, somente a psicanálise alcança um peso importante na concepção do "verdadeiro" com respeito aos problemas existenciais.

Nossa substância ética, então, já não é o uso dos prazeres nem as incidências da carne. Se for verdade que o poder tem afetado cada vez mais nossa individualidade (fez-se individualizante), se for verdade que o próprio saber está cada vez mais individualizado (formando hermenêuticas e codificações do sujeito desejante), que resta à nossa subjetividade? Pareceria que não lhe resta "nada". A partir desse "nada", justamente, constitui-se o sujeito da ética, caso pretenda elaborar-se a si mesmo. Sua *causa material* seria o desejo. Não o desejo da carne, não a *epithumia*, mas o desejo tal como é entendido em nossa época, ou seja, em sua versão psicanalítica; esse desejo que, por ser o desejo do Outro, não é "nada" a respeito de nós mesmos, a não ser o objeto sem objeto de nossa incessante busca.

Penso que a segunda forma de relação consigo mesmo, *a causa eficiente*, não nos marca a partir de uma lei estética, nem natural, nem divina. À medida que nos individualizamos segundo as exigências do poder e nos vinculamos conosco mesmos segundo identidades reconhecidas como verdadeiras, serão os princípios emanados de um saber "sério", isto é, científico, a forma de subjetivação à qual respondemos. Ao comparar o que realmente somos (fazemos) com o que seria ideal ser (fazer) em nossas sociedades científicas, estamos regidos por sua "verdade". Descobrimos nossas identidades – ou diferenças – com os princípios da ciência. Se entre os gregos não se podia ser bom sem o conhecimento do bem, agora não se pode ser saudável (psicologicamente) se não se souber o que se deve fazer. A ciência é eficiente e a moral está se aproximando perigosamente do modelo da eficiência científica.

Isso se complica mais se pensarmos nossa inserção em uma sociedade disciplinar. Nossas sujeições respondem a disciplinas que também estão regidas por saberes científicos. A partir desse ponto de vista, ser saudável é sinônimo de ser "normal". Tanto da perspectiva de minha introjeção, em função da saúde mental – sintoma de excelência moral –, quanto da perspectiva de meu contraste com uma sociedade que valoriza o "normal" como bom, encontro a partir do conhecimento científico minha *causa eficiente* para ser normal. A luta pela subjetividade moderna passa pela resistência às duas formas atuais de sujeição – uma que consiste em individualizar-nos segundo as exigências do poder, outra que consiste em atribuir a cada indivíduo uma identidade sabida e conhecida. Em consequência, se for levada em conta a análise foucaultiana do exterior estratificado estrategicamente – formando bolsões de subjetivação –, pode-se concluir que nossa forma de sujeição moral depende do saber que consegue impor-se socialmente, o que na atualidade é o científico.

Quanto ao trabalho sobre nós mesmos – *causa formal* –, julgo que segue sendo uma agonística. Já não como *ascese*, mas como análise. Isso também pode ser visto como uma herança do cristianismo. Enquanto o cristão perguntava pelo seu eu profundo para negá--lo, nós nos analisamos para liberar nosso desejo, para descobrir nossa configuração interna, para sermos "nós mesmos". Ainda quando conscientemente desdigamos ou critiquemos os imperativos morais do passado, estes seguem pesando sobre nós. O pecado transformou-se em culpa, e esta, novamente, é (a partir do ponto de vista psicanalítico) "falta". Entendida agora como carência, esta última não perdeu sua cota de ser "digna de castigo". Introjetamos o juiz. À medida que nos impomos uma interrogação sobre nossa subjetividade, o trabalho em relação a nós mesmos é, de certo modo, uma tarefa analítica.

A respeito de nossa teleologia moral – *causa final* –, não podemos dizer que se trate da liberdade da cidade, nem da tranquilidade de ânimo, nem da salvação da alma. Agora, nos sabemos seres finitos e, em função disso, desdobramos nossa vida. Pode-se pensar a subjetivação moral a partir da consciência da finitude. O homem que, sabendo que vai morrer, não tem esperança de transcendência, precisa contextualizar sua vida, necessita "estar bem", o que significa "sentir-se bem", o qual se consegue se forem cumpridas as pautas daquilo que em nossa época é considerado verdadeiro, valioso, "saudável". Trata-se de uma autorrealização que somente podemos cumprir no estreito espaço de uma vida pessoal. Já não me transcendo orientando-me à cidade, nem ao cosmo, nem ao céu; sou um período limitado de tempo: *minha vida*. A partir de minha própria finitude me constituo em função dela.

Essa reflexão sobre os possíveis modos de constituição de nossa subjetividade moral não apresenta alternativas nem soluções. Pretende, antes, abrir um espaço a partir do qual podemos pensar sem perder de vista a realidade histórica da qual formamos parte. Considera que a subjetividade pura é uma quimera. Apresenta, em contraposição, um método para analisar o homem no indeclinável marco da sociedade na qual nos tocou viver.

Foucault, ao empreender a tarefa de realizar a genealogia do homem de desejo, "percorre" 25 séculos de História. O sujeito de desejo que hoje somos pode remeter-se ao conflituoso sujeito ético do *Banquete*: ele passa pela austeridade estoica, atravessa o cristianismo e chega, finalmente, ao sujeito moderno penetrado de sexualidade e psicanálise. Mas analisar o homem de desejo – seguindo-o minuciosamente, em alguns momentos, e em traços gerais, em outros – não envolve, necessariamente, asseverar que o mesmo apresente uma continuidade sem fraturas através do tempo. Antes, os dois últimos livros de Foucault indicam que ele descobre na ética continuidades e descontinuidades similares às que tinha identificado nos campos de saber e nos espaços de poder.

V
KAFKA E DELEUZE

> *O início de tudo grande na Terra foi largamente banhado de sangue [...] o imperativo categórico cheira a crueldade [...].*
>
> Nietzsche, *Genealogia da moral*, II, 6.

A partir de um comentário de Sartre, por ocasião da publicação de *As palavras e as coisas*, repetiu-se até o cansaço que Foucault é estruturalista. Por sua vez, ele se preocupou em negá-lo em várias oportunidades. Cumpre assinalar que no pensamento de Foucault descarta-se a existência de uma estrutura idêntica em sociedades geográfica e historicamente separadas. Enquanto o estruturalismo pretende descobrir universalidades subjacentes (na linguagem, na cultura, no inconsciente), Foucault pretende analisar acontecimentos. Suas perguntas não se dirigem às totalidades abrangentes, mas à singularidade, às raridades. Suas problemáticas são do tipo: por que suscitaram em determinada época (e lugar) *estes* enunciados e não outros? Que condições de possibilidade colaboraram para que emergissem certos acontecimentos discursivos? Quais foram as condições de possibilidade históricas que produziram determinados saberes? Foucault avalia o estruturalismo como o esforço mais sistemático para evacuar o conceito de *acontecimento* não somente da etnologia, mas também de toda uma série de ciências. A partir disso, não vê quem possa ser menos estruturalista do que ele, mas enfatiza que *o importante é não fazer com o acontecimento o que se fez com a estrutura*. Não se trata de colocar tudo no plano do acontecimento, mas de considerar minuciosamente que existe toda uma estratificação de tipos de acontecimentos diferentes.

Os acontecimentos produzem efeitos. Estes não somente são singulares em si mesmos, mas também respondem a disposições histórico-culturais características de um momento e de um lugar, de sua posição no jogo de forças (poder) e nos estratos (saber). Foucault não identifica um sentido oculto que atravesse as emergências históricas. Pelo contrário, pretende encontrar na História da cultura as condições de possibilidade de determinados saberes e de particulares relações de forças que são descobertas no exercício dos poderes. À diferença do estruturalismo, não se pretende que essas relações sejam identificadas da mesma maneira ao longo do tempo nas diferentes culturas, mas que se estabeleçam com características próprias em cada uma delas. E, se ressurgem em determinados pontos da rede de relações (isto é, como "nós", "bolsões", "coágulos", "raridades"), não é porque recuperam um sentido sempre e necessariamente reiniciado, e sim porque a casualidade dessas relações quis que algumas formas, discursos e práticas emergissem e outros desaparecessem. Agora bem – tudo deve ser dito –, Foucault, nas segundas edições de seus livros arqueológicos, preocupou-se em expurgar os termos estruturalistas porque, ainda que sua concepção não fosse estruturalista, seu vocabulário parecia sê-lo.

Há uma estreita relação entre algumas das obras de Foucault, de um lado, e de Deleuze e Guattari, de outro. *O anti-Édipo* é tributário de um lado de certos estudos foucaultianos, enquanto *Vigiar e punir* leva a marca de *O anti-Édipo*. Nessa obra, Deleuze e Guattari enquadram-se em um esquema teórico similar ao dos estudos que interessavam Foucault. Esses autores, além disso, estão influenciados – no que diz respeito à análise do infinitesimal – pelos estudos micropsíquicos de Freud e pelas investigações da mecânica quântica. A partir dos estudos de Deleuze e Guattari, Foucault iniciará sua própria microfísica. Nela continua sendo fiel ao que ele chamou seu alegre positivismo, enfocado na análise de um acontecimento situado – porque tudo "aparece com muito mais clareza se as coisas forem tomadas historicamente".

Deleuze e Guattari, três anos após o aparecimento de *O anti-Édipo*, publicaram seu *Kafka*. Nessa obra seguem métodos similares aos da anterior. Na primeira, a problemática privilegiada é a esquizoanálise. Na segunda, procuram uma visão totalmente anticonvencional da vida e da obra do escritor eslovaco. A respeito de seus métodos de trabalho e em óbvia referência ao seu "não estruturalismo", os autores esclarecem que não tentam achar arquétipos. Identificam sua regra de trabalho ali onde é introduzida uma pequena linha heterogênea em posição de ruptura. Tampouco buscam associações livres, nem tratam de interpretar. Não buscam uma estrutura com oposições formais ou significantes. Acreditam, antes, em uma máquina ao estilo de Kafka, que não é estrutura nem fantasma. Declaram levar em consideração diversos fatores: a unidade puramente aparente da máquina, a forma pela qual os homens são também peças da máquina e a posição do desejo.

A noção de máquina, tomada de "Na colônia penitenciária", é um dos fios condutores de *O anti-Édipo* e de *Kafka*. Algo similar é encontrado na etapa genealógica de Foucault (corpos marcados, impressão sangrenta da lei, mudanças de dispositivos). O conceito principal de "Na colônia penitenciária" coincide com a reflexão nietzschiana de que os costumes, as normas e as leis inscrevem-se com sangue no próprio corpo dos acusados.

Em *O anti-Édipo* a palavra-chave é "maquinaria". Em *Vigiar e punir* e em *A vontade de saber*, "dispositivo". Ambos os termos remetem a forças que correspondem a um desejo disperso, não delimitado a um mítico Édipo, nem ao *petit* drama da família burguesa. Correspondem também a um poder disseminado capilarmente, não a um foco único centralizado no Estado. Além de coincidências, há diferenças entre certas categorias de Foucault e de Deleuze (por exemplo, entre "dispositivo" e "agenciamento"), mas, nesta oportunidade, não as analisarei.

Deleuze e Guattari estudam as marcas do desejo no corpo, enquanto esse corpo está inserido na sociedade. Foucault analisa, também, as marcas corporais do poder. As duas vertentes inscrevem-se em uma dupla elaboração de conceitos kafkianos: como concepção maquínica dos "processos" e como corpos marcados. Kafka ofereceu, em seu conto "Na colônia penitenciária", a metáfora mais justa e desprendida das marcas do poder no corpo. Essa obra e a utilização que dela se faz em *O anti-Édipo* guiam a análise de Foucault. O sistema punitivo do Antigo Regime é fundamentalmente corporal. O poder escreve a lei em uma cerimônia pública sobre o próprio corpo dos condenados.

Em *O anti-Édipo*, a análise é feita estabelecendo um paralelo fenomenológico entre produção desejante e produção social. Esse paralelismo faz-se sem prejulgar a *natureza* dessas produções e sem prejulgar se realmente existe esse paralelismo (pelo menos, essa é a declarada intenção dos autores). Ali onde outros autores veem coisas naturais, ambos veem construções humanas, demasiado humanas.

A concepção maquínica de *O anti-Édipo* não se identifica com uma posição *vitalista* que pudesse imaginar a máquina desejante como um organismo. Não há uma unidade específica do desejo. Também é inassimilável a uma concepção mecanicista, posto que não há uma unidade estrutural da máquina. Entre a máquina e o desejo aparece um vínculo direto: a máquina passa ao coração do desejo, a máquina desejante e o desejo maquinado. *O desejo não está no sujeito, mas a máquina está no desejo*. Se essa ideia for transferida à concepção foucaultiana, é legítimo dizer que o poder não está no sujeito, mas que o diagrama dispõe o poder e forma parte da constituição do sujeito.

Em *O anti-Édipo* atuam, de um lado, as máquinas morais (sociais, técnicas ou orgânicas) e, de outro, as máquinas moleculares (desejantes). Estas são máquinas formativas, funções, nas quais o funcionamento e a formação são *indiscerníveis*. São máquinas que se entrelaçam com suas montagens. As máquinas desejantes atuam a partir de conexões *não localizáveis* e por dispersão de localização.

O que se produz em uma das partes reverte no resto da máquina social. Há conexões que produzem *individualidade*. Quando as individualidades (máquinas moleculares) unificam-se com as técnicas e instituições, estas lhes proporcionam uma *existência visível* (pessoas, espécies, variedades, meios). A máquina emerge como um sujeito único. As conexões se tornam *globais*. Então surgem as manifestações molares (por exemplo, o Estado). Estas representam a massificação e a manipulação do desejo. As máquinas desejantes moleculares são formas de organização do desejo. São linhas de fuga de um desejo que continuamente corre o risco de ser destruído pelo molar, na condição de organizador social do desejo. O molar massifica, o molecular libera, cinde, diversifica.

No mesmo sentido, Foucault insiste em estudar o funcionamento ou o exercício do poder em sua ação produtiva. Obviamente, também no poder – como no desejo – funcionamento e produção não são equivalentes, mesmo quando se relacionam. Isso já havia assinalado Nietzsche referindo-se à genealogia do castigo. O produto ou o objetivo de algo não coincide com sua causa, nem com sua gênese. Esta somente pode ser esclarecida se for "desmontado" teoricamente seu funcionamento e se, mais do que ao molar e ao macro, aponta-se para o molecular e para o microfísico.

Deleuze e Guattari dizem em *Kafka* que uma máquina não é simplesmente técnica. Melhor dito, que é técnica somente como máquina social, que apressa os seres humanos, assim como inclui coisas, estruturas e matérias. Os seres humanos não somente formam parte das máquinas (sendo eles também máquinas) com seu trabalho, mas também com suas demais atividades (ócios, sentimentos, manifestações). O que produz máquina, propriamente falando, são as conexões, todas as conexões. Elas se oferecem propícias para a desmontagem, cujo objeto não são pessoas ou coisas, mas meios inteiros que são percorridos, capturados, cortados. Isso vale para o desejo em Deleuze e Guattari, e para o poder em Foucault, ainda que, em última instância, nos dois casos trata-se de relações de poder e de desejo. Trata-se também de processos sem sujeito, mesmo que neles intervenham sujeitos.

Assim como para Foucault não é pertinente delimitar o poder em uma "cabeça" que o acumulasse ou o sustentasse univocamente, não é pertinente (para Deleuze e Guattari) limitar o desejo nos estreitos parâmetros da família burguesa. Eles rejeitam a afirmação freudiana que sustenta serem os êxitos intelectuais, artísticos ou sociais obtidos pela sublimação de impulsos sexuais frustrados. Sustentam, em troca, que a libido como energia sexual é *diretamente* mobilizadora de ações criativas. A psicanálise atua como repressora quando supõe que a libido deve se sexualizar ou, inclusive, sublimar-se. Édipo é uma verdade atemporal do desejo. Em nome dessa concepção, a psicanálise narra o desejo como um pequeno drama familiar. A partir dessa perspectiva, Édipo – tanto para Foucault quanto para Deleuze e Guattari – é um instrumento de poder médico e psicanalítico para coagir o desejo. Trata-se de mantê-lo "triangulado", negando assim a expansão social do desejo. O desejo pertence à ordem da *produção*, sendo toda produção ao mesmo tempo desejante e social. A psicanálise é repreendida por ter esmagado essa ordem da produção ao vertê-la sobre a *representação* da cena primária: mamãe, papai, filho. O desejo é muito mais que esse mesquinho triângulo. O desejo é uma força atropeladora capaz de romper os muros do dormitório paterno e de expandir-se para o exterior.

Ao trabalhar a representação em relação com a psicanálise, Deleuze e Guattari retomam outra temática foucaultiana: a descentralização antropológica. Em *As palavras e as coisas*, quando Foucault se refere à morte do homem, diz que na psicanálise e na etnologia estariam dadas as condições de possibilidade do desaparecimento do antropológico como figura epistêmica própria da modernidade. Isso poderia se produzir quando a psicanálise ocupa-se do inconsciente. Mas ainda não se produziu, posto que apela para a representação. Bastaria que se submergisse no inconsciente e que abandonasse a representação para que o homem desaparecesse como desaparece, na orla do mar, um rosto de areia. Esse ponto de vista é partilhado por Deleuze e Guattari. Não obstante, em *O anti-Édipo* (publicado cinco anos depois de *As palavras e as coisas*), a possibilidade desse desaparecimento não parece vislumbrar-se próxima (a não ser que se pudesse, realmente, operacionalizar a esquizoanálise ou a análise institucional). A psicanálise reduz o inconsciente a um estado de representação que, ao turvar desnecessariamente seus esquemas, é tributário de um sistema de crenças (Édipo, Narciso, festim totêmico, falo). Dessa maneira, fica situada na representação antropológica e se afasta do impensado.

A tentativa de escapar da representação é, para Deleuze e Guattari, a causa pela qual Nietzsche abandonou a linha de pensamento de *O nascimento da tragédia*. Esse pode ser, talvez, o motivo pelo qual Foucault não se mostra interessado pela primeira etapa da obra de Nietzsche, na qual o filósofo estaria ainda ligado a uma concepção teórica que o ataria ao mito e à crença como formas do "impensado-representativo". Nas obras nietzschianas posteriores, a força do impensado é capaz de desenvolver-se por si mesma, sem necessidade de acudir à representação (ou acudindo em menor medida).

A produção desejante apela para forças que não se deixam cercar pela representação. Enquanto as ciências humanas, em geral, não deixam de buscar o segredo dos códigos na representação, a psicanálise deveria atravessar a representação desfazendo todos os códigos. O inconsciente é maquínico, o poder é um dispositivo. Essas noções tentam aprofundar o sentido do não representativo. Buscam solucionar o paradoxo que significa tratar de penetrar o impensado com o pensamento, de entrar no diferente com as armas do mesmo.

Kafka é uma presença importante em *Vigiar e punir* e em *O anti-Édipo*. Mas, em Foucault, a concepção kafkiana subjaz quase sem recortes implícitos (Foucault faz algo similar com a maioria dos autores que incorpora a seu pensamento). Em *O anti-Édipo*, as alusões são mais diretas ou óbvias, mas há conjunturas nas quais esses autores se encontram ou confluem. São elas:

– processos que se libertam dos sujeitos;
– corpos marcados pelo poder;
– concepção maquínica;
– o exterior que penetra interiores;

- unidades formais que não atuam como totalidades harmoniosas, mas em forma de fragmentos, pedaços, pontos;
- castigo como vingança, festa, espetáculo.

Essas são temáticas trabalhadas também por Nietzsche. Trata-se de obsessões partilhadas por Foucault, Deleuze e Guattari. Os dois últimos autores, além de utilizar o modelo maquínico, interessam-se especificamente pela vida e a obra de Kafka. Os três realizam, por outra parte, uma assimilação teórica do relato kafkiano. Esse relato no qual uma disposição maquínica grava, com agulhas de aço, as marcas do poder no corpo dos condenados.

VI
A VIDA ASSUMIDA COMO OBRA DE ARTE

> *A alma e o corpo são uma só e mesma coisa. [...]*
> *É certo que ninguém até agora determinou o que*
> *pode ser o corpo.*
>
> Spinoza, *Ética*.

    A análise crítica do mundo no qual vivemos constitui uma obrigação irrenunciável da atividade filosófica. A obra de Foucault interpela a História para *saber quem somos*, não somente para descobrir, mas também para tomar distância tanto de individualizações quanto de totalizações coercitivas. A consistência desse pensamento repousa nesse saber que instaura um apelo à imaginação para que tentemos constituir o que *quiséssemos chegar a ser*. Essa foi a preocupação de Foucault durante seus últimos anos quando, segundo a revelação posterior de Dumézil (seu amigo e mestre), começou a suspeitar que sofria uma doença terminal. Saber que a Aids acabava com sua vida serviu-lhe de estímulo para seguir produzindo.
    A obra de Foucault não está isenta de aspectos controvertidos nem de pontos vulneráveis; mas, a despeito deles, oferece instrumentos teóricos para ter acesso a certas práticas sociais. Exige uma atividade filosófica concebida como *éthos*. Alerta sobre a

circunstância de que nem sempre propomos aqueles problemas que estamos em condições de resolver e, contudo, necessitamos formular. Esse é o destino da filosofia.

Foucault, em sua etapa arqueológica, pretendeu precaver-se de colocar qualquer sentido prévio à sua análise. Deixou-se levar por seu afã de empirismo não comprometido. Aspirava que as positividades falassem por si mesmas. Não parece ter notado que sua contradição principal residia na ilusória exigência de autonomia discursiva ao mesmo tempo que estabelecia a sujeição do discurso às regularidades próprias de seu momento histórico.

O arqueólogo, que somente pode descrever um arquivo "desapaixonadamente", à medida que já não pertence a seu próprio arquivo, pretendia que seu discurso produzisse efeitos de verdade. Aspirava manter uma posição distante e asséptica como se fosse possível deixar falar as positividades e escutá-las a partir de uma não localização. Não advertira que isso significava tentar se situar fora do tempo e do espaço – ou seja, de sua época.

Foucault declara que se pode conhecer unicamente o arquivo que já não é o nosso. Os contemporâneos de um discurso não podem descobrir as regras do mesmo. Estão imersos nelas. Isso não impede que Foucault, por um lado, pretenda que seu discurso, como "discurso sério", produza efeitos de verdade; isso é factível somente se esse discurso estiver submerso ou enredado nas legalidades vigentes. Mas, por outro lado, tampouco impede que proponha explicitamente fazer abstração dessas legalidades. Dispensar o sentido e a verdade não o preserva da inevitável constituição de seu discurso pelas regularidades de época. Não podemos nos liberar delas. Seria como deixar de sermos sujeitos. Aí reside a máxima contradição de *A arqueologia do saber: a pretensão de prescindir daquilo a partir do qual somos e, todavia, seguirmos sendo.* Quem enuncia um discurso que aspira à credibilidade deve fazê-lo a partir das condições históricas que prescrevem as regras que autorizam os discursos sérios. Regras que não podem ser conhecidas enquanto estão vigentes. Desconectar-se delas significaria (sendo coerente com o proposto) enunciar discursos que permaneceriam fora dos efeitos de verdade.

Essa contradição teórico-metodológica foi advertida por Foucault *a posteriori*. Não é casual que depois da publicação de *A arqueologia do saber* reconsiderava suas posições. Abandonou sua pretensão de imparcialidade. Assumiu o compromisso implícito em uma atividade filosófica que aspira decifrar problemáticas contemporâneas, não somente para pensá-las, mas também para agir coerentemente. Na etapa genealógica começa sua militância política não partidária.

Dreyfus e Rabinow – e posteriormente Habermas – apontaram o paradoxo no qual se enredou Foucault. Havia permanecido preso nas mesmas duplicidades que ele atribuía ao pensamento da modernidade: a aporia entre o finito e o infinito, a *analítica da finitude*.

Uma das primeiras exigências da arqueologia é a proibição de estender-se além das positividades. Outra, curiosamente, é a de descrever as regras de formação que são condições de possibilidade dessas positividades. O arqueólogo se propõe a realizar uma descrição empírica. Contudo, analisa condições de existência as quais, mesmo que sejam históricas, são ao mesmo tempo transcendentais. Eis aqui o duplo *empírico-transcendental* que aprisiona quem o delatou.

A arqueologia procura tornar explícito o impensado de uma cultura. Toma a precaução de não analisar *seu* próprio impensado. Mas lhe agrega outra medida de prudência na qual sucumbe: evitar a vontade de verdade de sua época; se esta não pode ser conhecida, é praticamente impossível prescindir dela. *A arqueologia do saber* atualiza outro dos duplos modernos denunciados por Foucault: *pensar o impensado*.

O arqueólogo analisa o arquivo que deixou de ser no limite mesmo de nossos próprios discursos; isto é, analisa as estratificações sobre as quais nos constituímos. Pretender alcançar os *a priori* é buscar a origem de nosso presente. A maneira como Foucault concebe a busca da origem se trataria de uma miragem, que sempre nos escapa. A origem recua diante de quem a persegue. Trata-se do duplo do *recuo* e *do retorno da origem*; Foucault, inadvertidamente, cai nesse duplo.

O jovem filósofo debatia-se entre as correntes intelectuais de sua época. Pretendia distanciar-se de todas. Não podia reconhecer quanto lhe seduziam alguns aspectos da Fenomenologia, da Filosofia da existência e do Estruturalismo. Todos esses pensamentos – iguais a certo Marx e a certo Lacan – eram, ao mesmo tempo, negados e incorporados ao seu próprio pensamento. Sua vida e sua obra navegavam entre contradições.

Foucault caiu em oposições irredutíveis quando quis explicitar o marco teórico de suas investigações arqueológicas. As objeções mais corretas de seus críticos apontam para a arqueologia. Contudo, mostrarei elementos que permitem relativizar a crítica. Se *A arqueologia do saber* for confrontada com as demais obras desse período, logo se perceberá que não há correspondência exata entre seu "discurso do método" e as obras nas quais presumivelmente o havia aplicado.

A arqueologia do saber fala de um investigador que não se compromete com o que investiga. Apesar disso, em *História da loucura* e *O nascimento da clínica*, Foucault toma partido em favor dos oprimidos. Apresenta relatórios "objetivos" a respeito daqueles que operam os discursos considerados verdadeiros, por uma parte; e por outra, utiliza essa informação para *desmascarar* a injustiça, a arbitrariedade ou as veladas intenções dos que se autocolocaram ao lado da razão. Algo similar ocorre em *As palavras e as coisas*. Foucault analisa textos "desenterrados" das estratificações culturais. Em seguida, utiliza-os para desdobrar uma corajosa *interpretação* a respeito do âmbito teórico que possibilitou o surgimento das ciências do homem. Nesse caso, não somente se *compromete* com o passado, mas também arrisca prognósticos sobre o futuro. Produz, além disso, um diagnóstico sobre as aporias do pensamento da modernidade.

Enquanto Foucault não proclamou que pretendia falar de um não lugar, não resultava contraditório que se comprometesse com os condenados pela razão. Até que não explicitou que o arqueólogo transcendia sua vontade de verdade, não era incoerente a pretensão de que seus discursos fossem considerados sérios. Foucault, indiretamente, desqualifica em *A arqueologia do saber* as outras obras de sua etapa arqueológica, pois nesse escrito autodeclara-se imparcial.

Mas se fizermos abstração dessa obra, as análises de *História da loucura*, *O nascimento da clínica* e *As palavras e as coisas* seguem valendo por si mesmas. Algo parecido pode ser dito a respeito de *A arqueologia do saber*. Se for prescindida sua autoexigência de neutralidade (apesar disso, retificada posteriormente), consegue-se recuperar sua proposta metodológica e a originalidade de sua análise.

Foucault superou a dificuldade da seguinte maneira: reconsiderou seus métodos e não declinou a análise das condições de possibilidade históricas, mas abandonou a ilusão de que seu discurso pudesse ser autônomo. A arqueologia, livre de pretensões de imparcialidade teórica, é um elemento que Foucault incorpora a suas investigações posteriores. Seu alvo é o presente. A flecha de seu pensamento atinge o alvo. Pensar é começar a mudar a realidade.

Ele havia se proposto a descrever as positividades a partir de um "espaço em branco". Desiste disso. Propõe-se continuar sua descrição admitindo que sempre pensamos a partir de algum lugar sedimentado na História. A "seriedade" de seu discurso surge do rigor das análises e da firme sustentação nos discursos. Descobrirá as incoerências, as raridades e a falta de propósitos que costuma gestar aquilo que, finalmente, termina configurando discursos verdadeiros. Desentranha o emaranhado jogo de práticas e regras que produzem objetos, sujeitos de enunciação, conceitos e estratégias.

Depois de ter perseguido durante muito tempo as formas de produção da verdade, Foucault admira-se de não ter advertido que a rede da qual emergem os discursos verdadeiros está habitada por relações de forças. No mesmo campo em que encontrou os estratos do saber, achou uma multiplicidade de ações e reações, enfrentou-se com o poder. Foi então quando apelou para a genealogia. Foucault era fascinado por relacionar sua experiência pessoal com sua obra teórica. Lembra, por exemplo, os santos de pedra de sua cidade natal, Poitiers. Eles tinham livros nas mãos. Controlavam para que o saber fosse verdadeiro e a justiça mais justa. Eles o assinalaram com a laxa implacabilidade com a qual nos costuma assinalar o fora, o qual, em última análise, não é mais que um adversário da liberdade. Foucault se ocupou da verdade e da justiça, mas criticamente.

Considera que assim como o dizível e o visível são dois aspectos inseparáveis do saber, o saber e o poder são dois aspectos indiscerníveis nos processos de subjetivação. Além disso, assim como o dizível tem primazia sobre o visível, o poder a tem sobre o saber. A partir disso, cada subjetividade configura-se na relação consigo mesma.

Aproximar um método que estuda a configuração do saber a outro que analisa as estratégias de poder é, à primeira vista, uma operação arbitrária. O saber tem a ver com a verdade; o poder, com a coação; o saber é da ordem do necessário; o poder, do contingente. O saber instaura-se raciocinando. O poder se impõe dominando. O discurso tradicional não admite a confluência de categorias aparentemente tão antagônicas. Foucault trata de demonstrar que, de um lado, não se trata de antagonismo, mas de "agonismo" (não se opõem, interagem); e, de outro, que um fato os une: *o exercício do poder produz saber.*

Um dos propósitos de Foucault é perseguir o poder em suas manifestações microfísicas, antes que piramidais. Ele discorre sobre sistemas carcerários configuradores de modelos sociais; analisa diagramas de forças sem centro; descobre domínios de saber nascidos de disciplinas domesticadoras; refere-se a dispositivos de sexualidade que brotam de estratégias de poder. Define o próximo pelo distante, o luminoso pelo cinza, o óbvio pelo complexo. Chega à certeza de que a sexualidade está enredada em processos governamentais. Decide fazer a História da sexualidade, assim entendida. Elaborar uma teoria sobre a sexualidade é começar a mediar um dos conflitos mais persistentes de sua vida: a desaprovação social por sua própria escolha sexual.

À determinada altura de sua investigação, Foucault considera que, na verdade, a sexualidade, tal como hoje a consideramos, é uma positividade de data muito recente. Seus rastros se perdem anteriormente ao século XVIII. Segundo Foucault, os textos anteriores a esse século não dizem nada que pudesse ser relacionado diretamente com a concepção atual de sexualidade.

Os gregos e os romanos imperiais referem-se ao desejo, mas como algo que se deve trabalhar ou dominar na relação consigo mesmo. Foram rigorosos nisso. Basta lembrar, aqui, a importância concedida à econômica, à dietética e à erótica. Nelas se manifesta a irrenunciável necessidade de dominar a si mesmo. Essa preocupação persiste entre os cristãos, ainda que desapareça a trilogia anterior e se aprofunde o temor a tudo o que estiver relacionado ao sexo.

A mais notável das permanências é a relação consigo mesmo. Dominar-se para dominar, nos gregos; dominar-se para alcançar a imperturbabilidade de ânimo, nos romanos; dominar-se para salvar a alma, nos cristãos. Eram requisitadas certas técnicas para alcançar a potestade sobre si. Houve uma instrumentalização racionalizada do desejo. Foucault dirige-se, desse modo, a uma genealogia do "homem de desejo".

Uma dificuldade persiste: como se inserem suas últimas investigações na temática filosófica? As técnicas de si são formas de subjetivação. Estão a serviço da constituição do sujeito na condição de ser moral. Ao fazer a História crítica desses processos são descobertos conflitos não somente entre o código e as condutas, mas também na relação que se deve manter consigo mesmo. Esta última problemática interessa especialmente à reflexão filosófica, já que se apresenta mesmo em casos de laxismo ou ausência de código. Então Foucault apela para a ética. Faz a História das problematizações por meio das quais o homem se constitui a si mesmo como sujeito moral. Considera que as práticas e as reflexões morais do passado *não* servem de modelo para o presente. Caso se deseje encontrar uma proposta de Foucault para o presente, deverá ser buscada na indicação de que o modo como se assume a condição de sujeitos morais responde a acontecimentos históricos. A ética não pode separar-se de nossa integridade como sujeitos. As subjetivações respondem a interiorizações do fora, interagem com os saberes e as forças. Constituem-se também na relação do homem consigo mesmo. A partir desse marco teórico, Foucault acredita que podemos pensar atualmente na produção de uma nova forma de vida ética.

Denunciar os modos de subjetivação e de inter-relação atuais é o primeiro passo para poder conceber novas relações. As interpretações de Foucault operam-se a partir de problemas concretos.

Seus diagnósticos tendem a esclarecer nosso presente. Iluminam-se a partir de problematizações situadas, não mediante totalidades subjacentes ou sentidos transcendentes. Constituímo-nos em subjetividades por "dobras" de um fora infestado de forças nas quais se mesclam saberes. A partir dessa afirmação de Foucault, não é lícito concluir que estamos determinados pelos diagramas e pelas *epistemes*. As forças são ativas, mas também são reativas. O exterior nos penetra, mas a relação conosco mesmos nos particulariza. Sabemos que há coisas que devem ser defendidas e que, pelo contrário, há outras às quais se deve opor. A teoria oferecida por Foucault pretende ser um instrumento para compreender a intrincada rede de relações na qual subsistimos. A teoria, entendida como caixa de ferramentas, nos serve para sustentar nossas ações.

Cada período dessa obra incorpora as conclusões do anterior e se projeta para o próximo. Foucault preocupou-se desde o início de sua pesquisa pela constituição dos *sujeitos*. Essa é a temática axial de sua construção teórica. Outra temática persistente é a *produção da verdade*. Procurou esclarecê-la na configuração dos campos de saber, nos dispositivos de poder e na constituição do sujeito moral. A problematização do presente surgida da elaboração da proposta kantiana leva Foucault a se perguntar pelas condições históricas que tornaram possível o sujeito moderno. Estrutura-se o campo conceitual a partir da materialidade dos discursos. A configuração dos domínios de saber se produz no entrejogo de enunciados, práticas, instituições, conceitos, sujeitos de enunciação e estratégias. O método escolhido para desentranhar a produção dos discursos verdadeiros é a *arqueologia do saber*. Esta se mostra como condição de possibilidade da *genealogia do poder*. Sua teoria do controle social, baseada no estudo histórico da interação das relações de poder, se apoia em categorias de pensamento e conhecimento. Tanto os saberes quanto os poderes são atravessados por valorações éticas. Por outra parte, *a moral* constitui-se a partir de condições históricas; em decorrência, as três etapas se articulam entre si porque remetem a *problemáticas* inter-relacionadas e métodos afins que são recolocados, desenvolvidos e complementados em cada nova etapa. A relação de um autor com sua morte não é uma mera questão anedótica. Foucault sabia que tinha Aids e, longe de deprimir-se, utilizou a latência da morte para refletir em suas últimas aulas e – até onde alcançou a vida – completar sua obra.

Antes de perseguir totalidades, Foucault escolheu deslizar-se por uma trama modificável de elementos transversais, opostos, convergentes, paralelos. Concebeu a realidade como uma filigrana de acontecimentos que se aproximam, bifurcam-se, cortam-se e ignoram-se. Somente pretendeu captar fragmentos. Esses fragmentos são penetrados e enlaçados por uma preocupação recorrente: saber quem somos.

Epílogo

Articulei minha própria reflexão tratando de seguir alguns fios do trabalho crítico de Foucault. Aproximar-se desse modo ao objeto problematizado permite descobrir a multiplicidade, nunca totalmente esgotada, de emergentes que compõem cada acontecimento, cada discurso, cada homem.

Sem dúvida, Foucault realizou um trabalho inovador, a partir do qual o panorama filosófico oferece novas aberturas temáticas e metodológicas. Reformula critérios com a intenção de adequá-los à compreensão do presente. Retoma ideias semeadas por outros autores para circunscrever um território no qual se possa refletir sobre o *amor*, a *verdade*, o *conhecimento*, o *desejo*, os *castigos*, o *corpo*, o *sexo*, a *crueldade*, a *razão*, o *domínio* e também sobre aquilo que Nietzsche chamou seu *a priori*: a *moral*.

Foucault trabalhou em terreno já lavrado, mas delimitando novos territórios. Sua obra oferece espaços renovados para serem percorridos por pensamentos futuros. Além do acordo ou do dissenso, as problemáticas inauguradas convidam à reflexão. Pode-se não convir com o peculiar modo de desenvolver as questões que estuda. Não se pode negar a legitimidade dos problemas aos quais tenta responder: as *dobras do pensamento da modernidade, a inflação do sexo em nossas sociedades, a implicância do fora na constituição das subjetividades, a rejeição de uma objetividade científica que se nega a explicitar e objetivar seus pontos de partida, a produção de individualidades e de massificações*, a concepção das práticas – chamadas por ele "técnicas de si" – *como constituintes do sujeito moral*. A partir desses problemas iluminam-se alguns âmbitos para o comentário, o dissenso ou a recriação teórica.

Outra colaboração de Foucault à temática filosófica atual é a operacionalização de novos métodos de análise. À tradicional História das ideias, contrapõe uma História do pensamento. Trabalha com unidades discursivas autônomas, mas não independentes. Estuda regularidades em perpétua transformação. Analisa configurações anônimas que surgem em obras individuais. Considera que as objetivações dos discursos "sérios" estão constituídas por transcendentais históricos, os quais podem ser elucidados a partir da materialidade das práticas. Em sua analítica do poder, estuda as relações de forças *em exercício* produzindo um enfoque conceitual que pode converter-se em modelo para o esclarecimento de diferentes sistemas de sujeição. De modo similar, a perspectiva de estudo aberta por sua ética contribui para possíveis investigações do sujeito moral moderno.

Ao final deste percurso teórico, interessa-me destacar justamente a elaboração de Foucault a respeito do sujeito moral. Sua concepção produz um polimento no campo da reflexão, abre um espaço a partir do qual possamos pensar. Talvez nossa *forma moral* hoje esteja perfilada a partir do científico; nosso *trabalho ético* resida na análise; nosso *telos* seja a saúde mental e nossa *substância ética* a sempre fugidia inquietação pelo desejo. A aceitação ou a rejeição dessas possibilidades não anulam o espaço instaurado. A abertura persiste para o desdobramento da renovada e nunca concluída tarefa de pensar.

Referências Bibliográficas

Os principais textos de Foucault estão subdivididos em: a) livros publicados em vida e b) artigos, reportagens, conferências e cursos. No segundo caso, são citados livros, se apareceram como tais. Tanto os textos de Foucault quanto os que lhe são dedicados são citados em sua versão em língua portuguesa, quando traduzidos. Unicamente é indicada a versão em francês ou castelhano quando se trata de um texto sem tradução ao português. Os textos de Foucault estão ordenados por data de aparecimento em francês; os demais textos estão ordenados alfabeticamente por autor.

Bibliografia de Michel Foucault

Livros publicados em vida por Foucault

Maladie mentale et personnalité. Paris: Presses Universitaires de France, 1954.
História da loucura. 6.ed. Trad. José Teixeira Coelho Netto. São Paulo: Perspectiva, 2000 [1961].
Doença mental e psicologia. 6.ed. Trad. Lilian Rose Shalders. Rio de Janeiro: 2000 [1962].
O nascimento da clínica. 5.ed. Trad. Roberto Machado. Rio de Janeiro: Forense Universitária, 1998 [1963].
Raymond Roussel. Trad. Manoel Barros da Motta e Vera Lúcia Avellar Ribeiro. Rio de Janeiro: Forense Universitária, 1999 [1963].
As palavras e as coisas. 8.ed. Trad. Salma Tannus Muchail. São Paulo: Martins Fontes, 1999 [1966]. Coleção Tópicos.

A arqueologia do saber. 6.ed. Trad. Luiz Felipe Baeta Neves. Rio de Janeiro: Forense Universitária, 2000 [1970].

A ordem do discurso. 6.ed. Trad. Laura Fraga de Almeida Sampaio. São Paulo: Loyola, 2000 [1971]. Coleção Leituras Filosóficas.

Eu, Pierre Rivière, que degolei minha mãe, minha irmã e meu irmão... Um caso de parricídio do século XIX. Apresentado por Michel Foucault. 6.ed. Trad. Denize Lezan de Almeida. Rio de Janeiro: Graal, 1977 [1973].

Isso não é um cachimbo. 3.ed. São Paulo: Paz e Terra, 1989 [1973].

Vigiar e punir. 22.ed. Trad. Raquel de Ramalhete. Petrópolis: Vozes, 2000 [1975].

História da sexualidade, 1: a vontade de saber. 7.ed. Trad. Maria Thereza da Costa Albuquerque e J. A. Ghilhon Albuquerque. Rio de Janeiro: Graal, 1988 [1976].

Le désordre des familles. Lettres de cachet des archives de La Bastille. Paris: Gallimard-Julliard, 1983.

História da sexualidade, 2: o uso dos prazeres. 10.ed. Trad. Maria Thereza da Costa Albuquerque. Rio de Janeiro: Graal, 2003 [1984].

História da sexualidade, 3: o cuidado de si. 8.ed. Trad. Maria Thereza da Costa Albuquerque. Rio de Janeiro: Graal, 2005 [1984].

Artigos, reportagens, conferências, cursos e outros textos.

Conversaciones con Michel Foucault. In: CARUSO, P. *Conversaciones con Lévi-Strauss, Foucault y Lacan*. Barcelona: Anagrama, 1969.

Análisis de Michel Foucault. Buenos Aires: Tiempo Contemporáneo, 1970.

Nietzsche, Freud e Marx. Theatrum Philosoficum. Trad. port. Jorge Lima Barreto. Porto: Anagrama, 1980.

A verdade e as formas jurídicas. 3.ed. Rio de Janeiro: Cadernos da PUC/RJ, 1978. Série Letras e Artes 01/78, caderno n.6.

Microfísica do poder. 15.ed. Rio de Janeiro: Graal, 2000. Org., introd. e trad. Roberto Machado.

El polvo y la nube. In: LEONARD, J. *La imposible prisión, debate con Michel Foucault*. Barcelona: Anagrama, 1982.

O que é um autor? Lisboa: Vega, 1992. Coleção Passagens.

Saber y verdad. Madri: La Piqueta, 1985.

Un diálogo sobre el poder. Madri: Alianza, 1985.

El lenguaje al infinito. Córdoba: Dianus, 1986.

La lucha por la castidad. In: ARIÈS, P. (Org.). *Sexualidades occidentales*. Buenos Aires: Paidós, 1987.

Sexualidad y soledad. *El Viejo Topo*, Barcelona, 1982. [Diálogo con Richard Sennet.]
El pensamiento del afuera. Valencia: Pre-Textos, 1989.
La vida de los hombres infames. Madri: La Piqueta, 1990.
Tecnologías del yo. Barcelona: Paidós, 1990.
La genealogía del racismo. Buenos Aires: Altamira, 1992.
Prefacio a la transgresión. Buenos Aires: Trivial, 1994.
La prosa de Acteón. Buenos Aires: Del Valle, 1994.
Hermenéutica del yo. Madri: La Piqueta, 1994.
Del lenguaje y literatura. Barcelona: Paidós, 1996.
M. Foucault, obras esenciales, I, II y III. Barcelona: Paidós, 1999-2000.
Gênese e estrutura da Antropologia de Kant. Trad. Márcio Alves da Fonseca e Salma Tannus Muchail. São Paulo: Loyola, 2011.
Dits et écrits. Paris: Gallimard, 1994, 4 volumes. Essa obra contém a quase totalidade dos textos ditos e escritos por Foucault (livros, conferências, entrevistas, cursos e artigos) publicados ou autorizados pelo filósofo para tal. Como solicitado por ele, não contém publicações póstumas.

Uma bibliografia exaustiva da obra de Foucault encontra-se na obra coletiva *The Final Foucault*, organizada por James Bernauer e David Rasmussen, Cambridge, MIT Press, 1988. Veja-se também James Bernauer e Thomas Keenan, *Philosophy and Social Criticism*, n.12, 1987; Michael Clark, *Michel Foucault: An Annotated Bibliography. Tool Kit for a New Age*. Nova York: Rasmussen, 1983, e Walter Seitter, *Michel Foucault: Von der Subversion des Wissens*. Frankfurt, 1987.

Os textos de Foucault (autorizados por ele) e o que foi publicado sobre o filósofo estão no Centro Michel Foucault, 43 bis, Rue de la Glacière, 75013, Paris.[1]

Referências bibliográficas sobre Michel Foucault
Referências gerais

AA.VV. *Foucault y la ética*. Buenos Aires: Biblos, 1988 [Há reed. aumentada em Buenos Aires: Letra Buena, 1992].

---

1 No momento, as editoras Gallimard e Seuil estão veiculando os *Cursos no Collège de France*. No Brasil, já foram publicadas pela Martins Fontes as seguintes obras: *O poder psiquiátrico; Os anormais; Em defesa da sociedade; Segurança, território, população; Nascimento da biopolítica; A hermenêutica do sujeito; O governo de si e dos outros; A coragem da verdade*. (N. T.)

AA.VV. *Disparen contra Foucault*. Buenos Aires: Nueva Visión, 1989.
ABRAHAM, T. *Pensadores bajos*: Sartre, Foucault, Deleuze. Buenos Aires: Catálogos, 1987.
_____. *Los senderos de Foucault*. Buenos Aires: Nueva Visión, 1989.
BAUDRILLARD, J. *Esquecer Foucault*. Rio de Janeiro: Rocco, 1984.
BLANCHOT, M. *Foucault como o imagino*. Trad. Miguel Serras Pereira e Ana Luísa Faria. Lisboa: Relógio d'Água. [s.d.]
CANGUILHEM, G. (Org.). *Michel Foucault, filósofo*. Barcelona: Gedisa, 1991.
COUZEN, H. (Org.). *Foucault*. Buenos Aires: Nueva Visión: 1978.
DELEUZE, G. *Foucault*. Trad. Claudia Sant'Anna Martins. São Paulo: Brasiliense, 1988.
DERRIDA, J. *A escritura e a diferença*. 2.ed. Trad. Maria Beatriz Marques Nizza da Silva. São Paulo: Perspectiva: 1995.
DESCOMBRES, V. *Lo mismo y lo otro*. Madri: Cátedra, 1982.
DÍAZ, E. *La ontología histórica en la temática filosófica contemporánea*. Tese (Doutorado) – Faculdade de Filosofia e Letras. Universidade de Buenos Aires, 1991.
_____. La brujería: un invento moderno. *Manuscrito*. Revista Internacional de Filosofía, v.XII, n.2, 1989.
_____. *Michel Foucault y los modos de subjetivación*. Buenos Aires: Almagesto, 1992.
_____. *La sexualidad y el poder*. Buenos Aires: Almagesto, 1993.
_____. Ludwig Wittgenstein and Michel Foucault: from the closing of philosophy to the post-philosophical exercise. In: *Atas do XXII International Wittgenstein Symposium will be Held in Kirchberg am Wechsel Lower*. Áustria: ago. 1999.
_____. La filosofía de la ciencia como tecnología de poder político-social. In: LEMA, F. (Org.). *Pensar la ciencia*: los desafíos éticos y políticos del conocimiento en la postmodernidad. Caracas: Unesco-Cresalc, 2000.
DREYFUS, H. L.; RABINOW, P. *Michel Foucault, uma trajetória filosófica*: para além do estruturalismo e da hermenêutica. Rio de Janeiro: Forense Universitária, 1995.
DUMÉZIL, G. *Entretiens avec Didier Eribon*. Paris: Gallimard, 1987.
ERIBON, D. *Michel Foucault, uma biografia*. São Paulo: Companhia das Letras, 1990.
_____. *Michel Foucault e seus contemporâneos*. Rio de Janeiro: Jorge Zahar, 1996.
HABERMAS, J. *Pensamento pós-metafísico*: estudos filosóficos. Rio de Janeiro: Tempo Brasileiro, 1990.

HABERMAS, J. *O discurso filosófico da modernidade*: doze lições. São Paulo: Martins Fontes, 2000.

HALPERIN, D. *Saint Foucault. Two Essays in Gay Hagiography.* Oxford: Oxford University Press, 1995.

LEONARD, J. *La imposible prisión*: debate con Michel Foucault. Barcelona: Anagrama, 1982.

MARI, E. *Papeles de filosofía.* Buenos Aires: Biblos, 1993.

_____. (Org.). *Derecho y psicoanálisis.* Buenos Aires: Hachette, 1987.

_____. (Org.). *El discurso jurídico*: perspectiva psicoanalítica y otrcs abordajes epistemológicos. Buenos Aires: Hachette, 1982.

MERQUIOR, J. G. *Michel Foucault ou o niilismo de Cátedra.* Trad. Donaldson M. Garschagen. Rio de Janeiro: Nova Fronteira, 1985.

MILLER, J. *The Passion of Michel Foucault.* Nova York: Simon & Schuster, 1993.

MOREY, M. *Lectura de Michel Foucault.* Madri: Taurus, 1987.

POSTER, M. *Foucault, el marxismo y la historia.* Buenos Aires: Paidós, 1987.

RORTY, R. *Contingência, ironia e solidariedade.* Lisboa: Presença, 1994.

SCHMUMID, W. *En busca de un nuevo arte de vivir*: la pregunta por el fundamento y la nueva fundamentación de la ética en Foucault. Valencia: Pre-Textos, 2002.

SERRANO GONZÁLEZ, A. *Michel Foucault*: sujeto, derecho y poder. Zaragoza: Universidad de Zaragoza, 1987.

TERÁN, O. *El discurso del poder.* Buenos Aires: Folios, 1984.

VEYNE, P. Foucault revoluciona a história. In: _____. *Como se escreve a história.* Trad. Alda Baltar e Maria Auxiliadora Kneipp. 3.ed. Brasília: Editora da UnB, 1995, p.150-81.

WELLBERG, P. *Sobre la dialéctica entre modernidad y posmodernidad.* Madri: Visor, 1993.

Números especiais de revistas

Le Magazine Littéraire, v.101, jun. 1975.

Le Magazine Littéraire, v.207, maio 1984.

Actes. Cahiers d'Action Juridique, v.54, verão de 1986.

Critique, v.471-2, ago.-set. 1986.

Le Débat, v.41, set.-nov. 1986.

Manuscrito, v.XII, n.2, 1989.

Le Magazine Littéraire, v.325, out. 1994.

Obras citadas nesta edição[2]

BIGNONE, E. *Historia de la literatura latina*. Buenos Aires: Losada, 1952.

COHN, N. *En pos del milenio*. Madri: Alianza, 1985.

_____. *Los demonios familiares en Europa*. Madri: Alianza, 1980.

DANIÉLOU, J.; MARROU, H. *Nouvelle histoire de L'Eglise*. Paris: Seuil, 1963. [Ed. bras.: *Nova história da Igreja*: dos primórdios a São Gregório Magno. Petrópolis: Vozes, 1973.]

DELEUZE, G. *Foucault*. Buenos Aires: Paidós, 1987. [Ed. bras.: *Foucault*. 2.ed. São Paulo: Brasiliense, 1991.]

DETIENNE, M. *Los maestros de la verdad en la Grecia arcaica*. Madri: Taurus, 1983. [Ed. bras.: *Os mestres da verdade na Grécia arcaica*. Rio de Janeiro: Jorge Zahar, 1988.]

DÍAZ, E. *Michel Foucault y los modos de subjetivación*. Buenos Aires: Almagesto, 1993.

DUBY, G.; ARIÈS, P. (Orgs.). *Historia de la vida privada*. Buenos Aires: Taurus, 1990. [Ed. bras.: *História da vida privada*: do império romano ao ano mil. São Paulo: Companhia do Bolso, 2010.]

FOUCAULT, M. *La arqueología del saber*. Cidade do México: Siglo XXI, 1984. [Ed. bras.: *A arqueologia do saber*. 6.ed. Rio de Janeiro: Forense Universitária, 2003.]

_____. *La historia de la locura*. Cidade do México: Siglo XXI, 1982. [Ed. bras.: *História da loucura*. 6.ed. Trad. José Teixeira Coelho Netto. São Paulo: Perspectiva, 2000.]

FOUCAULT, M. La lucha por la castidad. In: ARIÈS, P. (Org.). *Sexualidades occidentales*. Buenos Aires: Paidós, 1987.

_____. *La verdad y las formas jurídicas*. Barcelona: Gedisa, 1981. [Ed. bras.: *A verdade e as formas jurídicas*. 3.ed. Rio de Janeiro: Cadernos da PUC/RJ, 1978. Série Letras e Artes 01/78, caderno n.6.]

_____. *Historia de la sexualidad*: la voluntad de saber. v.I. Cidade do México: Siglo XXI, 1977. [Ed. bras.: *História da sexualidade, 1*: a vontade de saber. 7.ed. Trad. Maria Thereza da Costa Albuquerque e J. A. Ghilhon Albuquerque. Rio de Janeiro: Graal, 1988.]

_____. *Historia de la sexualidad*: el uso de los placeres. v.II. Cidade do México: Siglo XXI, 1986. [Ed. bras.: *História da sexualidade, 2*: o uso dos prazeres. 10.ed. Trad. Maria Thereza da Costa Albuquerque. Rio de Janeiro: Graal, 2003.]

---

2 As ocorrências entre colchetes são acréscimos da edição em português.

FOUCAULT, M. *Historia de la sexualidad*: la inquietud de sí. v.III. Cidade do México: Siglo XXI, 1987. [*História da sexualidade, 3*: o cuidado de si. 8.ed. Trad. Maria Thereza da Costa Albuquerque. Rio de Janeiro: Graal, 2005.]

_____. *Maladie mentale et personalité*. Paris: PUF, 1954. Ed. esp.: *Enfermedad mental y personalidad*. Buenos Aires: Paidós, 1961.

_____. *Maladie mentale et psychologie*. Paris: PUF, 1966.

_____. *Microfísica del poder*. Madri: La Piqueta, 1980. [Ed. bras.: *Microfísica do poder*. Rio de Janeiro: Graal, 2000.]

_____. *Sécurité, territoire, population*. Paris: Gallimard, 2004.

_____. *Un diálogo sobre el poder*. Madri: Alianza, 1985.

_____. *Vigilar y castigar*: nacimiento de la prisión. Cidade do México: Siglo XXI, 1977. [Ed. bras.: *Vigiar e punir*. 22.ed. Trad. Raquel de Ramalhete. Petrópolis: Vozes, 2000.]

FOUCAULT, M.; SENNETT, M. Sexualidad e soledad. *El Viejo Topo*, Barcelona, 1984.

HABERMAS, J. Aporías del poder. In: _____. *El discurso de la modernidad*. Madri: Taurus, 1989. [Ed. bras.: *O discurso filosófico da modernidade*. São Paulo: Martins Fontes, 2000.]

_____. Foucault: desenmascaramiento de las ciencias humanas en términos de la crítica de la razón. In: _____. *El discurso de la modernidad*. Madri: Taurus, 1989.

[NIETZSCHE, F. *Aurora*: reflexões sobre os preconceitos morais. Trad., notas e posfácio Paulo César de Souza. São Paulo: Companhia das Letras, 2004.]

NIETZSCHE, F. *La genealogía de la moral*. Madri: Alianza, 1983. [Ed. bras.: *Genealogia da moral*: uma polêmica. Trad., notas e posfácio Paulo César de Souza. São Paulo: Companhia das Letras, 1998.]

[SPINOZA, B. *Ética*. Trad. Tomaz Tadeu da Silva. Belo Horizonte: Autêntica, 2007.]

VERNANT, J.-P. *Los orígenes del pensamiento griego*. Buenos Aires: Eudeba, 1984. [Ed. bras.: *As origens do pensamento grego*. Trad. Ísis Borges B. da Fonseca. 3.ed. São Paulo: Difel, 1981.]

VEYNE, P. *Foucault revoluciona la historia*. Madri: Alianza, 1984. [Ed. bras.: Foucault revoluciona a história. In: _____. *Como se escreve a história*. Trad. Alda Baltar e Maria Auxiliadora Kneipp. 3.ed. Brasília: Editora da UnB, 1995.]

ZAMBRANO. *El pensamiento vivo de Séneca*. Madri: Cátedra, 1987.

SOBRE O LIVRO

Formato: 14 x 21 cm
Mancha: 23,7 x 42,5 paicas
Tipologia: Horley Old Style 10,5/14
Papel: Off-white 80g/m² (miolo)
Cartão Supremo 250 g/m² (capa)
1ª edição: 2012

EQUIPE DE REALIZAÇÃO

Edição de Texto
Dafne Mello (Copidesque)
Silvio Nardo (Preparação)
Thaisa Burani e Camilla Bazzoni de Medeiros (Revisão)

Capa
Antonio Kehl

Imagem de Capa
Foto não datada de Michel Foucault –
Agence France Presse (AFP)

Editoração Eletrônica
Sergio Gzeschnik

Assistência Editorial
Alberto Bononi